Sex... 성, According to God
하나님의 거룩한 선물

케이 아더 지음 | 마영례 옮김

Sex...
According to God

KAY ARTHUR

Sex... **성,** According to God

하나님의 거룩한 선물

케이 아더 지음 | 마영례 옮김

KAY ARTHUR

프리셉트

CONTENTS

펑크린* 같은 성관계

의자에서 일어나 접시들을 싱크대로 옮겨 놓았다. 개수대를 내려다보며 '아니, 이런! 물이 빠지질 않네. 시간이 없는데!'라고 생각했다.

나는 청소년들을 위해 성관계를 주제로 강의를 하게 되어 있었다. 그런데 개수대에는 우리 시골집만큼이나 오래된 듯한 음식 찌꺼기들이 물에 둥둥 떠 있었다.

그렇게 지저분한 것들을 그대로 둔 채 그냥 갈 수는 없었다. 그래서 몸을 굽히고 싱크대 밑에 있는 세척제와 세탁비누와 식기용 세제가 들어 있는 용기들을 뒤적거리며 펑크린을 찾기 시작했다. 맨 뒤쪽에서 빨간색, 흰색, 파란색이 섞여 있는 펑크린 통을 찾아냈다. 펑크린을 마지막으로 사용한 것이 언제였는지는 생각이 나질 않았다.

펑크린의 사용 설명서를 읽으면서 "널 자주 사용했었더라면 이런 일은 없었을 텐데"라며 듣지 못하는 펑크린 통을 보고 혼자서 중얼거

*펑크린: 막힌 하수구를 뚫어 주는 세척제의 상품명

렸다. 두개골과 두 대퇴골을 교차시켜 놓은 그림과 뚜껑에 써 있는 유독성 물질이라는 글자가 그 통을 왜 그렇게 깊숙한 곳에 넣어 두었는지를 생각나게 해 주었다.

펑크린을 만든 회사는 사용 설명서가 아주 중요하다는 확신을 내게 심어 주었다. 나는 조심스럽게 빨간색 뚜껑을 열고 사용 설명서가 지시하고 있는 대로 정확하게 따라 했다. 그러자 곧 개수대에 고여 있던 물이 꼴꼴 소리를 내며 흘러내려 가기 시작했다. 나는 개수대 앞에 서서 그 놀라운 효능에 홀린 듯이 바라보며 걱정을 덜어낼 수 있게 되어 아주 기뻤다.

개수대는 곧 깨끗해졌을 뿐만 아니라 반질반질 윤까지 났다.

됐다! 이제 그만 가자!

몇 분 후 나는 편안한 자세로 조지아주의 델톤으로 이어지는 75번 고속도로를 달리며 강의해야 할 성관계에 관한 내용을 다시 한번 정리해 보려고 했다. 그러나 내 마음은 어느새 개수대로 되돌아 가 있었다. 펑크린이라는 물건이 막힌 하수구를 어떻게 뚫어 주었는지를 생각하자 놀라지 않을 수가 없었다. '진짜 희한하게 좋은 물건이네! 사용 설명서를 읽고 하라는 대로 하기만 하면 효과가 바로 나타나잖아! 그리고 지시된 대로 하기만 하면 무시무시한 일 같은 건 일어나지도 않아'라는 생각을 했다.

그리고 이어서 '주님, 성관계도 마치 펑크린과 같아요! 아주 좋은 거잖아요. 그리고 훌륭한 역할을 하구요. 그렇지만 반드시 제조자의 지시를 잘 따라 사용해야 하는 거잖아요'라는 생각을 하게 되었다. 펑크린이 성관계를 주제로 이야기를 시작하는 데 있어 아주 좋은 도입구가 될 수 있을 것 같았다!

펑크린은 제조업자가 설명한 대로 사용하면 놀라운 효능을 발휘한다. 그러나 올바로 사용하지 않을 경우에는 화상을 입거나 독약이 되거나 맹렬한 폭발을 일으킬 수 있다! 성관계도 마찬가지이다. 하나님께서 원래 의도하신 대로 성관계를 누리지 못하고 오히려 성관계 때문에 큰 상처를 입는 사람들이 많은 것도 그 때문이다.

당신도 어쩌면 그런 경험을 했을지도 모르겠다. 화상을 입어 다른 사람들에게 보이든 보이지 않든 그로 인한 상처가 남아 있을지도 모르겠다. 그리고 그 독소가 아직도 몸과 마음에 퍼져나가고 있을지도 모르겠다. 혹, 성관계를 통해 전염되는 질병들을 – 심지어는 에이즈까지 – 앓고 있을지도 모르겠다. 성관계로 인해 전혀 예상치 못했던 결과를 불러왔을지도 모르겠다. 낙태를 했거나 아니면 낙태 비용을 지불했을지도 모르겠다. 불륜이 드러나 모든 인생의 계획이 다 망가져 버렸을지도 모르겠다. 당신은 아마 이러한 결과들이 나타나리라고는 전혀 생각하지 못했을 것이다.

당신은 하나님의 책인 성경에 적혀 있는 그분의 경고를 주의 깊게 읽어 보지 않았을 것이다. 그 경고를 읽어 보았더라면 펑크린 통에 그려져 있는 경고 표시처럼 분명하게 설명하고 있는 오용에 따르는 위험을 볼 수 있었을 것이다.

성을 만드신 하나님의 경고

"검은색 표지로 된 책을 잘 읽어 보라." 그 속에 오늘날 우리가 겪고 있는 문제들이 들어 있다. 그리스도인들 역시 성을 만드신 분께서 성관계에 대해 어떻게 말씀하고 계신지 알아보기 위해 그 책을 주의 깊게 읽지는 않는다. 그러므로 나는 당신이 이 책을 읽게 된 것을 매우 기쁘게 생각한다. 지금까지 성관계에 관련된 것들을 모두 다 잘 해왔다고 할지라도 이 책을 읽기로 한 것은 매우 잘한 일이다. 성욕을 자극하는 유혹이 널리 퍼져 유행하고 있다는 사실을 분명하게 인식하고 있는 소수의 사람들 중 한 사람이거나, 열정을 다스리고 제어할 수 있는 사람들 중의 한 사람이라고 할지라도 여전히 이 책을 읽을 필요가 있을 것이다. 이 책은 하나님께서 성관계에 관해 말씀하신 좋은 것, 나쁜 것, 아름다운 것, 모두를 다루고 있다. 성경 용어 색인에서 성관계라는 단어를 찾을 수는 없지만 - NIV에 나오는 두 군데를 제외하고는 - 성경은 성관계라는 주제에 대해 하나님께서 우리에게 알려 주고자 하신 모든 것을 다양한 용어로 면밀하게 다루고 있다. 당신이 어떤 상황에 처해 있든, 또 과거에 어떤 경험을 했건 간에 이 주제를 공부하면서 우리는 성을 만드신 제조자께서 그분이 만든 제품에 대해 어떻게 말씀하시는지를 정확하게 알아낼 수 있게 될 것이다. 우리는 성관계란 무엇이며 하나님께서 애당초 성을 만드신 이유가 무엇인지를 알게 될 것이다. 또한 성관계와 관계가 있는 장소와 시간과 방법에 대해 하나님께서 무슨 말씀을 하셨는지, 그리고 하나님의 지시를 따르지 않을 때 어떤 일이 벌어지게 되는지에 대해서도 알게 될 것이다. 그리고 몰랐기 때문에, 듣지 못했기 때문에, 속았기 때문에 해가 되는 성행위를 이미 했다면 어떻게 해야 할 것인지에 대해서도 물론 다루게 될 것이다. 이것은 꼭 필요한 일이기 때문이다.

상담을 받다가 또는 하나님을 알고 섬기는 사람이라고 믿었던 사람들에게 피해를 입은 사람들이 많이 있다는 사실은 참 가슴 아픈 일이다. 성관계에 대해 하나님께서 어떻게 말씀하고 계시는지를 알고 있는 사람은 성관계에 관한 제안이나 조언이 옳은 것인지 아닌지를 언제나 분별할 수 있다. 하나님의 말씀과 일치하지 않는 것이라면 그것은, 누가 무슨 말을 하건, 그 말을 한 사람이 얼마나 경건한 사람처럼 보이건, 또 하나님께서 그를 얼마나 많이 사용하고 계시는 것처럼 보이든지 예외 없이 하나님께로부터 온 것이 아니다. 하나님의 말씀은 속임수와 사기꾼으로부터 우리를 보호해 준다.

당신은 성경을 공부하면서 배우자와 한 몸이 되는 놀라운 기적을 경험하도록 하나님께서 의도하신 모든 것을 알게 되는 지혜를 배우게 될 것이다. 또 아직 결혼하지 않은 사람이라면 결혼을 하게 될 때까지 어떻게 행동해야 하는지에 대해서도 알게 될 것이다. 이 험악한 세상에서 다른 사람들을 돕기 위해 당신을 사용하시는 하나님을 보게 될 것이다. 하나님께서는 성관계라는 영역에서 새로운 혁명을 일으키시기 위해 당신을 사용하실 수도 있다!

그렇다면, 성을 만드신 분께서 어떤 경고들을 하셨는가?

"유독성: 아이들의 손이 닿지 않는 곳에 보관하라." 이것이 내가 조지아 주 델톤에서 그날 밤 십 대 청소년들에게 이야기해 주고 싶었던 내용이었다! 성관계는 아이들을, 또는 성관계에 관한 규정을 모르고 책임질 수 있는 방법으로 성관계를 나눌 줄 모르는 사람들을 위한 것이 아니다. 성을 만드신 분의 지시를 알고 따르지 않는다면 성관계는 우리에게 독이 될 것이다. 성관계는 아이들을 위한 것이 아니다. 그러나 그렇게 생각하지 않는 사람들이 많이 있다. 그들은 아이들과의 성관계를 합법화하기 위해 모든 일을 다 하고 있다. 쾌락을 추구하는 어른들에게 농락을 당해야 하는 아이들에 대해 생각해 보라. 포르노를 만드는 사람들에게 부당하게 이용당하는 아이들을 생각해 보라. 그런 아이들의 눈에는 생기가 없고 그들의 소중한 몸은 텅 빈 상태이다. 그 아이들은 암담하고 소망이 없다. 그들은 그들이 감당할 수 없는 어른들의 세계 속에 억지로 떠밀려 들어가 있는 것이다.

누가 무슨 말을 하건 성관계는 아이들을 위한 것이 아니다. 그리고 성적인 만족을 얻기 위해, 또는 다른 사람들에게 성적인 만족을 주기 위해 아이들을 이용하는 사람들에게는 화가 미칠 것이다. 예수님의 말씀에 의하면 그들에게는 엄한 심판이 따를 것이다.

"피부에 닿으면 화상을 입게 될 것이다." 검은색 표지로 된 책은 맑고 투명한 세척제가 배수관이나 정화 탱크나 지하 오수 처리 시설에는 해를 미치지 않지만, 피부에는 화상을 입힐 수 있다는 사실을 우리에게 알려 주고 있다! 그뿐만이 아니다. 또 그 내용물이 "격렬한 폭발을 일으키거나 끓어오를 수도 있다!" 그날 밤 청소년들에게 성관계와 펑크린의 유사점들을 설명하면서 나는 둘 다 폭발을 일으킬 수 있다는 사실을 보여 주기 위해 하나의 몸동작을 만들어 보여 주었다. 등을 뒤로 젖히고 배를 내밀어 마치 임신한 사람들이 하는 것처럼 손으로 배를 어루만졌다. 그리고 아이들의 표정 속에서 내가 무슨 말을 하려는지 모두들 알아차리고 있다는 것을 볼 수 있었다.

그 후 20년이 지난 지금 성관계는 각기 다른 양상으로 훨씬 더 빈번하게 폭발하고 있다. 성병(성관계 접촉으로 감염되는 질병들), 에이즈, 낙태, 그리고 너무 많은 사람들과 성관계를 가진 경우나 서투른 낙태 시술 때문에 생기는 자궁 적출 현상까지 나타나고 있다. 나는 성관계에 화상을 입거나 성관계가 폭발하면서 불러온 무시무시한 결과들을 믿을 수 없다는 듯이 바라보아야 했던 많은 사람을 알고 있다! 성관계를 잘 알지 못하는 사람들이 성관계를 오용하게 되면, 성관계는 엄청난 파괴력을 가진 끔찍한 것이 되어 버리고 만다.

이 글을 읽으면서 오래전에 신뢰할 만한 사람이 당신을 앉혀 놓고 성관계에 관한 진리를 분명히 알고 있는지 확인해 주었더라면 정말 좋았을 텐데라는 생각을 하게 되는가? 부모님이 강하게 막으셨거나 아니면 당신이 하나님을 경외하고 하나님께서 성관계에 대해 말씀하신 것을 알고 있었기 때문에 "아니오"라고 말할 수 있을 만큼 강한 확신을 가지고 있었더라면, 그리고 옳은 일을 했다는 확신을 가질 수 있었더라면 정말 좋았을 텐데라는 생각을 하게 되는가?

얼마 전에 청소년들이 직면하고 선택하는 성관계에 관한 문제를 논의한 "성관계와 미국의 젊은이들"Sex and Young America: The Real Deal*이라는 제목으로 된 홍보용 비디오테이프를 보았다. 다음은 인터뷰에 응한 청소년들의 말이다.

"억제하기가 힘들어요."

"누구나 다 하는걸요."

*어린이와 가정을 보호하기 위한 국립 연합 기구(National Coalition for the Children and Families), 주소: 800 Campton Road, Suite 9224, Cincinnati, OH 45231, 전화번호: 513-521-6227

"어디를 가나 유혹을 받게 돼요."

"우리를 과보호하려고만 하지 마시고 우리가 제대로 대처할 수 있도록 도와주세요."

"절 붙들고 옳은 일이 아니라고 일러 주시는 부모님이 필요하긴 하지만 뭐, 별문제는 없어요."

그들은 마치 성관계에 대해서 별로 듣고 싶어 하지 않는 것처럼 행동하면서도 실제로는 부모님들이 그들을 데리고 앉아 성관계라는 주제에 대해 이야기해 주길 바라고 있었다!

이 책이 바로 성관계에 관한 진리를 이야기하고 있다. 성을 만드신 분이 의도하신 성관계란 어떤 것인가? 진리는 언제나 우리를 자유롭게 해 준다. 왜냐하면 우리가 어떤 상태에 있는지, 무엇이 옳은 것인지, 무엇이 그른 것인지, 고칠 수 있는 것인지, 고칠 수 있다면 어떻게 고쳐야 할 것인지를 우리에게 정확하게 알려 주기 때문이다. 나는 당신이 어떤 상태에 있건 성관계를 바로잡아 갈 수 있다는 사실을 알게 되길 바란다. 그리고 앞으로 어떻게 바로잡아 가야 하는지에 대해 살펴보게 될 것이다.

펑크린 통에 붙어 있는 까만 딱지 하단을 보면 글자뿐 아니라 다음과 같이 그림까지 빨간색으로 그려져 있는 것을 볼 수 있다.

유독성

마실 경우 생명을 잃게 되거나 영구적인 손상을 입을 수도 있습니다.

눈과 피부에 닿으면 심한 화상을 입게 됩니다.

그 딱지에는 그 제품이 사람의 "눈을 멀게 할 수도 있다"라고 쓰여 있다. 이 경고가 오늘날의 우리 사회와 어떤 관계가 있는지 보이는가? 성을 만드신 분이 성관계에 대해 어떤 지시를 하셨는지도 모르고 성관계를 잘못 이해하고 오용할 때 눈이 머는 사태가 벌어지게 된다는 사실이 보이는가?

내가 출연한 TV 프로그램을 하나님의 섭리로 '우연히' 보게 된 어떤 사람이 최근에 나에게 이메일을 보냈다. 그 내용은 다음과 같았다.

> 어젯밤에 처음으로 선생님이 출연한 프로그램을 보았습니다. 그런데 인용하신 성경 구절과 결혼의 목적에 관한 이야기가 제가 처한 상황과 아주 흡사했습니다. 저는 4년 반 동안 한 남자와 같이 살고 있습니다. 그런데 우리 두 사람은 각기 다른 다양한 이유들 때문에 결혼하는 것을 두려워해 왔습니다. 우리는 '서로 같이 있고 싶지만 그냥 같이 지내는 일에 별문제가 없다면 왜 굳이 결혼을 해야 하는가'라는 생각을 하고 있었습니다. 그런데 이제 왜 결혼을 해야 하는지 알게 되었습니다. 저는 성경을 잘 모릅니다. 몇 차례 성경을 읽어 보려고 했지만 이해하기가 상당히 어려웠습니다. 선생님은 보통 사람들이 성경을 일상생활과 연관 지어 생각할 수 있도록 성경의 의미를 설명해 주셨습니다. 감사합니다. 채널을 이리저리 돌려보길 참 잘했다는 생각이 드는군요.

하나님의 말씀을 공부하기 위한 이 책은 시기적으로 지금 우리에게 매우 중요하다. 왜냐하면 절대적인 것들을 모두 부인하고, 그리스도인들을 제외한 모든 사람들이 서로 타협하고 있으며, 자신이 옳다고 생각하는 대로 행동하게 사람들을 부추기는 포스트모더니즘이 우리 사회 전반을 지배하고 있기 때문이다. 이런 세상에서 사람들이, 심지어 교회 안에 있는 사람들조차, 하나님께서 정하신 한계를 넘어서는 성관계가 불러오는 결과들을 잘 모르고 있다. 하나님의 지시를 따르지 않는 무절제한 성관계는 비극적인 결과를 초래하게 된다. 하나님께서는 우리가 성관계라는 주제에 대해 모르거나 무지하기를 원치 않으신다. 그러므로 이 책의 목적은 성관계를 오용함으로 눈이 멀게 되는 것을 막기 위해 하나님께서 지시하신 것들을 찾아내는 것이다.

펑크린 사용법을 계속 보도록 하자. 사용법을 제대로 지키지 않아 화상을 입었거나 몸에 독이 퍼지게 되었거나 펑크린이 폭발을 하게 되었다면 어떻게 해야 할 것인가? 제조업자는 어떤 조언을 하고 있는가?

"즉각 응급조처를 취하라."

이 책을 읽으면서 당신이나 혹은 당신이 알고 있는 사람들이 도움을 받거나 희망을 가질 수 있을까라는 생각을 하며 숨을 죽이고 머리를 흔들고 있는가? 아, 이 말은 직접 만나서 해 주고 싶다. 당신이 아무리 빗나가 있다 할지라도 여전히 희망은 있다. 무슨 일이 있었던지 간에 여전히 희망은 있다. 당신과 당신이 사랑하는 사람들은 회복될 수 있다. 그리고 우리 사회도 회복될 수 있다!

간담을 서늘케 하는 우리 사회의 현 도덕적 상황을 볼 때 아마 불가능한 일처럼 보일 수도 있을 것이다. 그러나 상황은 역전될 수 있다. 1700년대 말, 영국에서는 윌리엄 윌버포스William Wilberforce의 지휘 아래 사회 정의의 파도를 타고 상황이 역전되는 일이 일어났다. 경건한 삶을 살았던 윌리엄은 1787년 "경건과 덕행을 장려하고 편견과 부도덕과 저속함에 제재를 가하는 사회"를 꿈꾸며 백성들의 윤리 의식을 개혁하고자 했다.

전기 작가인 존 폴락John Pollock은 "윌버포스는… 선한 행실이 널리 퍼지도록 만들었다"라고 썼다[John Pollock, *Wilberforce*(London: Constable, 1977)].

그런 일이 오늘날 우리나라와 이 세상을 어떻게 변화시켜 놓을 수 있을지 상상해 보라. 회복할 수 있는 길이 있다. 왜냐하면 하나님은 여전히 하나님이시고 잃었던 것을 찾으셔서 가치 있게 변화시키시는 구원 사역을 계속하시는 분이기 때문이다. 하나님께서 이 세대를 회복케 하시려고 당신을 어떻게 사용하실지는 아무도 모를 일이다!

하나님은 하나님이시기 때문에 치유하고 회복케 하시는 하나님의 능력 밖에 있는 사람은 아무도 없다는 사실을 기억하라.

지금부터 이 사실을 기억하고 앞으로 나아간다면 우리의 영혼은 안위를 누리게 될 것이라고 나는 확신한다. 여기서 '영혼'이란 '속 사람'을 의미하는 것으로, 우리가 아무리 노력해도 우리의 삶 속에서 떨쳐낼 수 없는 우리 모두가 안고 살아야 하는 악한 성품을 직시하는 우리 자아의 가장 깊은 부분을 말한다.

아무도 가 보지 않은 가장 좋은 길

성관계라는 영역에서 '속 사람'이 치러야 하는 전투를 나는 잘 알고 있다. 왜냐하면 경험해 보았기 때문이다. 나는 하나님의 계획에서 벗어난 성관계로 인한 고통과 회한을 알고 있다. 나는 모든 지시를 다 읽지는 않았었지만, "간음하지 말라"고 한 계명은 알고 있었다. 그럼에도 불구하고 결혼 생활을 하는 동안 정신적으로 그리고 남편과 이혼한 후에는 육체적으로 몇 차례 그 계명을 어겼다.

내가 그렇게 한 이유는 행복하고 싶었고 사랑받고 싶었기 때문이다. 나는 성적인 매력을 느끼게 하는, 저항할 수 없을 만큼 매혹적으로 사람의 마음을 끄는 사람이 되고 싶었다. 그러면 행복할 수 있을 것이라고 생각했기 때문이다!

그 당시는 가슴이 풍만한 여배우들과 벽에 붙일 수 있는 미녀들의 사진과 휴 헤프너Hugh Hefner가 발행한 플레이보이지에 여자들의 나체 사진이 실리기 시작했던 1950년대였다. 옆집 여자아이를 바라보는 사람들의 시선이 달라졌고 그 결과는 윤리적 타락으로 이어졌다. 종교는 틀에 박힌 일상이 되었고, 하나님을 경외하며 거룩한 삶을 살아가도록 권하는 내용의 설교보다는, 하나님 말씀의 정확성에 의문을 제기하는 내용의 설교가 더 많았다.

나는 우리 부모님의 덕행을 보며 자랐지만 그런 덕행에 대한 성경적 원리에 대해서는 모르고 있었다. 그 결과, 나는 내 삶과 다른 사람들의 삶을 망쳐 버리고 말았다. 나는 죄를 지었고, 하나님의 계명을 어겼다. 하나님을 떠나 독자적으로 살아가는 것, 이것이 바로 죄이다. 자신이 마치 하나님인 것처럼 행동하며 하나님께서 하나님의 책에 이미 말씀하신 것에 귀를 기울이는 대신 옳고 그른 것을 자신이 결정하는 것이 죄이다. 하나님을 믿지 않기로 선택하는 것이 죄이다. 어떤 것이 옳은 것인지를 알면서도 그것을 행치 않는 것이 죄이다.

나는 죄를 지었고 그 죄는 내가 의도했던 것보다 훨씬 더 심각한 곳까지 나아가도록 만들었으며 훨씬 더 많은 대가를 지불하게 만들었다. 내 앞에 놓인 경고 표지판과 위험한 커브 길을 미리 내다보고, 방향을 틀어 생명으로 인도하는 하나님의 곧고 좁은 길로 갈 수 있도록 도와주는 사람이 있었더라면 정말 좋았을 것이다.

나는 미래에 대해서 생각하지 않았다. 그저 한순간을 위해서만 살았다. 내가 바라는 그런 미래를 가져다줄 수 있는 것처럼 보이는 그런 순간을 위해 살았다. 그러나 내가 바라던 미래는 오지 않았다. 대신 29살 되던 해에 하나님 앞에 무릎을 꿇고 하나님께서 원하시는 대로 하셔도 좋다고 말씀드리게 될 때까지, 내 생활은 계속 소용돌이를 치며 떨어져 내려갔다. 하나님께서 원하시는 것이 무엇인지를 알기만 했더라면 그보다 훨씬 일찍 하나님 앞에 무릎을 꿇고 완전히 항복할 수 있었을 것이다.

하나님의 방법에 귀를 기울이고 그 방법대로 살기로 결심했을 때, 드디어 나는 회복되기 시작했다. 그때를 돌아보면 나는 그저 빙긋이 웃으며 머리를 젓지 않을 수가 없다. 나는 하나님께서 어떤 것을 마련해 두고 계셨는지 전혀 상상하지 못했었다! 그것은 정말 놀라운 일이며 하나님만이 하실 수 있는 일이었다! 그러나 나는 그 이전으로 되돌아가고 싶은 생각은 추호도 없다. 하나님께서 성관계에 대해 하신 말씀을 알고 그 말씀대로 했더라면 훨씬 더 좋았을 것이다.

이제 하나님께서 의도하신 성관계에 대하여 배워나가는 일을 시작해 보자. 긍정적인 지시들이 있기는 하지만 긍정적인 지시들보다 부정적인 경고들을 더 많이 보게 될 것이다. 그럴 수밖에 없다. 하나님께서는 성관계를 창안하셨고 완전하고 선한 선물로 우리에게 주셨다. 그러나 성관계는 창조적인 능력 안에서 조절될 때는 너무나 거룩하고 신성한 것이지만, 우리의 악한 성품이 성관계로 인해 우리를 가장 쉽게 자멸시켜 버릴 수 있기 때문이다. 다행히 하나님은 파괴하고 죽이는 일 대신 창조하고 구원하는 일을 하신다. 하나님은 우리가 자멸하지 않도록 우리에게 필요한 모든 것을 다 주셨다.

그러므로 이제 하나님께서 무슨 말씀을 하시는지 살펴보기로 하자.

1. 태초에

하나님께서 성을 만드신 이유는?

지금 우리 사회는 성에 대한 엄청난 혼란에 빠져 있다. 우리는 성행위를 거의 숨 쉬듯 하는 문화 속에 살고 있다. 몇 분 동안 TV 채널을 돌려 보라. 성관계에 대해 토론하고 논쟁하는 사람들과 성행위 장면들을 쉽게 볼 수 있을 것이다. 또 자동차에서 샴푸에 이르기까지, 커피에서 치약에 이르기까지 물건을 선전하는 모든 광고 속에서 성이 이용되고 있는 것을 볼 수 있다. 메시지는 분명하다. 사람들의 마음을 끌어야 한다는 것이다. 사랑을 원한다면 어떻게든 성욕을 자극해야 한다는 것이다. 이제는 사랑이 아니라 성관계로 움직이는 세상이 되었다!

인터넷에 접속하여 그저 아무 단어나 하나만 입력해 보라. 아무 경고도 없이 전혀 몰랐던, 그리고 차라리 몰랐으면 더 좋았을 정보들이 눈앞에 펼쳐질 것이다. 그러고 나면 호기심에 좀 더 알아보고 싶은 마음이 들면서 가서는 안 되는 곳으로 가기 위해 어떻게든 자신을 합리화시키려는 노력을 하게 된다. 그리고 너무나 갑자기 생겨난 정욕과 씨름하고 있는 자신을 보게 된다.

집을 나와 길을 가다 보면 길고 요염한 다리와 엉덩이를 다 드러내는 꽉 끼는 짧은 치마를 입은 여성들의 행렬이 바로 눈앞에서 펼쳐진다. 머릿속으로 파고들어 오는 생각을 떨쳐 버리려고 눈을 들어 위를 바라보면 그러한 생각들을 더욱 부추기는 광고판들이 눈에 쑥 들어온다.

무언가를 마시거나 먹으려고 길모퉁이에 있는 가게에 들어서면 잡지들이 눈길을 끈다. 사랑하는 사람을 자극하고 그의 관심을 불러일으킬 수 있는 방법과 성관계 지수를 테스트할 수 있는 방법을 알려 줄 수 있을 것처럼 보이는 사진과 기사 제목들이 마치 모든 의구심을 풀어 주겠다는 약속이라도 해 주고 있는 듯하다.

친구들과 모여 이야기하다 보면 어느새 화제는 성관계라는 주제로 넘어가게 된다. 애정을 획득한 경험담이 나오고 좌절감이 표현되고 충고가 뒤따른다. 또 아직 경험이 없다는 이유 때문에 당신은 놀림감이 되고 만다. 그리고 그 짜릿함은 경험해 보지 않으면 알 수 없는 것이라는 말을 듣게 될 것이다.

영화를 보러 가서는 어떤가? 부모의 지도가 필요한 영화라는 표시가 되어 있었지만, 실제로는 그 정도를 훨씬 넘어서는 영화를 보게 되는데, 대부분이 성을 파는 장면들이다. 당신은 살결이 부드럽고 따뜻한 누군가의 어깨에 팔을 두르고 여성용 향수의 달콤한 향기를 맡으며 앉아 있거나, 아니면 유연한 힘을 발산하는 남자와 가까이 달라붙어 앉아 있게 된다. 머릿속에는 생각해서는 안 될 생각이 가득 차 있고 몸은 원해서는 안 될 것을 원하게 된다. 그녀는 당신의 아내가 아니다… 그는 당신의 남편이 아니다.

는" 등등으로 빗나가는 일이 없도록 도와줄 것이다. 그런 말들이 나쁜 것은 아니다. 그러나 우리는 먼저 사실을 알고 사실로부터 시작해야 한다. 그러므로 이제 창세기 1장을 읽으면서 '사람'에 대해 알게 된 사실들을 아래의 공란에 적어 보라.

창세기 1장에서 배운 내용을 논의하기 전에 창세기 2장을 먼저 살펴보자. 다음 구절은 마치 망원경의 초점을 하나님께서 하신 일에 맞추어 놓은 듯하다. 그래서 남자와 여자의 창조에 대한 자세한 기록을 볼 수 있다.

성경 본문을 읽으면서 "남자"라는 말이 나오면 이렇게 ♂ 남성을 상징하는 표시를 하고 "여자"라는 말이 나오면 이렇게 ♀ 여성을 상징하는 표시를 하라. "남자와 여자"를 지칭하는 대명사에도 모두 표시하라.

창세기 2:7-8, 15-25

7 여호와 하나님이 땅의 흙으로 사람을 지으시고 생기를 그 코
에 불어넣으시니 사람이 생령이 되니라
8 여호와 하나님이 동방의 에덴에 동산을 창설하시고 그 지으신

사람을 거기 두시니라

15 여호와 하나님이 그 사람을 이끌어 에덴 동산에 두어 그것을
경작하며 지키게 하시고
16 여호와 하나님이 그 사람에게 명하여 이르시되 동산 각종 나
무의 열매는 네가 임의로 먹되
17 선악을 알게 하는 나무의 열매는 먹지 말라 네가 먹는 날에
는 반드시 죽으리라 하시니라
18 여호와 하나님이 이르시되 사람이 혼자 사는 것이 좋지 아니
하니 내가 그를 위하여 돕는 배필을 지으리라 하시니라
19 여호와 하나님이 흙으로 각종 들짐승과 공중의 각종 새를 지
으시고 아담이 무엇이라고 부르나 보시려고 그것들을 그에
게로 이끌어 가시니 아담이 각 생물을 부르는 것이 곧 그 이
름이 되었더라
20 아담이 모든 가축과 공중의 새와 들의 모든 짐승에게 이름을
주니라 아담이 돕는 배필이 없으므로
21 여호와 하나님이 아담을 깊이 잠들게 하시니 잠들매 그가 그
갈빗대 하나를 취하고 살로 대신 채우시고
22 여호와 하나님이 아담에게서 취하신 그 갈빗대로 여자를 만
드시고 그를 아담에게로 이끌어 오시니
23 아담이 이르되 이는 내 뼈 중의 뼈요 살 중의 살이라 이것을
남자에게서 취하였은즉 여자라 부르리라 하니라
24 이러므로 남자가 부모를 떠나 그의 아내와 합하여 둘이 한

몸을 이룰지로다
25 아담과 그의 아내 두 사람이 벌거벗었으나 부끄러워하지 아
니하니라

이제 이 구절을 통해 남자와 여자에 대해 배운 것들을 적어 보라.

남자	여자

창세기 1장은 남자와 여자가 모두 여섯째 날에 창조되었다고 말하고 있다. 그런데 창세기 2장은 남자와 여자가 만들어진 순서를 보여주고 있다. 하나님께서는 흙으로 남자를 먼저 만드신 다음 남자의 갈빗대로 여자를 만드셨다. 그리고 여자를 만드신 하나님의 목적을 분명히 알려 주고 있다. 하나님께서는 남자를 돕는 배필이 되도록 여자를 지으셨다. 모든 들짐승들 중에는 아담에게 어울릴 만한 동반자가 없었기 때문이다. 이 구절에 "돕는 배필"이라고 번역된 히브리 단어는 '에제르 네게드'ezer neged이다. '에제르'는 '돕는 사람'이라는 뜻이고 '네게드'는 '짝'이라는 뜻이다.

아담이 독처하는 것이 좋지 않은 것이었다면 하나님께서 왜 다른 남자 한 사람을 더 만들어서 아담의 동료가 되게 하지 않으신 것인가? 남자와 여자에게 다른 점이 있는 것인가? 이런 질문들에 대해 성경은 어떻게 말하고 있는지를 잘 알아야 할 필요가 있다. 왜냐하면 성경과

상반되는 견해가 오랫동안 주장되어 왔고 그 속임수에 넘어간 사람들이 많이 있기 때문이다.

한 대학생이 1979년에 태아의 성장 과정에 관한 수업을 들으면서 적은 노트를 내게 보내 주었다. 그 내용은 고독한 자유주의자의 헛소리가 아니었다. 차라리 그랬으면 좋겠다. 대신 그 내용은 '학문적' 연구라는 명목하에 제시되고 받아들여지도록 영리하게 꾸며 만든 왜곡된 거짓이었다. 그중 세 가지만 소개하자면 다음과 같다.

1. 우리는 성과 무관하게 태어난다. 동성애도 이성애도 아무 상관이 없이 태어난다.
2. 아이는 2살이 되기 전에 부모가 심어 준 성 개념을 가지게 된다.
3. 모든 성행위는 습득되는 것이다. 성욕도 습득되는 것이며 환경의 영향을 받게 된다.

사람들은 이런 진술들이 가장 최근에 이루어진 인간의 성에 관한 연구를 기초로 한 것이라고 주장한다. 그러나 이러한 진술들이 정말 사실인가? 하나님의 말씀과 일치하는가?

창세기 1장과 2장은 어떻게 말하고 있는가? 우리는 정말 성과 무관하게 만들어졌는가?

그리고 우리는 성과 무관한 자손을 낳도록 되어 있는가? 창세기 4장에서 이 질문에 대한 답을 찾을 수 있다. 하와가 첫 아이를 낳았을 때 그녀는 "내가 여호와로 말미암아 득남하였다"1절라고 말했다. 그녀는 아기가 자기와 같은 여자가 아니라는 것을 알고 있었기에 그렇게 말할 수 있었다. 그녀가 낳은 아기는 사람인가? 그렇다. 여자인가? 아니다. 아기의 해부학적 구조는 그녀와 달랐고 태어나는 순간부터 그 차이를 분명하게 볼 수 있었다. 그때도 그랬고 그 이후에도 언제나 그래 왔다.

하나님께서 아기의 성을 결정하신다. 그리고 아주 희귀한 경우를 제외하고는 남성인지 여성인지는 태어날 때부터 아주 분명하게 드러난다. 그리고 이들은 단순히 해부학적으로만 다른 것이 아니다. 어린 남자아이를 여자들만 있는 곳에 둔다고 해서 그 아이를 남자로 만드는 Y염색체가 없어지지는 않는다. 또한 남성 호르몬의 하나인 테스토스테론이 감소되는 것도 아니다.

아이들이 사춘기에 이르게 되면 그들이 어떤 환경에서 자랐건, 어떤 옷을 입고 있건, 어떤 성으로 불리건 간에 여자아이의 에스트로겐은 남자아이의 8-10배 정도가 된다. 그리고 남자아이의 테스토스테론은 여자아이의 15배가량이 된다.

우리 환경은 우리가 스스로를 어떻게 보는지, 또 어떤 것을 정상적인 것으로 여기는지, 그리고 우리가 어떤 것을 좋아하게 되는지에 큰 영향을 미칠 수 있다. 그러나 그렇다고 해서 우리의 성을 바꾸어 놓을 수는 없다. 환경이 우리의 성을 바꾸어 놓을 수 있다면 성전환 수술을 하려는 사람도 아마 없을 것이다.

왜곡되지 않은 참 진리는 오직 성경에서만 찾을 수 있다. 성경은 우리 각자가 남자와 여자로 각기 다르게 만들어졌다고 말한다. 하와는 아담의 돕는 배필이 되기에 적절하게 만들어졌다. 그리고 아담과 하와는 둘 다 출산이라는 목적을 이룰 수 있도록 만들어졌다. 어떤 환경에서 자랐건 간에 두 사람의 남자가 성관계를 통해 아기를 낳을 수는 없다. 두 사람의 여자 역시 마찬가지이다. 아기를 낳기 위해서는 정자와 난자가 있어야 하고 정자와 난자가 있으려면 남자와 여자가 있어야 하기 때문이다.

이미 말했듯이 하나님께서는 아담의 동반자가 될 사람을 남자로 만들지 않으셨다. 하와 즉, 여자를 만드셨다. 아담과 하와는 남자아이와 여자아이를 출산하여 번성하고 또 그 아이들이 자라 또 다른 남자아이와 여자아이를 낳아 점점 더 번성해 가도록 창조되었다.

그렇다면 어떻게 그런 일이 일어날 수 있는 것인가? 창세기 2:24에 "남자가… 그의 아내와 합하여 둘이 한 몸을 이룰지로다"라고 기록된 것을 기억하는가? 그 말의 의미는 무엇인가?

하나님께서는 그 의미를 고린도전서 6:15-18에서 아주 분명하게 설명하셨다. 다음 성경 구절을 읽을 때 이는 바울 사도가 그리스도인들에게 한 말이라는 사실을 기억하라. 참된 그리스도인에게는 그 안에 내주하시는 성령님께서 계신다. 곧 우리 안에 그리스도께서 거하신다는 말이다. 따라서 우리 몸은 그리스도께서 거하시는 그분의 처소이다.

다음 구절을 읽으면서 "너" 또는 "너희"라는 말과 "창녀"라는 말과 "음행"이라는 단어에 각기 다른 표시를 하라. 각기 다른 색깔의 색연필을 사용하면 쉽게 눈에 띌 것이다(이 책을 공부해 나가는 동안 대여섯 가지의 색깔로 된 색연필이나 아니면 적어도 세 가지의 다른 색이 나오는 볼펜을 준비하여 사용하면 좋을 것이다). 이 세 단어들에 각기 다른 색으로 표시할 수 없는 형편이라면, "너" 또는 "너희"라는 단어에는 밑줄을 긋고 "창녀"라는 단어에는 그 위에 이렇게 ↓ 표시하고

"음행"이라는 단어에는 동그라미 표시를 하라.

고린도전서 6:15-18

15 너희 몸이 그리스도의 지체인 줄을 알지 못하느냐 내가 그리
스도의 지체를 가지고 창녀의 지체를 만들겠느냐 결코 그럴
수 없느니라
16 창녀와 합하는 자는 그와 한 몸인 줄을 알지 못하느냐 일렀
으되 둘이 한 육체가 된다 하셨나니
17 주와 합하는 자는 한 영이니라
18 음행을 피하라 사람이 범하는 죄마다 몸 밖에 있거니와 음행
하는 자는 자기 몸에 죄를 범하느니라

"너" 또는 "너희"라는 단어를 찾아 표시하면서 알게 된 것은 무엇인가?

이 구절과 창세기 2장의 "둘이 한 몸을 이룰지로다"라는 말을 어떻게 설명할 수 있겠는가?

바울이 이 구절에서 말한 "음행"이란 무엇인가?

하나님께서 의도하신 성관계는 둘이 한 몸을 이루는 것이다. 이는 정말로 놀랍고도 경이로운 것이다. 하나님께서는 아담과 하와를 각각 남자와 여자로 만드셨을 때, 그 둘이 성관계라는 행위를 통해 한 몸이 될 수 있는 해부학적 구조를 가지게 하셨다.

남자와 여자가 한 몸을 이룰 때 가장 놀라운 환희를 경험할 수 있도록 하나님께서는 남자와 여자를 만드셨다. 호르몬이나 신경이나 감각기관이나 다른 신체적인 특성들 모두 남자와 여자가 육체적으로 한 몸을 이루게 되는 결혼을 통해 기쁨을 경험할 수 있도록 하나님께서 만드신 것이다.

더없이 절묘한 황홀경.

하나 되는 일체감, 기쁨의 바닷속으로 가볍게 이끌어 가는 열정의 물결.

그 열정은 다른 모든 의식을 잃어버리게 한다.

모든 것을 소진시키고 긴장을 넘어선 만족을 주며 그 완전한 만족으로 인해 흡족하게 한다.

성관계, 그 자체는 아름다운 것이다. 이는 그 어떤 것보다 더 경이로운 것이다! 성관계는 하나님께서 창안하신 것이다. 하나님께서는 성관계를 그렇게 만족스러운 것으로 만드실 필요는 없었다. 그렇지 않은가? 펑크린 통에 적힌 지시처럼 상당히 기계적으로 지시하실 수도 있었을 것이다. 아기를 가지기 위해서는 첫째 이것을 하고 그다음에는 저것을 하라. 그리고 다음 지시를 따르라. 이런저런 것들을 조심하라. 그러면 9개월 후에 아기를 낳게 될 것이다. 이 지시를 따라 해도 아기가 생기지 않으면 성공할 때까지 이 전 과정을 계속 반복하라.

아무런 고통도, 열정도, 흥분도 느낄 수 없는 기계적인 과정.

그러나 결코 그렇지 않다! 그것은 성관계를 만드신 하나님의 의도와는 너무나 거리가 멀다. 하나님께서는 성관계를 열정적인 것으로 만드셨다. 하나님께서는 성관계를 기계적인 것이 아니라 열정적인 것이 되도록 의도하셨다. 완전한 성관계는 온전히 하나가 되는 친밀감을 가져다줄 뿐만 아니라 사랑하는 사람과 함께 있고 싶은 열망을 가지도록 한다. 신성한 순결함으로 하나가 되는 남편과 아내의 연합은 하나님께서 자신의 아들을 위해 찾으시는 신부, 곧 하나님께서 택하신 하나님의 백성 이스라엘과 하나 되기를 간절히 바라시는 하나님의 열망을 보여 주는 거룩한 비유이다.

최고의 사랑 이야기

성경은 처음부터 끝까지 신성한 사랑에 대해 이야기하고 있다. 남자와 여자가 한 몸을 이루는 이야기로 시작해서, 하나님의 영원한 가족이 되도록 다른 사람들을 초청하는 성령과 신부의 이야기로 끝이 난다. 구약 성경은 순결이 주는 기쁨과 간음이 불러오는 고통에 대하여 우리에게 보여 준다. 우리는 하나님께서 구약 성경이라는 캔버스를 펼치시고 그 위에 이스라엘을 향한 그분의 사랑을 그려 나가시는 것을 보게 된다.

에스겔 16장에서 하나님께서는 갓 태어난 핏덩이리 상태로 들판에 버려진 이스라엘의 가련한 모습과 그를 발견한 하나님의 사랑을 그리셨다. 이스라엘이 사랑스러운 모습으로 자랄 때까지 돌보시는 하나님의 사랑에 우리의 마음은 감동한다. 예레미야 2장에서는 하나님을 따라 광야를 지났던 젊은 이스라엘의 헌신과 사랑을 떠올리며 잠시 미소를 지으시는 하나님을 볼 수 있다. 그리고 하나님의 아내가 된 이스라엘을 볼 수 있다. "내가 네 곁으로 지나며 보니 네 때가 사랑을 할 만한 때라 내 옷으로 너를 덮어 벌거벗은 것을 가리고 네게 맹세하고 언약하여 너를 내게 속하게 하였느니라 나 주 여호와의 말이니라"겔 16:8.

언약은 특정한 조건하에서 서로 헌신하기로 다짐한 두 사람을 — 서로 대등한 사이이거나 한쪽이 다른 쪽보다 위에 있는 — 묶어 주는 엄숙한 협약이다. 일단 한 번 맺은 언약은 파기할 수 없다. 언약 관계를 맺은 두 사람은 하나가 된다. 이제 두 사람은 더 이상 개별적으로 행동해서는 안 된다. 두 사람은 서로를 보호하고 지키고 모든 것을 공유하기 위해, 죽을 때까지 서로 함께하기 위해 결합한 것이다. 이 언약은 너무나도 엄청난 것이기 때문에 하나님께서 모든 언약의 최고 통치자가 되셔서 언약의 조건이 충족되고 있는지를 지켜보신다. 언약의 조건이 충족되지 않을 때 하나님께서는 침해를 당한 사람을 보호하시고 언약을 파기한 사람을 징벌하기 위해서 개입하신다. 말라기에서 하나님은 결혼을 하나의 언약이라고 말씀하시며, 어려서 취한 아내를 버리는 이혼을 하나님께서 얼마나 미워하시는지를 보여 주셨다말 2:14-16.

하나님과 언약을 맺은 이스라엘 백성에 대한 하나님의 사랑은 성경에서 아주 분명하게 드러나 있다. 이스라엘에게 그보다 더 좋은 일은 있을 수 없었다. 하나님은 이스라엘에게 장신구를 달아 주시고 손에는 팔찌를 끼워 주시고 목에는 목걸이를 걸어 주시고 머리에는 아름다운 관을 씌워 주셨다. 이스라엘은 수를 놓은 가는 베와 명주로 짠 옷을 입고 가장 좋은 음식을 먹었다. 뛰어나게 아름다운 그녀는 왕족을 능가하는 대우를 받았다. 하나님은 그녀를 빛나게 해 주셨고 그녀의 명성은 퍼져나가기 시작했다.

그리고 일이 벌어졌다.

그녀는 자신의 아름다움을 믿고 행음하며 지나가는 사람들과 더불어 음란을 행했다. 우상의 제단에 자기 자녀들을 제물로 바쳤다겔 16장.

한때 아름다웠던 모든 것들이 이제 음란한 것이 되었다. 많은 사람이 그녀의 벗은 몸을 거쳐 갔고… 하나님의 마음은 찢어지는 듯했다.

마침내 하나님께서는 그녀의 주의를 환기시키기 위해 그녀에게 이혼증서를 써 주고 떠나보내셨다. 그러나 하나님의 마음은 그녀를 결코 멀리 떠나보낼 수 없었다.

그녀는 노예 시장에서 팔려 다닐 만큼 추락하고 또 추락했다. 결국 하나님께서 그녀를, 하나님께서 사랑하시는 이스라엘을 다시 사기 위해 찾아가셨다(호세아 선지자가 자신과 고멜의 이야기를 하고 있는 호세아서에서도 똑같은 그림을 볼 수 있다).

이스라엘의 구원은 "하나님은 우리의 구원이시다"라는 뜻의 이름을 가진 하나님의 아들 예수님을 통해 이루어졌다. 그분은 자기 백성을 저희 죄에서 구원하실 자였다. 적절한 때가 되자 하나님께서는 하나님의 아들을 위해 신부를 찾으셨다. 한 몸에 유대인과 이방인의 피가 뒤섞인 그 혼혈아는 노예 시장에서 비싼 값에 팔려가기를 기다리고 있었다. 하나님과 그 아들은 개의치 않고 기꺼이 비싼 대가를 지불하기로 하셨다. 아버지와 아들은 하나님의 독생자의 보혈로 그녀를 구원하기로 합의하셨다.

결혼 언약은 갈보리에서 끊어졌지만 끝이 난 것은 아니었다. 예수님께서 그분의 신부, 곧 교회를 위해 아버지의 집에 처소를 마련하고 계신다. 아버지의 종들은 그녀에게 나팔 소리가 울리고 신랑이 그녀를 집으로 데려가기 위해 기쁨의 찬가를 울리며 오실 때, 순결한 처녀로 그분을 맞이할 수 있도록 순결을 지키라고 권고하며 그녀를 지켜보고 있다. 그날을 기대하면서 그녀는 희고 깨끗한 혼례복을 준비하며 어린 양의 혼인 잔치에 참여하도록 사람들에게 초대장을 보내고 있다.

책 중의 책인 성경은 결혼과 동산에 있는 집에서부터 시작하여 결혼과 신랑을 위해 단장한 신부처럼 준비된 하늘에서 내려오는 새 예루살렘으로 끝이 난다.

그렇다면 이 책 중의 책 중간에서 볼 수 있는 것은 무엇인가? 지금까지 지어진 사랑의 노래 가운데 가장 으뜸인 아가서를 볼 수 있다. 아가서는 처음부터 끝까지 하나님께서 의도하신 사랑의 아름다움을 격찬하는 노래이다. "나는 내 사랑하는 자에게 속하였고 내 사랑하는 자는 내게 속하였으며… 그가 나를 사모"한다는 것을아 6:3, 7:10 알기 때문에, 그 누구에게서도 찾을 수 없는 가장 깊은 열망을 채워 주는 너무나 소중한 사랑을 노래하는 이야기이다. 아가서는 하나님을 한 번도 언급하지 않은 책이다. 하나님께서 남자와 여자를 만드시고 여자를 남자에게 이끄실 때 하나님께서 의도하셨던 모든 것을 표현하고 있기 때문에 굳이 하나님을 언급할 필요가 없는 책이다. 원래 의도한 사랑의 아름다움과 그 독특한 친밀감을 해치지 않기 위해 사랑이 원하기 전까지는 흔들어 깨우지 말라고 우리에게 경고하고 있는 책이다.

2. 순결한 처녀의 초상화

혼전 순결을 강조하는 이유

한 젊은 여성으로부터 받은 편지 내용이다.

저는 가족을 그 무엇보다 중요하게 여기는 사랑스럽고 윤리적인 가정에서 자랐습니다. 결혼한 지 34년이 된 우리 부모님은 여전히 서로에게 충실하고 늘 서로를 진실하게 대해 오셨습니다. 요즘에는 찾아 보기 드문 일이라고 생각합니다.
그러나 애석하게도 높은 도덕적 수준을 유지한다는 것이 제게는 인생의 문제들과 성관계에 관한 문제들을 모두 혼자 해결해 나가야 한다는 뜻이었습니다. 우리 부모님은 도덕적으로 훌륭한 사람들은 성이나 성관계에 관한 문제들을 생각하거나 이야기하지 않아야 한다고 생각하셨습니다. 저는 유혹에 맞서야 할 필요가 없었기 때문에 선량한 삶을 살 수 있었습니다. 그래서 마음대로 행동하는 무리들과 어울려 다니는 사람들만이 유혹이나 성적인 문제를 다루어야 할 필요가 있다고 생각해 왔습니다.

태어나면서부터 시력이 좋지 않았고 늘 과잉보호를 받으며 자란 저는 사람들에게 인기가 있거나 학교에서 아이들과 잘 어울리는 편이 아니었습니다. 대학을 다닐 때도 마찬가지였습니다. 좋지 않은 시력 때문에 운전을 할 수 없었던 저는 늘 가족들을 의지했고 여전히 미성숙한 것처럼 보였습니다. 또래 아이들과 반 친구들은 서로 어울려 살아가는 방법을 배우고 데이트도 시작하고, 결국 서로 깊은 관계를 맺고 결혼을 하기도 했습니다. 반면에 저는 늘 가족들의 위로를 받는 어린 소녀로 계속 남아 있었습니다.

그러다가 언제부터인가 반항하기 시작했습니다. 어리고 삶을 즐길 줄 모른다는 놀림을 더 이상 참을 수가 없었습니다. 저는 친구들과 어울리기 위해 열심히 노력했지만 제가 얼마나 순진한지를 아는 친구들은 저를 혼자 남겨 두고 다른 곳으로 가 버리곤 했습니다. 그러니 사교적인 생활을 전혀 할 수가 없었습니다. 대학을 다닐 때도 주말마다 집으로 가서 서재에 파묻혀 한 번도 마무리해 보지 못한 소설들을 썼습니다.

그러다 대학 졸업반이 되었고 지방 방송국에서 실습을 하면서 34살 된 남자('돈'이라고 부르도록 하겠습니다)를 사귀게 되었는데, 저는 그것을 '정상적이 되는' 첫 관문으로 여겼습니다. 그리고 그때부터 부모님을 정말로 거역하기 시작하게 되었습니다. 저는 22살이었지만 데이트를 해 본 적도 없었고 누구를 좋아해 본 적도 없었습니다. 그리고 그를 처음 만나면서 그에게 아내가 없다면 절 위한 사람이 될 수 있을 것이라고 생각했습니다. 그는 34살이었고 이혼을 했으며, 13살 된 아들이 있었습니다.

저는 그 사람을 얻기 위해 제가 할 수 있는 일은 무엇이든지 했습니다. 단정한 복장과 같은, 우리 가족들이 중요하게 생각하는 것들을 무시했습니다. 갑자기 제 삶은 엄청난 거짓 덩어리가 되었습니다. 가족들에게는 돈에 관한 이야기를 하지 않았습니다. 여러 가지 면에서 돈이 저와 잘 맞지 않다는 것을 알게 되었고, 그에 대해 알게 된 것들이 상당히 마음에 거슬렸지만 저는 상관하지 않기로 했습니다!

결국 제가 계획했던 대로 그는 저에게 데이트를 청했고 우리 부모님 역시 상당한 지원을 해 주셨습니다. 축소형 골프를 치고 그의 아파트에서 그저 긴 이야기를 나누고 첫 키스를 하며 상당히 즐거운 시간을 보냈습니다. 데이트가 계속되면서 신체적인 접촉도 점점 더 많아지게 되었습니다. 세 번째 만나던 날 오후에 산책을 하고 식당에서 저녁을 먹은 후 돈은 제게 성인 영화를 보여 주었습니다.

몇 주 후 정상적인 여자들은 모두 성관계를 할 뿐만 아니라 좋아하기까지 한다는 돈의 끈질긴 요구에 저는 마지못해 그의 요구를 들어주기로 했습니다. 그러나 그 경험은 너무나 역겹고 변태적인 것이어서 저는 결국 심리 상담을 받게 되었습니다. 의사의 도움을 받고 다시 예전의 생활로 돌아갈 수 있었지만 그 악몽은 떠나지 않고 절 괴롭혔습니다.

마침내 지방의 기독교 TV 방송국에서 일하게 되면서 비록 상처는 남아 있었지만 새로운 삶을 다시 시작하게 되었습니다. 그곳에서 저는 구원을 얻게 되었습니다. 그러나 진리를 찾아 나서면서 정말 혼란스러웠습니다. 그러던 어느 날, TV에서 선생님이 가르치는 것을 보면서 갑자기 모든 것을 알게 되었습니다. 선생님은 제가 잘 다루지 못하고 있었던 성관계라는 부분에서 많은 것을 가르쳐 주셨습니다. 그리고 드디어 남아 있던 고통이 사라지게 되었습니다.

지금은 다시 처녀가 된 듯한 기분입니다.

유일한 선물

결혼이 이스라엘과 하나님의 연합을 보여 주는 것이며 이스라엘의 불충함 때문에 하나님께서 이스라엘을 매춘부라고 부르셨다면…, 그리고 교회가 그리스도의 신부를 보여 주는 것이며 교회가 세상과 짝했기 때문에 하나님께서 교회를 간음한 여인이라 부르셨다면…, 그렇다면 하나님께서 남자와 여자로서의 우리의 순결에 대해서는 얼마나 중요하게 여기실 것인가? 이것이 앞으로 살펴보고 싶은 것이다. 결혼하기 전에 순결을 잃었다고 해서 이 책을 덮으려고 하지 말라. 순결을 잃었거나 강제로 빼앗겼기 때문에 이 책을 계속 읽어 나가기가 너무 고통스럽다는 이유로 이 책을 덮으려고 하지 마라. 문제를 피하는 것은 도움이 되지 않는다. 도망치려고 해도 과거가 늘 따라다니며 괴롭힐 것이다. 앞에서 인용한 편지를 쓴 여인처럼 그렇게 치유받고 하나님께서 의도하신 아름다움을 주장할 필요가 있다. 그러므로 계속해서 이 책을 읽어 나가면서 하나님께서 말씀하신 것을 알아 가도록 하라.

성경의 첫 다섯 권을 율법서라고 부른다. 이를 토라 또는 모세오경이라고 부르기도 하는데, 우리는 그중의 한 권인 신명기로부터 시작할 것이다.

먼저 신명기 22:13-21을 읽어 보라. 이 구절은 결혼한 신랑이 신부가 처녀가 아니라는 의심이 들 때 어떻게 해야 하는지에 대해 설명 해 주고 있다. 이 구절을 읽으면서 "처녀"라는 말이 나올 때마다 눈에 잘 띌 수 있도록 표시를 하라.

신명기 22:13-21

13 누구든지 아내를 맞이하여 그에게 들어간 후에 그를 미워하여
14 비방거리를 만들어 그에게 누명을 씌워 이르되 내가 이 여자
를 맞이하였더니 그와 동침할 때에 그가 처녀임을 보지 못하
였노라 하면
15 그 처녀의 부모가 그 처녀의 처녀인 표를 얻어가지고 그 성
문 장로들에게로 가서
16 처녀의 아버지가 장로들에게 말하기를 내 딸을 이 사람에게
아내로 주었더니 그가 미워하여
17 비방거리를 만들어 말하기를 내가 네 딸에게서 처녀임을 보
지 못하였노라 하나 보라 내 딸의 처녀의 표적이 이것이라
하고 그 부모가 그 자리옷을 그 성읍 장로들 앞에 펼 것이요
18 그 성읍 장로들은 그 사람을 잡아 때리고
19 이스라엘 처녀에게 누명을 씌움으로 말미암아 그에게서 은
일백 세겔을 벌금으로 받아 여자의 아버지에게 주고 그 여자
는 그 남자가 평생에 버릴 수 없는 아내가 되게 하려니와
20 그 일이 참되어 그 처녀에게 처녀의 표적이 없거든
21 그 처녀를 그의 아버지 집 문에서 끌어내고 그 성읍 사람들
이 그를 돌로 쳐죽일지니 이는 그가 그의 아버지 집에서 창

기의 행동을 하여 이스라엘 중에서 악을 행하였음이라 너는 이와 같이 하여 너희 가운데서 악을 제할지니라

이 대본에 나오는 등장인물들을 열거해 보라.

"처녀"라는 단어에 표시하면서 어떤 것을 알게 되었는가? 당신은 하나님께서 성관계에 대해 어떻게 말씀하시는지를 알고 싶을 것이다. 그러므로 본문에서 배운 내용들로만 모두 적어 보라. 그런 다음 당신의 생각도 함께 적어 보라.

처녀란 그 어떤 남자와도 성관계를 가지지 않은 여자를 말하며 하나님께서는 놀랍게도 처녀라는 것을 알 수 있는 표시를 해 두셨다. 하나님께서는 여자에게 성관계라는 아름다운 행위를 통해 남자를 받아들일 수 있는 질을 만들어 주셨다. 질에는 월경을 내보낼 수 있을 정도의 공간만을 남겨 두고 질의 입구를 부분적으로 막고 있는 처녀막이라고 불리는 점액질의 막이 있다. 결혼한 남녀가 한 몸으로 결합하게 되는 신성한 날 밤에 남편이 풀어 볼 수 있도록 아내가 남편에게 주는 포장된

선물과 같은 것이 되도록 하나님께서 여자의 질을 봉해 놓으셨다.

이런 글을 읽으면서 무안해서 얼굴을 붉히고 있을지도 모르겠다(아직 그럴 수 있다면 정말 좋은 일이라고 생각한다!). 여자가 처녀인지 아닌지를 어떻게 알 수 있는지를 이해할 필요가 없다면 나도 이런 이야기를 꺼내지 않았을 것이다. 그리고 부끄러움을 느낄 수는 있지만 하나님께서 우리를 그렇게 만드셨다는 것을 이해하는 것이 혐오감을 일으키는 일이 되어서는 안 될 것이다. 하나님께서 만드신 남자와 여자는 하나님께서 보시기에 "심히 좋았다".

신명기 당시 또는 그 문화 속에서 여자의 순결을 의심하는 사람에게, 또는 아내가 싫어져서 이혼하려는 남편에게 그녀가 처녀였다는 것을 무엇으로 입증할 수 있었는가? 바로 자리옷이었다. 이것은 곧 결혼한 날 밤에 신부가 입고 있었던 옷이었다.

다양한 성경 구절을 조합해 볼 때 그 당시에는 오늘날 우리가 거행하는 것과 같은 결혼 서약이나 축하 의식은 없었다. 대신 남자와 여자는 결혼하기로 서약하고 합의하는 언약을 맺었다. 그 언약은 실제로 결혼하기 훨씬 전에 맺어질 수도 있었다. 그러나 그것은 서로를 묶어주는 합의로서 여자가 처녀가 아니라는 사실이 드러나지 않는 한 파기할 수 없는 것이었다.*

실제로 결혼식 날에는 신부의 가족들이 집을 장식하고 음식을 장

*마리아와 요셉의 이야기에서도 그 예를 볼 수 있다. 요셉과 정혼한 처녀 마리아에게 천사가 나타나 그녀가 아기를 잉태했으며 하나님의 아들을 낳게 될 것이라는 소식을 전해 주었다. 마리아가 임신했다는 사실을 알게 된 요셉은 조용히 마리아와 이혼하려고 했다. 그 이혼이 성사되었다면 요셉은 마리아와 합의한 계약에서 벗어날 수 있었다.

만하고 신부에게 결혼 예복을 입힌다. 모든 준비가 다 끝나면 신랑이 친구들을 보내어 신부를 데려오도록 한다. 횃불이 켜지고 신부를 신랑집으로 데려가는 즐거운 행렬이 어둔 밤을 환하게 밝히게 된다. 결혼 잔치에 초대받은 등불을 든 처녀들과 횃불을 든 남자들은 모두 결혼 예복을 입고 등장한다. 떠들썩하고 즐겁고 신나는 잔치가 벌어지고 이웃 사람들은 신부의 모습을 보기 위해서 모두 서둘러 평평한 지붕 위로 올라간다.

신부가 신랑의 집 가까이에 도착하면 "신랑이 나온다"라는 소리가 들리고 정혼한 아내를 맞이하기 위해 신랑이 나오게 된다.

나중에 신랑과 신부는 신랑집에서 그들을 위해 마련된 신방으로 들어가게 된다. 그것이 신랑이 "그의 신부에게 들어간다"라는 표현이다. 침대 위에는 휘장이 쳐져 있으며 신부가 입었던 결혼 예복은 신부 아래에 펼쳐지게 된다. "쪼갠 고기 사이를 지나며" 피 언약이 맺어지는 것처럼, 신부의 옷에 묻은 피가 그녀가 처녀라는 사실을 입증해 주는 증거가 되었다. 둘은 한 몸을 이루게 되고 혼인은 완성된다. 그리고 언약의 피가 묻은 신부의 옷은 잘 접어서 보관해 두었다. 그것은 그녀가 남편을 위해 간직해 둔 선물, 곧 그녀의 순결을 증명해 주는 것이었다. 그 선물은 단 한 번, 단 한 사람에게만 줄 수 있는 것이었다.

이런 관습을 볼 때 한때 여자의 순결은 무슨 일이 있어도 지켜야 하는 아주 귀중한 것으로 여겨졌음이 분명하다. 여자의 마음을 얻는 남자가 그녀의 몸도 얻었다. 그 남자는 두 사람이 살아 있는 동안 이러한 방법으로 그녀를 '알 수 있는' 처음이자 마지막 사람이었다. 여자의 입증된 순결로 확증된 그들의 언약 관계는 그녀의 안전을 보장해 주는 것이었고, 아가서에서 말하고 있듯이 탐스러운 열매를 맺고 있는 포도원을 헐려는 "작은 여우"로부터아 2:15 두 사람을 지켜 주는 것이었다.

오늘날에는 순결을 조롱거리로 여기고 책망해야 할 일로 여기는 사람들이 너무나 많다. 왜냐하면 그것은 같이 자고 싶어 하는 사람이 아무도 없을 정도로 매력이 없는 사람이라는 의미이기 때문이라는 것이다. 우리는 도덕성이 거의 다 사라져 버렸기 때문에 순결을 시대에 뒤떨어진 고리타분한 것으로 생각하는 시대를 살고 있다.

내 또래의 사람들은 텔레비전이 처음 나왔던 초창기에 유명했던 「오찌와 해리엇의 모험」Adventures of Ozzie and Harriet이라는 TV 드라마를 기억하고 있을 것이다. 그 프로그램은 부모와 자녀들이 모두 한 집에 모여 사는 일반적인 건전한 미국 가정의 이야기로서 인생의 중요한 문제들을 정직하고 성실하게 해결해 나가는 사람들의 성품과 도덕성을 보여 주었다. 우리는 그 프로그램을 좋아했다. 그 이야기에 공감했으며 결혼이 어떤 것인지를 보여 주는 장면들을 통하여 유익을 얻을 수 있었다.

또 「페이톤 플레이스」Peyton Place(고등학생들을 중심으로 한 TV 연속극)도 있었다. 그 당시에도 사람들은 모든 사람이 다 도덕적인 삶을 사는 것은 아니라는 것을 알고 있었다. 그러나 부도덕한 삶을 사는 사람들은 적어도 자신들의 부정을 숨기려고 할 만큼의 수치심은 느꼈다. TV 프로그램에서도 잘못을 그냥 묵과하지 않았다. 그 이유는 무엇인가?

그 몇 해 전 자유분방한 성생활과 폭력과 온갖 종류의 부도덕한 추행이 영화계의 스크린을 장식했다. 1933년 헤이디 라마르Hedy Lamarr라는 배우가 「엑스터시」Ecstasy라는 영화에서 나체를 드러내는 배역을 맡았다. 그리고 같은 해 바바라 스텐위크Barbara Stanwyck가 대본을 쓴 영화「아기 얼굴」Baby Face에는 도박 빚을 갚기 위하여 딸을 매춘부로 팔아 버린 아버지가 나왔다. 그때 미국 사람들은 격분했다! 염려하는 시민들은 할리우드가 도덕성을 파괴하도록 그대로 묵과하지 않기로 결의했다. 로마 가톨릭 교회를 포함한 다양한 민간단체들이 법적 대응을 시도했다. 그러자 영화계는 1934년에 정부의 검열을 피하기 위하여 미국의 문화를 지키려는 가톨릭 교회와 개신교 교회와 유대인들이 지지하는 영화 제작법을 강화하기 시작했다.

영화 제작법을 지지한 사람들은 미 헌법 수정 제1항(언론, 신문, 종교의 자유를 보장한 조항)을 중시하는 한편, 개인과 사회에 해를 미치는 '연예 오락'을 저지하는 일의 중요성에 대해서도 이해하고 있었다. "영화 제작법의 일반적인 원칙은 영화를 보는 사람들의 도덕적 기준을 저해하게 될 영화를 만들어서는 안 된다는 것이었다. 그러므로 관객들이 범죄나 비행이나 악행이나 죄악에 동조하게 만드는 영화를 제작할 수 없었다"[Ephraim Katz, "Production Code," in *The Film Encyclopedia*(New York: HarperCollins, 1994)].

그리고 "결혼 제도와 가정의 신성함이 존중되어야 하며, 부당한 성관계를 일반적인 것처럼 받아들일 수 있는 것으로 묘사해서는 안 된다"는 선언도 함께 포함되어 있었다. 또 "미숙하거나 어리거나 죄를 범하기 쉬운 사람들에게 위험한 감정을 불러일으킬 만한 장면이 포함되어서는 안 된다. 순수한 사랑의 한계를 정할 수는 없다고 할지라도 특정한 사실들은 입법자들에 의해 일반적으로 안전한 상연의 한계를 벗어난 것으로 간주되어 왔다"라고 진술하고 있다.

TV 방송사들은 영화계가 직면하고 있는 격렬한 논쟁에 휩쓸리고 싶어 하지 않았다. 그래서 TV 카메라가 「오찌와 해리엇의 모험」의 넬슨 부부나 「비버에게 맡겨」Leave It to Beaver의 준과 워드 클레버 부부나 「루시를 사랑해」Love Lucy Show의 리키 리카르도의 침실을 잡을 때마다 시청자들은 한 쌍으로 놓여 있는 일인용 침대 두 개를 볼 수 있었다. 그 당시에는 한 침대에서 남자와 여자가 같이 있는 장면이나 또는 그런 암시조차 주는 일이 없도록 철저한 검열이 이루어졌다.

그 당시 어린 소녀였던 나도 침대가 각각 분리되어 있다는 것을 지적할 수 있었다. 실제로 나는 사람들에게 "나는 결혼해서 저렇게 일인용 침대 두 개를 놓고 살지는 않을 거야"라고 말했다. 배우자와 그렇게 떨어져 있고 싶어 할 사람은 없을 것이라고 생각했기 때문이다.

결혼은 내 마음의 꿈이었다. 나는 아버지와 어머니를 바라보는 것이 좋았다. 나는 침대에서 성관계를 나누는 두 분을 생각해 본 적은 한 번도 없었다. 그냥 두 분이 서로 사랑한다는 것을 알고 있었을 뿐이었다. 아버지는 어머니의 엉덩이를 톡톡 쳐 주셨다. 그리고 라디오에서 멋진 음악이 흘러나오면 어머니는 앞치마에 손을 닦으면서 부엌에서 나와 기다리고 계시던 아버지의 두 팔에 안긴 뒤 함께 춤을 추었다. 두 분은 춤추는 것을 좋아했고… 나도 그랬다.

「오찌와 해리엇의 모험」이나 「아버지는 다 아셔」Father Knows Best를 우리 모두가 좋아했던 이유는 그런 프로그램들이 우리와 비슷한 가정의 모습을 보여 주었기 때문일 것이다. 아버지는 일을 하러 나가시고 어머니는 가정을 지키셨다. 저녁에는 매일 식구들이 다 같이 모여 함께 식사를 했다. 오빠 재크와 나는 숙제를 했고 설거지를 누가 해야 하는지를 놓고 서로 승강이를 벌였다. 나는 거울 앞에 서서 치장을 하면서 호들갑을 떨었고 남자아이들에게 관심이 많았다. 나는 어서 어른이 되어 사랑하고 결혼해서 가정을 이루고 싶었다. 우리 집은 늘 열려 있었고 친구들이 수시로 드나들었으며 우리 부모님은 내 친구들과 내가 어디 있는지를 늘 알고 계셨다. 우리 집은 내 세계의 중심이었다. 물질적으로 풍요하거나 돈이 많았던 것은 아니었지만 우리 집에는 늘 애정이 넘쳤다. 우리는 서로 포옹하고 입을 맞추고 사랑한다고 말했다. 어머니와 아버지는 우리들에게 좋은 본이 되어 주셨고 두 분은 서로 사랑한다는 말을 늘 주고받았다. 나는 안전하게 보호받고 있었다.

망가지기 쉬운 아름다움

어느 날 밤, 나는 침실이 두 개 딸린 작은 우리 집의 식탁 앞에 앉아서 라디오를 들으며 숙제를 하고 있었다. 라디오에서는 리서스 인자(적혈구 속에 있는 응혈소)에 관해 설명하면서 아버지와 어머니의 피가 서로 맞지 않을 경우 아기의 출산에 문제가 생길 수 있다는 이야기를 하고 있었다. 간호사가 되고 싶었던 나는 귀를 기울이고 열심히 들었다.

당황한 나는 연필을 탁자 위에 내려놓고 부엌을 향해 "엄마, 아버지의 피가 어떻게 아기에게 영향을 미칠 수 있는 거예요?"라고 물었다.

그 질문에 대한 대답으로 내 기억에 남아 있는 것은 어머니의 첫 마디뿐이다. "케이야, 그건 정말 아름다운 거야!" 그것이 성관계에 대해 내가 가장 먼저 배운 것이었다.

그것은 오늘날 우리가 TV나 영화에서 보는 것과는 너무 다른 것이었다! 성 혁명은 새로운 시트콤과 멜로 드라마를 함께 불러왔다. 1968년 영화 제작법이 폐지되었다. 대신 영화 제작 협회가 주도한 영화 등급 제도가 도입되었다. 그리고 1978년 대법원이 대부분의 어린이들이 TV를 시청하는 특정한 시간대를 제외한 다른 시간에는 아이들에게 부적절한 내용의 프로그램을 방영할 수 있도록 허락해 주는 판결을 내림에 따라 검열 기능은 더욱더 힘을 잃게 되었다. 1990년대 「뉴욕 경찰」NYPD Blue이라는 프로그램이 아무런 제재도 받지 않고 부분적인 나체 장면과 천박하고 불경스러운 장면들을 방영했다. 빛과 소금이 되어야 할 사람들은 다 어디론가 사라지고 없었다. 가정의 가치를 노골적으로 침해하는 현상에 맞서 싸워야 할 그리스도인들은 다 어디로 간 것인지 알 수 없었다. 그들 중 많은 사람들이 오히려 그 프로그램을 즐기고 있는 듯했다.

일반적으로 가족들을 위한 시간이라고 생각되는 시간대에 방영되는 시트콤이나 주간에 방영되는 멜로 드라마에서도 한 쌍으로 놓여 있던 일인용 침대를 더 이상 볼 수 없게 되었다. 「프렌즈」Friends라는 프로그램에 나오는 주인공들은 이 침대 저 침대를 들락날락하고 "레이첼이 낳은 아기의 아버지는 누구인가?"라는 질문이 큰 화젯거리가 된 적도 있었다. 매일 밤 그런 TV를 시청하는 가족들은 어떤 메시지를 접하겠는가? 어떤 것을 정상적인 것이라고 생각하겠는가? 순결을 케케묵은 옛날이야기로 여기고 청소년이건 자유분방하게 사는 비혼이건 비혼모이건 아니면 중년의 고개를 넘어선 사람이건 간에 성관계를 그저 일상생활의 한 부분으로 여기게 되었다. 거의 모든 대화 속에서 빈정대는 투로 성관계를 이야기하는 말들이 난무하고 있다.

우리는 TV에서 그리고 다른 '연예 오락 거리들' 속에서 성적 쾌락을 열망하고 흥분하는 모습들을 볼 수 있다. 그리고 성관계는 건강하고 건전한 가정을 위해 결혼한 부부에게만 속한 것이라는 사실을 보여주는 프로그램은 거의 찾아볼 수 없게 되었다. 안타깝게도 그 속에서 우리는 성관계가 얼마나 추하고 더럽고 지저분하고 파괴적이고 문란한 것이 될 수 있는지를 보게 된다. 반면에 하나님께서 의도하신 대로 성관계를 경험할 때 그것이 얼마나 아름다운 것이 될 수 있는지를 보여 주는 경우는 거의 찾아볼 수 없다.

하나님께서 의도하신 것은 무엇인가? 우리 어머니는 "성관계는 아름다운 거란다"라고 말씀하셨다. 정말 그런가? 그렇다면 성관계를 아름답게 하는 것은 무엇이며, 또 성관계의 아름다움을 유지하게 해 주는 것은 무엇인가? 나는 우리가 하나님께 나아가 "성관계는 누구를 위해 의도하신 것입니까?"라고 질문할 때, 그 아름다움이 나타날 수 있다고 믿고 있다.

이 질문은 모든 세대가 물어보아야 하는 질문이다. 하나님의 '법'은 변하지 않는다고 할지라도 우리 문화는 우리가 보아 왔듯이 끊임없이 변화한다. 그러므로 각 세대는 하나님께서 말씀하시는 바를 들어야 한다. 창세기 2:22-25을 다시 읽어 보라.

22 여호와 하나님이 아담에게서 취하신 그 갈빗대로 여자를 만
드시고 그를 아담에게로 이끌어 오시니
23 아담이 이르되 이는 내 뼈 중의 뼈요 살 중의 살이라 이것을

남자에게서 취하였은즉 여자라 부르리라 하니라
24 이러므로 남자가 부모를 떠나 그의 아내와 합하여 둘이 한 몸을 이룰지로다
25 아담과 그의 아내 두 사람이 벌거벗었으나 부끄러워하지 아니하니라

성관계는 누구를 위한 것인가? 그것은 하나님께서 여자를 이끌어 가셔서 그녀를 소중히 여기고 돌보는 책임을 전적으로 지게 하신 남자와 그 여자를 위한 것이다. 그녀는 그의 뼈 중의 뼈이고 살 중의 살이었다. 그는 그 여자를 위해 자신의 부모까지 떠나도록 되어 있었다. 이제 그는 남은 생애를 그녀와 함께 살아가도록 되어 있었다. 그녀는 그와 한 몸을 이루게 될 여자였다! 성관계를 가지기 전에 먼저 헌신이 앞서야 했다.

그러나 성관계는 결혼한 사람들만을 위한 것인가? 수 세기 후에 기록된 구절을 더 살펴보기로 하자.

모든 사람은 결혼을 귀히 여기고 침소를 더럽히지 않게 하라 음행하는 자들과 간음하는 자들을 하나님이 심판하시리라히 13:4.

이 구절에 의하면 성관계는 누구를 위한 것인가?

이 구절을 통해 어떤 결론을 내릴 수 있는가?

지금 우리는 내가 어린 소녀였을 때와는 상당히 다른 시대를 살아가고 있다. 모든 사람이 즐기는 공통적이고 일반적인 것으로서 성관계를 강조하는 요즘, 한 어머니가 신혼여행을 앞둔 딸에게 성관계에 대해 설명하면서 "그냥 잘 감수해야 하는 거야"라고 말할 것이라고 생각하기란 매우 어렵다. 그러나 얼마 전까지만 해도 일반적으로 하던 말이었다. 그런데 요즘은 십 대 사춘기나 사십 대 중년이나 갱년기에 이른 사람이나 할 것 없이 모두 다 이성과의 열정적인 관계를 가장 중요시하는 것처럼 보인다. 그러나 하나님의 책에서는 사랑을 성관계에 이르는 관문이라고 말하고 있다.

이 글을 읽으면서 '결혼할 때까지 기다렸더라면 정말 좋았을 텐데'라고 생각하는 사람들도 있을 것이다. 단 한 번밖에 줄 수 없는 선물을 경솔하고 어리석게 내어 준 것을 후회하고 있는 사람도 있을 것이다. 사랑하거나 소중하게 여기지도 않는 사람에게 자신의 순결을 내준 사람도 있을 것이다. 순결의 의미를 가르쳐 준 사람이 없었기 때문에, 또는 그 의미는 알고 있었지만 욕망을 저버리지 못했기 때문에 그렇게 했을지도 모르겠다. 아니면 술이나 마약에 취해 있었기 때문에 자신도 모르는 사이에 그 선물을 빼앗겼을지도 모르겠다. 또는 누군가에게 강간을 당하여 순결을 잃게 되었는지도 모르겠다. 그래서 비통한 마음을 안고 살아가고 있을 수도 있다.

이 장을 시작하면서 내가 소개한 편지를 잘 읽어 보았는가? 그 사랑스러운 여인처럼 당신도 육체적으로는 순결을 되찾을 수 없다. 모든 한숨과 눈물과 후회에도 불구하고 잃어버린 순결을 되찾을 수는 없을 것이다. 그러나 그 여인처럼 '다시 처녀가 된 듯한 기분'을 회복할 수는 있다. 하나님께서는 당신의 삶 속에 순전함을 회복시켜 주시고 하나님의 말씀으로 씻어 주시며, 에베소서 5:25-27에서 우리에게 가르쳐 주신 것처럼 '티나 주름 잡힌 것이나 이런 것들이 없이 거룩하고 흠이 없는' 순결한 신부로 맞아 주실 수 있으시다.

남자들의 경우

잠시 남자들의 경우로 돌아가 보자. 사람들은 수 세기 동안 결혼할 때까지 여자는 순결을 지켜야 한다고 생각해 왔다. 그러나 남자에 대해서는 그렇게 생각하지 않았다. 그렇지 않은가? '그 사람은 남자잖아! 남자이기 때문에 성관계를 가져야 하는 거라면서! 남성 호르몬이 왕성하게 분비되는 젊은 남자가 결혼할 때까지 기다릴 수 있겠어? 그 성욕이 얼마나 강하고 남자들이 보고 듣고 생각하는 것에 따라 얼마나 쉽게 자극을 받게 되는지는 하나님도 아실 거야. 당연히 아시지. 머릿속이 온통 여자에 대한 생각으로 꽉 차 있는 남자를 만드신 분이 바로 하나님이시잖아. 하나님도 남자들이 결혼할 때까지 기다릴 거라는 그런 기대는 안 하셔!'라고 생각하는 사람들이 있을지 모르겠다.

이런 주장을 하는 사람들은 물론 대부분이 남자들이다. 그들은 자신이 보는 것 때문에 얼마나 쉽게 자극을 받을 수 있는지를 알고 있는 사람들이다. 자신이 밤낮으로 직면하여 싸워야 하는 격렬한 전투를 잘 알고 있는 사람들이다.

그러나 하나님은 어떻게 말씀하시는가? 그것이 우리가 알아야 하는 것이다. 그렇지 않은가? 우리가 공부한 신명기 구절은 여자의 순결에 대해서만 언급하고 있다. 그렇다면 하나님께서 남자에게는 순결을 지킬 것을 기대하지 않으신단 말인가? 실제로, 성경에 순결이라는 단어가 남자에게 사용된 곳은 없다. 그러므로 남자의 순결은 하나님께 중요하지 않은 것인가? 하나님께서는 남자에게 순결을 기대하지 않으신단 말인가?

이런 질문들에 대하여 대답을 찾을 수 있다면 당신의 순결이 개인적으로나 사회적으로 얼마나 중요한 것인지를 알게 될 것이다. 먼저 성경에서 두 군데를 찾아 살펴보도록 하자. 아래 소개하는 구절들을 읽은 다음 어떤 생각이 드는지 확인해 보라.

"내 아들아 내 지혜에 주의하며 내 명철에 네 귀를 기울여서"라고 시작하는 잠언 5장을 펴라. 그리고 그 권고 다음에 이어지는 구절들을 보면서 "아들"이라는 단어에 밑줄을 치거나 색연필로 표시해 보라.

잠언 5:15-23

15 너는 네 우물에서 물을 마시며 네 샘에서 흐르는 물을 마시라

16 어찌하여 네 샘물을 집 밖으로 넘치게 하며 네 도랑물을 거리로 흘러가게 하겠느냐

17 그 물이 네게만 있게 하고 타인과 더불어 그것을 나누지 말라

18 네 샘으로 복되게 하라 네가 젊어서 취한 아내를 즐거워하라

19 그는 사랑스러운 암사슴 같고 아름다운 암노루 같으니 너는
그의 품을 항상 족하게 여기며 그의 사랑을 항상 연모하라
20 내 아들아 어찌하여 음녀를 연모하겠으며 어찌하여 이방 계
집의 가슴을 안겠느냐
21 대저 사람의 길은 여호와의 눈 앞에 있나니 그가 그 사람의
모든 길을 평탄하게 하시느니라
22 악인은 자기의 악에 걸리며 그 죄의 줄에 매이나니
23 그는 훈계를 받지 아니함으로 말미암아 죽겠고 심히 미련함
으로 말미암아 혼미하게 되느니라

이 구절을 다시 한번 읽고 다음 질문에 대답하라. 이 구절에 비추어 볼 때 아버지는 물과 우물이라는 비유를 통해 아들에게 무슨 말을 하고 있다고 생각하는가? 그리고 "네 샘물"이 뜻하는 것은 무엇인가?

이 구절에서 남자는 자신의 성적인 욕구를 만족시켜야 한다고 말하는 부분이 있는가? 있다면 어떻게 말하고 있는가?

잠언 5장에서 하나님께서는 무슨 말씀을 하고 계시는가? 남자는 집에서 성적인 욕구를 만족시켜야 한다고 말씀하신다. 남자는 낯선 여자나 매춘부나 부도덕한 여자의 품속이 아니라 아내의 품속에서만 만족을 얻도록 되어 있다. 성적인 욕구 때문에 목이 마를 때 그는 자

신의 우물에서 물을 마시도록 되어 있다. 그의 우물은 그의 아내를 뜻한다. 그의 샘물, 즉 그의 정액과 정자를 이 여자 저 여자에게 나누어 주면서 길거리나 동네 전체에 흩어지게 해서는 안 되도록 되어 있다! 그의 생명력과 DNA와 유전자가 모두 그의 정자 안에 들어 있다.

어린 아이의 성을 결정하는 것도 바로 남자의 정자이다! 남자의 정자에 의해 딸과 아들이 결정된다! 그것은 신성한 것이다. 남자는 모든 생명의 창조주이며 어머니의 태 속에서 우리를 만드시기 전부터 우리를 알고 계시며 우리가 존재하기 전부터 우리의 날수를 아시는 하나님과시편 139:13, 15-16 협력하는 관계에 있다. 남자의 정자는 남자에게 속한 것으로 그의 이름을 지니고 있으며 그의 가정 안에서 자라 유산으로 넘겨져야 하는 것이다. 남자의 정자는 그의 미래인 것이다. 남자들이여, 하나님의 은혜를 받고 싶으면 씨를 심어야 하는 자리에만 — 젊어서 취한 아내에게만 — 그 씨를 뿌려라.

남자는 자기 자녀들을 알고 양육하도록 되어 있다. 그렇다면 한 가지 물어보자. 자기 아버지가 누구인지 알고 살아가고 싶은가? 아니면 그저 누군가의 사생아로 알려지고 싶은가? 그런데 어떻게 자신의 성적인 욕구를 충족시키기 위해 한 아기를 사생아로 만들 수 있단 말인가?

이런 생각을 해 본 적이 있는가? 아마 정신을 번쩍 들게 하는 일일 것이다. 안 그런가?

이제 고린도전서 7장을 보기로 하자. 고린도전서는 급속하게 타락해 가던 도시 고린도에서 바울 사도의 수고를 통해 생겨나게 된 교회에 보낸 편지이다. 그 도시 사람들은 온갖 종류의 성범죄에 빠져 있었고 간음과 간통을 일삼았기 때문에 고린도 사람 같다는 말이 '성적으로 방탕한 사람'을 뜻하는 용어로 사용될 정도였다.

고린도전서 7장에서 바울은 교회가 제기한 질문들을 다루고 있다. 주후 1세기 당시의 교회는 타락한 도시에 살고 있던 사람들 중에서 그리스도인이 된 사람들로 이루어졌다. 따라서 그들이 여러 가지 질문을 하게 된 것은 그리 놀랄 일이 아니었다.

그런 질문들에 대한 바울의 대답을 통해서 우리는 남자도 결혼하기 전까지 순결을 지켜야 하는 것인가에 대한 대답을 찾아볼 수 있다. 고린도전서 7장 가운데서 인용한 다음 4구절을 읽으면서 "음행"이라는 단어와 "절제"라는 단어에 각기 다른 색으로 표시해 보라. 그리고 "결혼"이라는 단어에는 밑줄을 그어 보라.

> 1 너희가 쓴 문제에 대하여 말하면 남자가 여자를 가까이 아니함이 좋으나
> 2 음행을 피하기 위하여 남자마다 자기 아내를 두고 여자마다 자기 남편을 두라
>
> 8 내가 결혼하지 아니한 자들과 과부들에게 이르노니 나와 같이 그냥 지내는 것이 좋으니라
> 9 만일 절제할 수 없거든 결혼하라 정욕이 불 같이 타는 것보다 결혼하는 것이 나으니라

1절에 나오는 "가까이하다"라는 말은 '잡다' 또는 '쥐다'라는 뜻으로

특히 성적으로 접촉한다는 의미가 내포되어 있다. 고전 헬라어에서는 '불을 붙이다'라는 말로 사용되었다.

그렇다면 이제 좀 더 분명해졌는가? 다음 질문에 대한 답을 적어 보라.

1절과 2절에 의하면 하나님께서는 남자에게 무엇을 하라고 말씀하시는가? 그리고 그렇게 해야 한다고 말씀하신 이유는 무엇인가?

하나님께서는 결혼하지 않은 사람들을 어떻게 하는 것이 좋다고 말씀하시는가?

결혼하지 않은 사람이 자신을 절제할 수 없다면 어떻게 해야 하는가? 그런 사람은 무엇을 해야 하는가? 그리고 왜 그렇게 해야 하는가?

핵심을 놓치지 않도록 또 다른 방법으로 살펴보자. 9절에 의하면 그런 사람은 왜 결혼해야 하는가?

하나님께서는 성적인 부도덕을 금지하시는가?

그렇다면 이 구절에 의하면 자신의 정욕을 잘 다루기 위한 해결 방법은 무엇인가?

남자가 정욕에 불탈 때 그 해결책은 혼전 성관계를 가지는 것이 아니라 결혼하는 것이다. 아주 간단하다! 하나님의 말씀에서 당신이 직접 본 것이다. 여자뿐 아니라 남자도 배우자 외에 다른 사람과 성관계를 가져서는 안 된다. 결혼은 성적인 욕구를 만족시킬 수 있도록 하나님께서 허락해 주신 해결 방법이다. 하나님의 말씀에 의하면, 우리 사회가 어떻게 말하고 어떤 그림을 제시하건 간에 남자도 여자와 다를 바 없이 결혼하기 전까지 순결을 지켜야 한다.

오래전 나는 플로리다의 데이토나 해변으로 여행을 간 적이 있다. 어떤 사람이 그곳 해변에 있는 별장을 빌려주었다. 지금은 작가이자 강사인 내 친구 잰 실비어스Jan Silvious와 함께 여행을 했다. 나는 주님께서 내게 주신 생각들을 모아 새로운 프리셉트 교재가 될 『결혼, 그 이후』A Marriage Without Regrets를 쓸 계획이었다. 잰은 그 교안을 읽고 점검하면서 자신의 의견을 제안해 주었다. 우리는 공부를 하고 글을 쓰고 긴 해변가를 산책하면서 이런저런 이야기를 주고받는 즐거운 시간을 보낼 수 있었다. 한 가지 좋지 않았던 것은 그때가 마침 학생들의 봄방학과 겹치는 시기였다는 점이었다. 해변은 곧 마음껏 즐기려는 학생들로 넘치나게 되었다.

어느 날 오후, 우리가 해변가를 걷고 있는 동안 바닷가에서 오른쪽으로 보이는 집을 바라보게 되었다. 남자아이들이 그 집 지붕에서 수

영장으로 뛰어내리면서 소리를 지르고 환호하는 모습이 눈에 들어왔다. 나는 잰에게 "저 애들 저러다가 목이라도 부러지면 어쩌려고 저러는지 모르겠네"라고 말했다.

잰은 "남자아이들은 못 말리지"라고 대답했다. 우리 둘 다 아들들이 있었기 때문에 이야기는 거기서 끝이 났고 나는 그 말이 무슨 뜻인지 정확하게 알고 있었다.

다음 날 다시 바닷가를 산책하면서 우리는 아직도 지붕 위에서 수영장으로 뛰어내리는 아이들이 있는지 궁금했다. 그런데 우리가 본 것은 남자아이들 대신 큰 종이에 커다랗게 쓰여진 글자였다. 그 글을 보는 순간 나는 화가 치밀었다. 그 해변가에는 대학생들과 고등학교 학생들뿐 아니라 어린 아이들을 데리고 온 가족들도 있었다! 그것은 어린 아이들이 보아서는 안 될 글귀였고 부모들이 설명해 주어서도 안 될 그런 말이었다.

나는 "누군가에게 말해서 저것을 당장 떼어 버리게 해야 하는데"라고 말하면서 다섯 발자국쯤 앞으로 걸어 나가고 있을 때 마치 하나님께서 "네가 가서 말해라"고 말씀하시는 것 같았다.

나는 걸음을 멈추고 잰을 바라보며 "내가 가서 말해야겠어. 누군가 가서 말해야 하는데 하나님께서 내가 가서 말하기를 원하시는 것 같아"라고 말했다.

잰은 기다리면서 기도하겠다고 말했다.

우리는 둘 다 수영복 차림이었다. 분명히 젊은 대학생도 아니었고 그렇다고 중년을 넘어선 나이도 아니었다! 내가 모래 언덕을 지나가는 동안 바다 귀리가 부드러운 바닷바람에 살랑거리며 흔들거렸다. 그 집은 무엇인가로 분주해 보였다. 내가 나타난 것을 본 청년 둘이 몸을 가리려고 집안으로 뛰어 들어갔다. 죄책감 때문이었는지 아니면 자신들의 광고가 효과가 있었다고 생각한 것이었는지는 알 바가 아니었다. 그 당시에는 그런 생각을 할 겨를이 없었다. 커튼 뒤에 숨어 마치 어린 아이들처럼 밖을 엿보고 있는 그들이 보였다.

나는 계속 현관 쪽으로 걸어가며 손가락으로 나오라는 신호를 보내며 그들을 불러냈다. 문이 열렸고 우리는 서로 마주 보고 서게 되었다. 그리고 흥미로운 대화를 나누었다. 나는 그들에게 내가 그 글귀에 대해 어떻게 생각하는지, 그리고 왜 그렇게 생각하는지에 대하여 이야기했다. 그들은 웅얼거리고 더듬거리며 그저 별 뜻 없이 그렇게 한 것이라는 변명만을 늘어놓았다. 그저 장난삼아 한 것인데 도대체 뭐가 그렇게 잘못이라는 말인가라는 투였다.

그래서 나는 "그럼 하나 물어볼게요. 여동생에게 그런 일이 벌어지면 좋겠어요? 어머니에게 그런 일이 벌어지면 좋겠냐구요? 그리고 학생들이 결혼해서 낳은 딸에게 그런 일이 벌어지년 어떻겠어요? 좋겠어요?"라고 다그쳤다.

물론 그들은 아무 대답도 못 한 채 그저 머리만 저었다.

"그런데 어떻게 그런 말을 함부로 써 붙이는 거예요? 모든 여자들은 누군가의 딸이고 누군가의 여동생이나 누나이고, 언젠가는 누군가의 어머니가 될 사람들이에요."

사랑하는 독사들에세 묻고 싶다. 이런 생각을 하면서 행동하는가? 아니면 정욕 때문에 한 여자를 속이고 자신의 정욕을 채우기 위해 그 여자의 순결을 서슴없이 앗아가는가? 하나님을 생각하지 않고 미래를 생각하지 않을 때 영원한 후회를 낳게 될 어리석은 일을 행하게 된다!

이 문제에 대한 하나님의 말씀을 듣고 그 진리를 받아들여라. 여자의 순결을 그리고 그녀의 남편이 될 사람의 순결을 훔치고 도둑질하지 마라. 그리고 자신의 순결을 잃지 말라. 당신이 순결한 여자와 결혼할 권리가 있듯이 당신의 아내가 될 사람에게도 순결한 남자와 결혼할 권리가 있다. 하나님께서는 절대로 이중적인 잣대를 가지고 사용하지 않으신다. 정욕이라는 제단에 당신의 순결과 신성한 성관계를 제물로 바치는 일이 없도록 하라.

3. 성관계에 대한 경고

혼외정사가 불러오는 결과

그날 밤, 나는 조지아주 댈톤에서 청소년들에게 이렇게 말했다. "펑크린 통에 표시된 주의 사항을 읽으면서, '도대체 댁들이 누구기에 나더러 이래라저래라 하는 거야? 내 몸은 내 꺼야. 화상을 당해도 내가 당하는 거란 말이야. 어쨌거나 난 이 물건을 잘 다룰 수 있고 그런 일은 일어나지 않을 거야. 그러니까 나에게 제재를 가하려고 하지 말라고. 댁들의 충고 같은 건 필요 없어!'라고 생각하며 무시해 버릴 수도 있을 거예요."

그러나 그 주의 사항을 읽으면서 나는 그런 생각을 해 본 적이 한 번도 없었다. 나는 제조업자를 믿었다. 그 사람이 직접 그 물건을 만들었기 때문에 그는 그 물건에 대해 잘 알고 있었다.

하나님도 마찬가지이시다. 하나님께서는 자신이 만드신 것에 대해 잘 알고 계신다.

우리는 성관계에 대해 우리 자신이 어떻게 생각하고 있는지, 부모님은 어떻게 말씀하시는지, 또한 친구들은 어떻게 말하는지, 다른 사람들은 어떻게 말하는지 알고 있다. 또 우리는 사회가 어떤 것들을 인정하고 있는지도 알고 있다. 아니면 적어도 어떤 것들에 대해서는 묵과해 주고 있는지를 알고 있다. 그렇다면 성을 만드신 분에 대해서는 어떠한가? 성의 창시자이신 그분이 성관계에 대해 어떻게 말씀하고 계시는지 알고 있는가?

성관계는 하나님께서 주신 놀라운 선물이라는 것과 결혼한 부부 사이에서만 최대한의 기쁨을 맛볼 수 있는 선물이라는 것은 이미 살펴보았다. 그 아름다움에 대해서는 이 책의 마지막 장에서 좀 더 자세히 살펴보게 될 것이다. 그러나 앞에서도 말했듯이 하나님께서는 성관계에 대하여 긍정적인 면보다는 부정적인 면에 대해 더 많이 말씀하셨다. 그 이유는 무엇인가? 그분은 은혜로우시며 사랑이 풍성하신 하나님이시기 때문이다. 하나님은 우리가 화상을 당하거나 상처를 입거나 다치거나 사람들이 주장하는 이야기를 듣고 삶에 대한 잘못된 환상을 가지게 되거나 상처받기를 원치 않으신다. 너무나 많은 사람이 성관계라는 바닷속으로 곤두박질치며 뛰어 들어가 문화라는 물결에 휘말리면서 숨이 막혀 헐떡거리는 것을 보시며, 우리를 사랑하시는 하나님 아버지께서는 심한 고통을 느끼고 계신다. 그 하나님께서 생명을 구할 수 있는 생명의 줄을 말씀 속에 제시해 주셨다.

그러므로 우리는 다음 질문들에 대한 답들을 인간의 대답이 아닌 하나님의 말씀에서 찾아보아야 한다.

* 결혼하지 않은 상태에서 성관계를 하면 어떻게 되는 것인가?
* 정욕 때문에 성관계를 하면 어떻게 되는 것인가?

* 성관계를 기대하면서 저녁 식사나 데이트를 한다면 어떻게 되는 것인가?
* 영구적인 관계를 맺기 위한 수단으로서 성관계를 가진다면 어떻게 되는 것인가?
* 관심을 요구하는 사람의 간절한 요구 때문에 성관계를 가진다면 어떻게 되는 것인가?
* 이미 결혼한 사람과 성관계를 가진다면 어떻게 되는 것인가?
* 환상을 채우기 위하여 돈을 지불하고 성관계를 가진다면 어떻게 되는 것인가?
* 침대를 같이 쓰고 동거하면서도… 결혼은 하지 않는다면 어떻게 되는 것인가?
* 동성인 사람과 성관계를 가지는 것은 어떠한가?

하나님께서 신명기 22장에서 우리에게 말씀하신다. 본문을 읽으면서 "처녀"라는 말이 나올 때마다 동그라미를 치고 "동침" 또는 "강간"이라는 단어가 나올 때마다 색연필로 표시하라. 그리고 본문을 소리 내어 읽어 보라고 제안하고 싶다. 그렇게 하면 요점을 파악하기도 쉬울 뿐만 아니라 더 잘 기억하게 될 것이다.

신명기 22:22–29

22 어떤 남자가 유부녀와 동침한 것이 드러나거든 그 동침한 남자와 그 여자를 둘 다 죽여 이스라엘 중에 악을 제할지니라
23 처녀인 여자가 남자와 약혼한 후에 어떤 남자가 그를 성읍

중에서 만나 동침하면
24 너희는 그들을 둘 다 성읍 문으로 끌어내고 그들을 돌로 쳐
죽일 것이니 그 처녀는 성안에 있으면서도 소리 지르지 아니
하였음이요 그 남자는 그 이웃의 아내를 욕보였음이라 너는
이같이 하여 너희 가운데에서 악을 제할지니라
25 만일 남자가 어떤 약혼한 처녀를 들에서 만나서 강간하였으
면 그 강간한 남자만 죽일 것이요
26 처녀에게는 아무것도 행하지 말 것은 처녀에게는 죽일 죄가
없음이라 이 일은 사람이 일어나 그 이웃을 쳐죽인 것과 같
은 것이라
27 남자가 처녀를 들에서 만난 까닭에 그 약혼한 처녀가 소리질
러도 구원할 자가 없었음이니라
28 만일 남자가 약혼하지 아니한 처녀를 만나 그를 붙들고 동침
하는 중에 그 두 사람이 발견되면
29 그 동침한 남자는 그 처녀의 아버지에게 은 오십 세겔을 주
고 그 처녀를 아내로 삼을 것이라 그가 그 처녀를 욕보였은
즉 평생에 그를 버리지 못하리라

신명기는 율법서 가운데 한 권이라는 사실을 기억하라. 이스라엘은 하나님의 통치를 받고 하나님의 율법과 법규와 명령을 따르도록 되어 있었다. 율법의 한 부분인 이 구절은 성범죄와 부도덕한 상황을 다루고 있으며 이스라엘 백성이 그런 상황을 접하게 될 때 어떻게 해야 하는지를 정확하게 알 수 있도록 구체적으로 지시하고 있다. 신명기 22

장의 이런 규정들에 대해 자세하게 관찰해 보면 하나님께서 의도하신 성관계를 이해할 수 있게 될 것이다. 그러므로 하나님께서 말씀하시는 것을 놓치지 말고 다음의 각 구절이 설명하고 있는 상황들을 적은 다음, 그런 상황 속에서 무엇을 해야 하며 또 왜 그렇게 해야 하는지를 설명해 보라.

22절

23-24절

25-27절

28-29절

아마 "죽이라"는 말이 상당히 많이 나온다는 것을 알 수 있을 것이다. 위 구절들을 다시 읽으면서 죽음을 뜻하는 말에 이렇게 ⌓ 무덤 표시를 하라.

처음 세 경우에서는 형벌이 좀 가혹한 것처럼 보인다. 그렇지 않은가? 왜 하나님은 사람을 죽게까지 하시는 것인가? 본문은 두 번이나 그 의문에 관하여 답을 해 주고 있다. 스스로 찾아보라. 그리고 그 이유를 보게 될 때마다 그곳에 이렇게 구름 표시를 하라.

그리고 이제 잠시 멈추어 "이같이 하여 너의 가운데에서 악을 제할지니라"는 말씀을 생각해 보라. 하나님에 의하면 악은 무엇인가? 내가 "하나님에 의하면"이라는 말을 덧붙인 것에 주목하라. 하나님께서 제거하라고 하신 악은 어떤 것인가? 그 대답은 분명하다. 혼외정사를 말씀하시는 것이다.

'아니, 그게 무슨 큰일이라고? 왜 악하다고 말씀하시는 건지 모르겠네?'라고 생각하는 사람들이 있을지도 모르겠다.

역사를 공부해 보면 부도덕이 한 나라의 몰락을 불러오는 주요인이 되어 왔다는 사실을 볼 수 있다. 영국의 역사학자인 아놀드 토인비Arnold Toynbee는 "멸망한 모든 문명 국가들은 스스로 자멸한 것이다. 그들은 외세의 침입자들에 의해 정복된 것이 아니라 내부적으로 발생한 부패 때문에 멸망했다… 성에 대한 지나친 강조는 문명 국가의 몰락을 불러온다"라고 말했다.

로마와 그리스를 보라. 한때 크게 강성했던 나라들이 멸망하기 직전에 그들의 도덕적 수준은 타락할 대로 타락해 있었다. 이 문제는 나중에 좀 더 자세하게 다룰 것이다. 지금은 우리가 목도하고 있는 현재 상황을 좀 더 살펴보기로 하자.

미국 상원의원이며 경건한 외과 전문의였던 빌 프리스트Bill Frist는 "에이즈에 관한 세계 통계는 소름이 끼칠 정도다. 13분마다 이 세상 어디에선가 22명의 사람들이 에이즈 때문에 죽어가고 있다. 그것은 일 년에 300만 명에 달하는 숫자이다"라고 말했다.

성적 부도덕은 한 나라를 타락하게 할 뿐만 아니라 사람들까지도 멸망으로 몰아간다. 하나님은 사망이 아니라 생명의 하나님이시기 때문에 "죽음"을 멈추게 하시려고 극약 처방을 내리셨다!

성범죄에 대한 하나님의 의로운 심판

신명기 22장으로 다시 되돌아가서 하나님께서 보여 주시는 다양한 장면들을 좀 더 자세히 살펴보기로 하자. 먼저 간통을 볼 수 있다. 이는 남자가 유부녀와 동침한 일을 말한다. 간통에 대해 하나님은 어떤 심판을 내리시는가? 둘 다 죽이라고 하신다.

이런 하나님의 심판이 미국을 포함한 여러 나라 사람들에게 영향을 미친다면, 과연 어떤 일이 일어나게 될지 잠시 멈추어 생각해 보라. 교회와 목사와 기독교 세미나와 컨퍼런스와 라디오 방송국과 TV 프로그램과 다양한 성경 번역본과 기독교 서적들이 지구상의 어떤 나라보다 더 많이 있는 미국에서 얼마나 많은 간통이 벌어지고 있는지를 생각해 보라. 바나Barna라는 조사 기관이 2000년대에 들어섰을 때, "거듭난 그리스도인들이 그리스도인이 아닌 사람들보다 더 많은 이혼을 하고 있는 것처럼 보인다"라는 발표를 했다. 그렇게 갈라진 부부들 중에서 얼마나 많은 사람이 간통에 연루되어 있는지 알고 있는가? 아찔할 정도이다.

23절을 보라. 이 두 번째 장면에서도 양편 모두 죽임을 당하도록 되어 있다. 그 이유는 무엇인가? 그들의 성행위는 여자가 소리를 쳐서 도움을 청할 수 있는 도시에서 일어났기 때문이었다. 물론 그 당시

도시에서는 도움을 청하는 소리를 듣게 되면 즉시 그녀를 돕기 위해 누군가가 달려왔을 것이라고 짐작할 수 있다.

이 구절에서 말하는 "약혼한" 처녀란, 앞 장에서 언급했듯이 결혼하기로 동의하고 약속한 남자가 있는 처녀라는 의미이다. 여기서 그녀는 아직 성관계를 통해 한 몸으로 연합되는 과정을 거치지는 않았지만 약혼한 사람과의 약속을 파기한 것이다. 그 때문에 혼외정사를 벌인 그 두 사람을 돌로 쳐 죽이라고 말씀하신 것이다. 이것은 우리에게 두 가지 사실을 말해 준다. 첫째, 부도덕에 대한 책임은 두 사람 모두 똑같이 져야 한다는 것이다. 거기엔 차별이 없다. 둘째, 정혼 약속을 별생각 없이 파기하고도 무사할 수는 없다는 것이다.

이런 극단적인 처벌은 앞에서 읽은 히브리서 13:4의 "모든 사람은 결혼을 귀히 여기고 침소를 더럽히지 않게 하라 음행하는 자들과 간음하는 자들을 하나님이 심판하시리라"는 말씀을 지지해 준다. 이 말씀은 신약 성경에 나오는 구절이다. 성관계와 결혼에 대한 하나님의 기준은 구약에서나 신약에서나 또는 우리 시대에서나 변함이 없다. 혼외정사는 심판을 받게 될 것이다. 하나님께서 그렇게 말씀하셨고, 하나님께서 말씀하신 것은 말씀하신 그대로이다. 하나님의 은혜 아래 사는 사람이라고 할지라도 하나님의 명령에 무엄하게 불순종했을 때는 언제나 심판이 따른다는 사실을 진실로 이해한다면 우리의 삶은 분명히 달라질 것이다.

구약의 이스라엘은 신정 국가로 탄생하게 되었다. 그것은 하나님께서 그 나라의 통치를 결정하신다는 것을 의미했다. 하나님께서 법을 정하시고 상벌을 규정하시고 판사를 임명하셨다. 백성은 하나님께서 정하신 모든 것을 수행하면서 삶의 질서를 유지하도록 되어 있었다. 하나님께서 특정 남자와 특정 여자를 죽여야 한다고 선포하시면 그것은 전지전능하시고 의로우신 하나님의 결정으로 받아들여졌다.

하나님의 법과 그 의미는 변함이 없지만 시대가 달라졌다. 신약 시대 이후로 하나님의 백성은 유대인이건 이방인이건 모두 전 세계로 흩어지게 되었고, 각기 다양한 정부의 지배를 받는 시민이 되었다. 하나님의 법을 어긴 사람을 돌로 쳐 죽이는 일은 더 이상 없어지게 되었다. 왜냐하면 성경의 하나님을 인정하고 높이려는 정부가 거의 없기 때문이었다. 그렇다면 간음하고 간통하는 사람들이 하나님의 심판을 피할 수 있게 되었다는 말인가? 아니다. 나중에 살펴보겠지만 하나님께서 부도덕을 심판하시는 다른 방법들이 있다. 하나님의 의의 기준은 변하는 문화적인 상황에 따라 달라지는 것이 아니다. 그리고 하나님의 의로우신 심판은 하나님의 방법과 하나님의 때에 시행될 것이다. 그분은 하나님이시다. 그분은 자신의 왕권을 결코 포기하지 않으시는 분이다.

신명기 22장에 나오는 세 번째 장면은 처녀가 도와달라고 외쳐도 아무도 들을 수 없는 들에서 강간을 당하게 된 경우이다. 이 경우는 남자만 죽이도록 되어 있었다. 그 이유는 남자가 다른 남자에게 결혼을 약속한 여인을 범했기 때문이었다. 여기서도 남자라고 해서 책임을 면할 수는 없었다. 이 기준을 성 혁명 이후, 모든 남자는 끓어오르는 호르몬 때문에 성적인 충동을 억제할 수 없는 존재라고 주장하는 오늘날의 견해와 비교해 보라. 또 하나님께서 처방하신 심판을 강조할 경우 얼마나 많은 여성을 강간으로부터 보호할 수 있을 것인지도 함께 생각해 보라. 여자를 강간한 사람이 잠시 감금되었다가 다시 풀려 나오는 대신 사형에 처해진다면, 생명을 잃게 된다는 사실을 염두에 두기 때문에 강간하려는 유혹을 단념하는 사람들이 훨씬 많아질 것이다.

이제 하나님께서 하신 말씀이 네 번째 경우에는 어떻게 나타나는지 살펴보도록 하자. 신명기 22:28-29을 다시 읽어 보라. 사형 선고가 없다는 사실을 볼 수 있을 것이다. 이는 처녀가 약혼을 하지 않은 상태이기 때문이다.

이 경우에 남자는 어떻게 해야 하는가? 당신의 대답을 적어 보라.

이 구절은 순결의 중요성과 혼외정사에 대한 하나님의 견해에 대하여 무엇을 말해 주고 있는가?

신명기 22:29에 의하면, 결혼하지 않은 상태에서 금지된 성관계를 한 두 남녀는 결혼을 해야 하며 이혼을 할 수 없도록 되어 있다. 신명기 22:19에서도 똑같은 말을 하고 있다. 마치 "사랑과 결혼, 사랑과 결혼은 말과 수레처럼 함께 가네… 둘 중 하나가 빠진 것은 있을 수 없네"라는 오래된 노래의 가사와도 같다. 아, 세상이 정말 많이 변했다! 우리는 지금 말 앞에 수레를 놓아도 그 둘을 서로 연결시키려고 하지 않는다.

하나님의 법에서 여자는 그녀의 순결을 취한 남자와 결혼하도록 되어 있다. 출애굽기 22:16-17을 읽어 보라.

출애굽기 22:16-17

16 사람이 약혼하지 아니한 처녀를 꾀어 동침하였으면 납폐금을 주고 아내로 삼을 것이요

17 만일 처녀의 아버지가 딸을 그에게 주기를 거절하면 그는 처녀에게 납폐금으로 돈을 낼지니라

성경 구절들을 비교해 보고, 이 문제에 대해 율법이 말하고 있는 내용을 살펴보면 결혼을 대신할 다른 대안이 하나 있다는 것을 볼 수 있다. 출애굽기의 구절에 의하면 그것은 무엇인가?

안전한 성관계에 관한 문제

결혼하지 않은 여성에 대하여 이야기하고 있는 신명기 22장의 네 번째 상황이 오늘날 가장 흔히 볼 수 있는 경우이다. 안 그런가? 그러나 두 사람에게 결혼을 하라고 한 지시는 무시되어 왔다. 또 자신의 행동에 대한 위약금을 지불하는 남자도 거의 찾아볼 수 없다.

일반적으로 우리 사회는 언제, 어떤 방법으로, 누구와 하건 상관없이 성관계를 용납하고 있다.

결혼하지 않은 사람들의 성관계는 이제 더 이상 은밀한 일로 여겨지지 않는다. 우리 사회는 순결 대신 '안전한' 성관계를 선호하게 되었다!

그러나 하나님의 관점에서 볼 때에도 결혼하지 않은 사람들이 하는 안전한 성관계라는 것이 있을 수 있겠는가? 우리 사회가 이 문제에 대해 하나님께서 어떻게 말씀하시는지를 잘 모르고 있다는 사실을 감안해 볼 때, 이 질문은 우리가 자문해 보아야 할 만한 가치가 있는 중요한 질문이다. 이 문제와 관련하여 많은 사람이 위험에 처해 있는데, 그 이유는 그들이 알고 있는 것은 모두 다른 사람들이 생각하는 것과 다른 사람들이 믿고 있는 것들뿐이기 때문이다. 성관계는 하나님께서 창안하신 것이기 때문에 다른 사람들의 의견을 따르는 것은 안전한 일이라고 할지라도 현명한 일은 아니다. 그런 의견들은 들판에서 자라는 풀과 같고 수명도 짧다. 그리고 새로운 문화가 일어남과 동시에 잘리게 된다.

그러나 하나님은 영원하며 불변하는 분이시다. 그분은 변함이 없으시며 우리 모두는 언젠가 그분 앞에 서게 될 것이다. 그러므로 하나님께서 혼외정사에 대해 어떻게 말씀하시는지를 알고 있어야 한다. 정말 안전한 것인가?

데살로니가전서 4장에 그 대답이 있다. 그 구절을 찾아보기 전에 먼저 바울이 데살로니가전서를 썼던 당시의 정황에 대하여 알 필요가 있다. 편지의 배경을 알면 바울이 왜 이 문제를 다루게 되었는지를 이해하는 데 도움이 될 것이다.

신약 성경에 나오는 그리스 로마 시대A.D. 1세기는 오늘날의 우리와 비슷한 성에 대한 기준을 가지고 있었다. 다시 말해서 거의 전무한 상태였다. 우리의 타락상이 아직 그렇게까지 노골적이지는 않다고 할지라도 로마 제국과 거의 맞먹는 수준이다. 교회가 정신을 차리고 변절한 상태에서 돌이키지 않는 한, 또 우리가 성경이 말하고 있는 대로 성관계를 새롭게 이해하고 그대로 살아가는 변화가 일어나지 않는 한, 그리고 바울이 디모데에게 보낸 두 번째 편지에서 말했듯이 "때를 얻든지 못 얻든지" 주님의 진리를 전파하지 않는 한 그 당시와 전혀 다를 바 없는 상황 속에 처해 있는 우리 자신을 보게 될 것이다.

오늘날 대부분의 나라들의 도덕적 상황을 고려해 볼 때, 순결을 요구하는 것은 거의 '시대착오적'인 것으로 보여질 수 있다. 정숙함은 지나간 옛말이 되었고 거의 다 벗고 사는 시대가 되었다. TV를 보거나 잡지를 펼치거나 최근에 유행하는 것들을 언뜻 보기만 해도 금방 알 수 있다. 우리의 윤리관은 무너졌다. 남자들이, 특히 운동선수들이나 가수들이나 영화배우 같은 사람들은 공공연하게 수도 없이 많은 여자와 돌아가면서 잠자리를 하고 있다. 이런 일은 남자들 스스로가 자주 이야기하기 때문에 이미 누구에게나 다 알려진 사실이 되었다. 침실이 불결해졌다. 결혼은 더 이상 언약으로서 존중되지 않고 있다. 우리 사회의 왜곡된 사고방식 속에서는 어떤 사람과 관계를 맺기 전에 성적으로 서로 맞는지를 확인하는 것이 최우선적인 일처럼 여겨지고 있다. '아무하고나 자고 돌아다니는' 일을 하지 않는 사람들조차도 결혼하기 전에 그들의 관계가 지속될 수 있는지를 알아보기 위해 먼저 동거해 보는 것이 더 낫다고 생각하고 있다.

오늘날의 미국처럼 1세기 당시의 로마 제국 역시 한때 그들이 지켰던 윤리관을 저버렸다. 문란해진 성범죄가 대기를 뒤덮었을 뿐 아니라 그 먼지가 어디에나 쌓여 있었다. 그러나 아무런 제재도 없었다. 한 역사학자는 다음과 같이 말했다.

> 주버널Juvernal, 오비드Ovid, 매리얼Marial, 카툴러스Catullus 등의 작가들이 쓴 로마 문학 서적들을 보면, 그리스도인들이 생겨나기 전까지 그리고 그리스도인들이 생겨나고 있는 동안까지도, 로마는 남녀 간의 성행위가 매우 난잡했을 뿐만 아니라 본질적으로 타락해 있었음을 보여 준다. 그리스도께서 오신 후 1세기와 2세기를 거치면서 순수한 성관계와 결혼한 사람들의 신의는 기본적으로 다 사라지게 되었다. 간음과 간통이 정상적인 것으로 여겨졌을 뿐만 아니라 그 방법도 대부분 매우 음란했다. 그런 성적인 장면들을 가정에서 사용하는 등잔이나 대접이나 컵이나 화병 같은 물건에까지 노골적으로 새겨 넣었다.

성행위를 하는 남녀의 그림을 모자이크와 그림과 공예품들 속에서 볼 수 있었다. 한 남자와 두 여자가 또는 두 남자와 두 여자가 함께 성행위를 하는 집단 성관계 장면을 어린 아이들을 포함한 모든 로마 시민이 다 볼 수 있었다

또 다른 역사가는 "로마인들이 탐닉하고 생각하는 것들 중에서 망신스럽지 않은 것은 아무것도 없었다"라고 말했다.

이렇게 타락한 성행위는 로마 왕족들의 삶 속에서도 일반 시민들과 다를 바 없이 널리 퍼져 있었다. '왕 같은, 시민 같은'이라는 로마인들의 표현을 아마도 알고 있을 것이다. 그것은 미국의 대통령이 백악관 교육 실습생과 키스를 하는 장면이 온 세상에 공개되었던 클린턴 정부를 생각나게 한다. 그때 미국 사람들은 일반적으로 어떤 반응을 보였는가? 그들은 대통령의 사생활에 대해서는 상관하지 않기로 했다. 클

린턴 대통령을 탄핵하지 않기로 결정한 정치 지도자들은 부도덕한 생활은 그리 큰 문제가 되지 않는다는 메시지를 국민들에게 전달했다. 미국 시민들은 다양한 이유를 가지고 그 사람의 죄를 묵과했다. 그중 한 이유는 그들도 대통령과 다를 바 없이 부도덕한 삶을 살고 있기 때문이었다. 그리고 자신들의 그런 행동을 아무에게도 심판받고 싶지 않았다.

그러나 이미 그 부도덕을 심판하시는 이가 계신다는 사실을 그들은 깨닫지 못하고 있다.

다시 바울이 데살로니가 교인들에게 편지를 썼던 당시의 사회로 돌아가 보자. 문란한 성관계가 그 사회에 만연해 있었을 뿐 아니라 종교에까지 그 영향을 미치고 있었다. 그들은 신전의 남녀 매춘부들과 성관계를 하면 농작물을 지배하는 신들이 더 많은 관대함을 보일 것이라고 믿고 있었다.

그런 상황 속에서 기독교의 메시지가 이방 세계 속에 전파되면서 구약의 가르침과 예수 그리스도의 계명이 사도들을 통해 그들에게 전해지게 되었다. 두 세계가 마치 심벌즈처럼 맞부딪혔다. 예수 그리스도를 알게 된 사람들은 하나님께서 그들에게 정결한 도덕적 수준을 요구하신다는 것을 알게 되었고, 하나님을 위해 자신들을 구별하기로 결심했기 때문에 그들의 부도덕을 옛 생활 방식과 함께 버려야 했다. 그들은 어둠의 나라에서 구원을 받고 하나님의 빛 가운데 거하게 되었다. 그들은 더 이상 옛 방식대로 살지 않게 되었지만 그들이 지켜야 하는 원리와 계명들은 로마 사회 속에서는 이해되기 어려웠을 뿐 아니라 어울리지도 않는 것처럼 보였다.

그래서 바울은 그리스의 일부가 된 마케도니아의 데살로니가에 그가 세운 교회에 편지를 보냈다. 그 편지에서 바울은 데살로니가 교인들의 진심 어린 회심이 마케도니아와 아가야와 다른 여러 지역에 알려지게 되었고 새로운 신자들에게 좋은 본보기가 되고 있음을 칭찬했다. 바울과 그의 동역자였던 실루아노와 디모데는 새로 회심하게 된 데살로니가 사람들이 복음 때문에 받아야 하는 박해를 이겨 내고 있었기 때문에 크게 기뻐했다. 고통을 감수하는 데살로니가인들의 인내는 그들을 위해 수고한 세 사람의 수고가 헛되지 않았음을 증명해 주는 것이었다. 데살로니가인들은 우상을 버리고 하나님께로 돌아와 살아 계시는 하나님을 섬기며, 하나님의 아들이 하늘에서 다시 이 땅으로 돌아오시게 될 날을 기다리고 있었다. 그들의 믿음은 견고하고 순수한 것이었다!

바울은 그런 데살로니가인들에게 그리스도와 동행하는 삶을 더욱 힘차게 살아갈 것을 권면하기 위해 편지를 썼다. 그 간곡한 권고 속에서 우리는 성관계와 관련된 행실의 중요성을 배울 수 있다.

아래에 인용해 놓은 데살로니가전서 4:1-8을 읽으면서 데살로니가 교인들을 지칭하는 "너희" 또는 "너희들"이라는 단어에 원하는 색으로 표시를 하라. 그렇게 하면 하나님께서 그들에게 무슨 말씀을 하셨는지 볼 수 있을 뿐 아니라, 우리에게 어떻게 말씀하시는지도 볼 수 있을 것이다. 하나님께서 말씀을 우리에게 주신 목적은 우리가 어떻게 살아가야 하는지를 가르쳐 주는 교과서 역할을 하기 위해서다. 하나님의 말씀을 통해 우리는 진리를 알게 되고 그 결과 우리는 그 진리를 따라 살아갈 수 있게 된다.

데살로니가전서 4:1-8

1 그러므로 형제들아 우리가 끝으로 주 예수 안에서 너희에게
구하고 권면하노니 너희가 마땅히 어떻게 행하며 하나님을 기
쁘시게 할 수 있는지를 우리에게 배웠으니 곧 너희가 행하는
바라 더욱 많이 힘쓰라
2 우리가 주 예수로 말미암아 너희에게 무슨 명령으로 준 것을
너희가 아느니라
3 하나님의 뜻은 이것이니 너희의 거룩함이라 곧 음란을 버리고
4 각각 거룩함과 존귀함으로 자기의 아내 대할 줄을 알고
5 하나님을 모르는 이방인과 같이 색욕을 따르지 말고
6 이 일에 분수를 넘어서 형제를 해하지 말라 이는 우리가 너희
에게 미리 말하고 증언한 것과 같이 이 모든 일에 주께서 신원
하여 주심이라
7 하나님이 우리를 부르심은 부정하게 하심이 아니요 거룩하게
하심이니
8 그러므로 저버리는 자는 사람을 저버림이 아니요 너희에게 그
의 성령을 주신 하나님을 저버림이니라

데살로니가 교인들을 지칭하는 말에 표시하면서 무엇을 볼 수 있었는가? 아래 공란에 누가, 언제, 어디서, 무엇을, 어떻게, 왜라는 질문에 대한 답을 찾아 적어 보라. 예를 들면 그들은 누구인가? 그들은 무엇을 했는가? 그들은 무엇을 하고 무엇을 하지 말아야 했는가? 특정한 일이 일어났거나 이루어진 것은 언제 어디서였는가? 그 이유는

무엇인가? 또 어떻게라는 질문에 대해서도 말해 주고 있는 내용이 있는가?

데살로니가전서의 본문에서 발견한 것을 살펴보기 전에 먼저 "거룩"이라는 단어가 눈에 띄었는지 묻고 싶다. 신약 성경이 기록된 당시에 일반적으로 사용되었던 코이네 헬라어에서 '거룩, 거룩하게 하다, 성자, 신성한' 등은 모두 같은 어근에서 파생된 단어들로 '떼어 놓은, 바쳐진, 하나님을 위해 따로 구분된' 등의 의미를 가지고 있다.

본문으로 다시 돌아가 "거룩"이라는 단어가 빨리 눈에 띌 수 있도록 표시해 보라. 색연필 대신 다른 방법을 사용하고 싶다면 이렇게  타원형으로 표시하라. 또 "음란"이나 "색욕"과 같이 성행위와 관계가 있는 모든 단어들도 찾아 빨간색으로 표시하라. 그런 다음 표시를 하면서 당신이 배우게 된 내용들을 다음의 공란에 적어 보라. 아마도 데살로니가 교인들을 지칭하는 말에 표시하면서 알게 된 내용들과 반복되는 것처럼 보일 수도 있을 것이다. 그러나 다른 관점으로 보고 다시 써 보는 것이 도움이 될 것이다.

이보다 더 분명할 수는 없을 것이다. 안 그런가? 음란을 피하고 거부하는 것이 모든 하나님의 자녀를 위한 하나님의 뜻이다. "음란"이란 말의 헬라어 단어는 간음 또는 다른 모든 형태의 성적인 범죄를 뜻하는 "포네이아"Porneia이다. 다양한 형태의 성적인 범죄에 대해서는 나중에 다시 살펴보게 될 것이다. 여기서는 하나님의 자녀는 하나님을 모르는 사람들처럼 색욕을 좇아 살아서는 안 된다라고 말하는 것으로 족할 것이다. 우리는 우리의 몸을 어떻게 거룩하고 성결하고 존귀하게 보전해야 하는지를 알고 있어야 한다는 지시를 받고 있다. 색욕을 좇아 행동하는 것은 하나님의 뜻을 거스르는 것이다. 자신의 성욕을 채우기 위해 다른 사람과 성관계를 가지는 것은 그 사람을 속이고 빼앗는 것이다. 그것은 다른 사람을 이용하는 것이며 침범하는 것이다.

이것은 상당히 강력한 말이다. 결혼하지 않은 사람과 성관계를 가지는 것이 그 사람을 속여서 빼앗는 것과 같은 것이라고 생각해 본 적이 있는가? 하나님은 그렇다고 말씀하신다. 자신의 욕구와 욕망을 채우기 위하여 그 사람을 이용하는 것이다. 혼외정사는 가장 이기적인 행동 중의 하나이다. 이는 다른 사람에게 하나님을 대적하는 죄를 짓도록 요구하고 부추기고 설득하고 강요하는 것이다. 그런 일은 하나님께서 보시기에 가증스럽고 혐오스러운 일이다. 하나님께서는 그런 일을 아주 싫어하신다.

그런데 어쩐 일인지 우리는 심판을 피할 수 있을 것이라는 이상한 생각을 하고 있다! 현대인들은 과거는 현재나 미래와 아무 상관이 없기 때문에 자신의 행동에 대한 결과를 피할 수 있을 것이라는 거짓을 신봉하고 있다. 또 부정적인 결과가 나타나게 될 가능성은 아주 희박하며 그런 일이 일어난다고 해도 스스로 해결할 수 있을 것이라고 생각한다.

치명적인 게임

이 글을 쓰면서 사랑받는 농구 슈퍼스타 매직 존슨이 생각났다. 그는 1991년에 에이즈에 걸려 세상을 놀라게 했다. 「뉴스위크지」News Week는 그의 이야기를 다음과 같이 실었다.

> 매직 존슨이 에이즈를 일으키는 HIV 바이러스에 감염된 것으로 드러났다는 보도가 나간 지난 목요일 온 나라가 떠들썩했다. 부인하고 싶었던 미국인들의 충격이 CNN 보도를 통해 빠른 속도로 전파되었다. 그 뉴스가 처음 보도되자 몇 시간 만에 32살의 슈퍼스타는 기자회견을 열고 "HIV 바이러스에 감염되었기 때문에 오늘 레이커즈 팀을 떠나지 않을 수 없게 되었습니다"라고 말했다. 그는 에이즈에 대해 자신이 너무 가볍게 생각하고 있었다는 사실을 인정하며 "에이즈는 누구나 걸릴 수 있습니다. 매직 존슨 같은 사람도 걸릴 수 있습니다"라는 말을 덧붙였다.

매직 존슨이 자신의 상태를 공개한 후 에이즈 긴급 상담 전화 서비스에는 평소 걸려 오던 약 3천8백 통의 10배가 넘는 4만 통의 전화가 걸려왔다고 한다. 사람들은 슈퍼스타가 걸릴 수 있다면 자신들도 걸릴 수 있다는 인식을 갑작스럽게 하게 된 것이다.

혼외정사는 생각하는 것보다 훨씬 더 많은 탄알이 들어 있는 총을 가지고 도박을 하려고 하는 치명적인 게임과도 같다.

"그렇지만 잠깐만요. 우리는 그렇게 난잡하게 하지는 않아요. 그냥 같이 자는 것뿐이에요. 우리는 서로 사랑하고 결혼할 계획도 가지고 있어요"라고 말하고 싶을지도 모르겠다. 그렇다면 당장 결혼하라. 그리고 결혼하기 전까지는 성관계를 가지지 마라. 이 부분에 대해 하나님께서는 매우 단호하시다. 앞에서 살펴본 데살로니가전서 4:6에서 혼외정사를 하는 사람은 누구든 하나님께서 복수자가 되실 것이라고 말씀하신 사실을 알고 있는가?

바울은 데살로니가 교인들에게 그리고 우리들에게 엄중한 경고를 하고 있다. 성관계에 관한 하나님의 말씀을 거역하면 무사할 수 없다는 사실을 우리에게 알려 주고 있다. 하나님의 자녀라면 성적인 부도덕을 끊어 버려야 한다.

이 경고를 받아들이지 않는다면 어떻게 될 것인가? 이 질문에 대한 대답은 내가 해 주어야 할 것이 아니다. 이미 보아서 알고 있을 것이다. 하나님께서 아주 분명하게 말씀하셨다. 8절을 보라. 하나님께서 당신을 다루실 것이다.

이 경고를 알렸지만 그 사람이 받아들이지 않는다면 그 사람은 어떻게 될 것인가? 그것은 그 사람과 하나님과의 문제이다. 하나님께서 그 사람을 다루실 것이다.

이런 맥락에서 반드시 짚고 넘어가야 할 질문이 있다. 성적인 부도덕을 금하신 하나님의 명령에 비추어 볼 때 당신은 지금 어떤 상태인가? 달라져야 할 부분이 있는가? 또는 하나님께 용서를 구해야 할 부분은 없는가?

나는 대학생 선교회 소속의 대학생들이 모인 크리스마스 수련회에서 강의를 한 후, 한 남학생으로부터 편지를 받았다. 내 마음을 감동시킨 그 편지를 소개하겠다.

선생님의 강의를 들으면서 아찔했습니다. 성적인 부도덕을 다룬 강력한 메시지가 마치 화살처럼 제 마음을 찌르기 시작하면서 선생님이(하나님은 말할 것도 없이) 이 문제를 얼마나 중요하게 생각하고 있는지를 곧 알게 되었습니다.

그때까지만 해도 저는 제 여자 친구와 넘어서는 안 될 선을 쉽게 넘어서는 좋지 않은 버릇이 있었습니다. 처음에는 하나님께서 우리 두 사람에게 원하시는 관계를 유지하고 싶은 우리의 열망을 보여 주기 위해 일정한 선을 그어 놓고 있었습니다. 한 일 년 정도는 그 선을 잘 유지할 수 있었습니다. 그러나 일 년 이상 사귀게 되면서 육체적으로 가까워지는 문제에 부딪히기 시작했습니다.

녹스빌에서 있었던 수련회에 참석한 후 저는 곧 주님께서 제 마음속에 말씀하셨다는 것을 분명히 알게 되었습니다. 그리고 그 확신이 점점 굳어지면서 음란은 부당한 성관계를 가지는 것일 뿐만 아니라 갈 5:19 우리 몸을 하나님께 예배드리는 성전으로 여기고 돌보기 원하시는 하나님의 기대를롬 12:1-2 저버리고 타협하는 것이라는 사실을 깨닫게 되었습니다.

수련회와 선생님의 강의 테이프를 통해 얻게 된 확신을 가지고 여자 친구와의 관계를 생각하면서, 우리 두 사람 모두 하나님의 용서를 받아야 할 필요가 있으며 우리 관계가 다시 순전해지기 위해 하나님을 의지해야 한다는 사실을 분명히 알 수 있게 되었습니다.

그리고 지난 8개월 동안 우리 두 사람은 전에 몰랐던 순수함과 평안을 맛볼 수 있었습니다. 우리는 더 사랑하게 되었고 그리스도를 따르며 서로를 더 존중하게 되었습니다. 지금은 약혼을 했고 곧 결혼식을 올리고 한 몸으로 연합하기로 계획했습니다. 우리는 두 사람 다 적절한 때가 될 때까지 유혹을 피하고 순수함을 지키려는 우리 마음의 표시로 키스나 그 어떤 육체적인 접촉도 하지 않기로(손을 잡는 것 외에는) 서로 약속했습니다.

이 두 사람이 결혼하는 날 밤은 정말 숭고한 밤이 될 것이다! 아무런 죄책감이나 후회도 없을 것이다. 대신 아름답고 순결하고 특별한 순간이 될 것이다. 이들은 하나님의 말씀을 어겼더라면 결코 경험할 수 없었을 신선한 하나님의 은혜를 누리게 될 것이다.

그러나 우리 사회에서 이런 사람들은 아마도 희귀한 사람들로 보일 것이다. 새천년에 접어든 후에 발표된 통계 자료는 자신들을 거듭난 그리스도인이라고 말하는 사람들이 하나님을 모른다고 말하는 사람들과 별다를 바 없이 부도덕하다는 사실을 보여 주고 있다. 성경의 이 한 구절에 순종하는 것이 교회를 얼마나 변화시킬 수 있으며 사회에 얼마나 큰 영향을 미칠 수 있는지 상상할 수 있겠는가? 세상 사람들은 결혼할 때까지 순결을 지키는 것이 가능할 뿐 아니라 또한 상당한 보상이 따른다는 것을 우리를 통해 알 필요가 있다.

결혼하기 전에 동거하는 사람들의 이혼율이 그렇지 않은 사람들보다 더 높다는 사실을 알고 있는가? 우리가 하나님의 말씀에 귀를 기울인다면 결혼 생활이 지속될 수 있을 것이라는 생각에 동의하는가?

이제 데살로니가전서 4장을 공부하기 바로 전에 물었던 '안전한' 성관계라는 것이 있을 수 있는가에 대한 대답은 무엇이라고 생각하는가? 하나님께서 성관계에 대해 하신 말씀을 보면서 어떻게 대답하겠는가?

마지막으로 당신을 사랑하기 때문에 이 질문을 하지 않을 수 없다. 하나님께서 이 주제에 대해 하신 말씀에 비추어 볼 때 당신은 어떤 삶을 살아야 한다고 생각하는가? 당신의 생각이나 의견을 다음 공란에 적어 보면 좋을 것이다.

4. 금지된 열매를 따먹지 않도록 조심하라

성관계가 수치심과 죄책감을 느끼게 하는 이유

성관계는 결혼한 사람들을 위한 것이라고 말하는 것만으로 충분한가? 그렇게 말하고 크리스마스 선물처럼 포장해서 '결혼할 때까지 열지 말 것'이라는 꼬리표를 달아두면 되는 것인가?

애석하게도 수천 년 전에 일어난 사건 때문에 이렇게 하는 것만으로는 충분하지 않다. 그 사건은 창세기에 기록되어 있는데, 우리 모두의 아버지와 어머니인 아담과 하와는 사탄의 거짓말을 믿고 자신들이 하나님처럼 될 수 있을 것이라고 생각했다. 하나님의 지시를 따르는 대신 선악을 알게 하는 금단의 열매를 따먹자, 그들은 글자 그대로 큰 혼란에 빠지게 되었다. 사탄과 그의 악마들을 위해 준비되었던 불구덩이는 이제 인간을 위한 것이 되고 말았다마 25:41; 계 20장.

아담과 하와는 죄를 지었다. 그들은 하나님을 거역하고 자기들 마음대로 자신들이 원하는 것을 하기로 선택했다. 그들은 하나님의 말씀을 듣지 않았다. 선악을 알게 된 그들은 자신들의 삶 속에서 하나님을 하나님으로 높일 것인지 아닌지, 그리고 언제, 어느 정도로 높일 것인지를 스스로 결정했다. 그날은 그들에게 운명적인 날이었다.

성경은 아담 한 사람을 통해 죄가 세상에 들어왔고 죄를 통해 사망이 오게 되었고, 모든 사람이 죄를 지었기 때문에 사망이 모든 사람에게 임하게 되었다고 말해 주고 있다롬 5:12. 아담과 하와는 하나님의 형상대로 지음받았지만창 1:26-27, 그들의 자녀들은 자기들의 아버지인 아담의 형상을 따라 지어졌다창 5:3. 아담과 하와는 죄인들을 낳았고 그들 역시 또 다른 죄인들을 낳았다시 51:5.

죄는 전염병처럼 퍼지며 인간의 유전자 전체에 침투해 들어왔다. 다윗 왕은 "어머니가 죄 중에서 나를 잉태하였나이다"시 51:5라고 기록하였다. 그렇다면 해결책은 무엇인가? 자기 마음대로 자신이 원하는 대로 살게 된 인간이 스스로 자멸하게 되는 것을 어떻게 막을 수 있겠는가? 그것은 율법을 지킴으로써 가능하다.

율법은 인간을 보호할 수 있는 경계를 정해 줄 뿐 아니라 해서는 안 될 행동을 규정하고, 하나님의 거룩한 명령을 거역할 경우 어떤 결과가 따르게 될지를 알려 준다. 그래서 성경은 성관계는 결혼한 사람들을 위한 것이라고 말하는 그 이상을 다루고 있는 것이다. 책임 의식을 가진 제조업자처럼 하나님은 경고 지시를 해 주셨고 그 경고를 무시할 때 어떤 일이 일어나게 될지를 설명해 주셨다. 하나님은 성적 충동이 얼마나 강할 수 있는지 또 인간의 성정이 얼마나 약할 수 있는지를 잘 알고 계신다. 그리고 눈으로 보는 것에 의해 어떤 자극을 받을 수 있는지, 하나님을 두려워하지 않는 사람들에게 교육을 받은 사람들이 상상해 낼 수 있는 성적 왜곡과 이미지들과 욕망이 어떤 것인지를 잘 알고 계신다.

그래서 하나님께서는 성경 전체를 통해 성관계라는 주제를 다루시며 우리에게 필요한 정보를 정확하게 알려 주셨다. 너무 많은 정보는 때때로 파괴적일 수 있는데, 그것은 불필요한 정보가 생각할 필요가 없거나 건전하지 못한 방향으로 우리의 생각을 이끌어 가기 때문이다. 학교의 성교육이 지금 그런 방향으로 나아가고 있다. 우리 손자는 한 번도 생각해 보지 않았고 알고 싶어 해 본 적도 없는 것들을 학교 성교육 시간에 처음으로 들었다고 말했다. 영국의 정치 지도자들은 성교육을 위한 그들의 모든 노력에도 불구하고 콘돔의 사용이 늘어나거나 낙태하는 사람들의 숫자가 줄어들지 않고 있다는 보고를 했다. 그들은 아이들과 청소년들에게 성에 대해 가르치는 것이 오히려 성행위를 더욱 부추기는 결과를 가져왔다고 생각한다.

진정한 성교육은 하나님의 말씀을 기준으로 무엇이 옳고 무엇이 그른지를 알려 주고 행동에 따르는 결과가 있다는 사실을 가르치는 것이다. 그에 미치지 못하는 성교육으로는 부도덕을 막을 수 없다.

이제 성관계는 결혼한 부부만을 위한 것이 되어야 한다는 사실 외에 하나님께서 또 무슨 말씀을 하셨는지 알아보도록 하자. 하나님께서 성행위에 관한 범위를 정해 주시고 용납될 수 없는 것들을 분명하게 알려 주신 율법으로부터 시작하자.

간음과 탐심에 대한 하나님의 견해

하나님께서 우리가 육체를 지니고 살면서 겪어야 하는 씨름이 어떤 것인지를 잘 알고 계신다는 사실을 신약 성경을 통해 분명히 알 수 있다. 하나님께서 계명을 주신 이스라엘 백성은 혼잡한 성행위와 부정을 허용하는 신들을 섬겼을 뿐만 아니라 전통적으로 그런 일을 거침없이 행하는 사람들과 함께 살고 있었다. 세계 종교를 연구해 보면, 유일하신 참 하나님처럼 엄한 신은 없다는 사실을 볼 수 있다. 인간이 만든 신들은 인간과 아주 유사하다.

출애굽기 20장에 기록된 십계명 가운데 두 개의 계명이 성에 관한 문제를 다루고 있다. 그 첫 번째는 "간음하지 말지니라"고 명령한 제7계명이다. "간음"으로 번역된 히브리 단어는 '나압'na'ap이다. 이 단어의 어근에는 '다른 사람의 아내나 약혼녀와 성관계를 가지다'라는 뜻이 내포되어 있다.

에스겔 16:38에 나오는 간음 역시 나압이라는 단어를 번역한 것으로 혼인 서약을 파기한 행동을 뜻한다. 고전 영어에서 혼인이라는 말은 서약을 뜻하는 말이었다. 결혼은 서약을 통해 맺어진 두 사람을 하나로 묶어 주고 다른 사람들과는 성적으로 분리되었음을 선언하는 것이다. 나압이라는 단어에는 또 '변절하다'라는 의미가 내포되어 있다. 변절이란 한때 받아들였던 것으로부터 등을 돌리는 행위를 뜻하는 것으로, 이런 의미를 지닌 나압이라는 단어는 결혼 서약을 파기하는 것이 얼마나 중대한 일인지를 잘 드러내는 매우 적절한 용어이다.

십계명의 마지막 계명인 제10계명 역시 성에 관한 문제를 다루고 있다. 그 계명을 큰 소리로 읽어 보라. 기억하는 데 도움이 될 것이다. "네 이웃의 집을 탐내지 말라 네 이웃의 아내나 그의 남종이나 그의 여종이나 그의 소나 그의 나귀나 무릇 네 이웃의 소유를 탐내지 말라"출 20:17.

탐낸다는 것은 어떤 것에서 즐거움을 찾으려고 한다는 뜻이다. 그러나 하나님은 우리가 남에게 속한 것에서 즐거움을 찾기를 원치 않으신다. 탐내 본 적이 있는가? 나는 있다. 고통과 외로움과 공허감 속에서 나는 한 남자를 사모하고 그의 능력과 인품에 감탄하고 그에게 매력을 느끼고 그에게서 즐거움을 찾으려 했다. 그러다가 그 사람과 결혼하게 되면 어떨까라는 생각까지 하게 되었다.

무슨 일이 일어난 것인가? 탐을 내고 있었던 것이다. 하나님의 자녀인 우리는 그렇게 해서는 안 된다. 그것은 죄이다. 탐심은 하나님의 계명을 어기게 만들어 우리를 가장 위험한 자리로 몰아넣는다.

어쩔 수 없다고 생각하지 말라. 그렇지 않다. 한 목사가 쓴 다음의 글을 읽고 생각해 보라.

> 처음에는 그저 아무렇지도 않게 생각하면서 그녀와 많은 시간을 같이 보냈다. 그녀와 나는 내 사무실에 앉아 이야기를 나누었다. 가끔씩 그녀는 자신의 결혼 생활 속에서 느끼는 어려움을 이야기했고 나는 조언을 해 주었다. 그러나 거기서 멈추어야 했다. 나는 내가 채워 주어야 할 권리가 없는 필요를 채워 주고 있었다. 우리는 서로에게 손을 대거나 키스를 한 적은 없었다. 서로에 대해 느끼는 감정에 대해서도 이야기하지 않았다. 그러나 분명히 서로에게 끌리고 있었고 나는 그 설렘을 좋아했다. 그 모든 것은 내 마음속에서 일어나고 있었을 뿐이었지만 그러나 문제는 거기서부터 시작되었다.

우리가 탐내기 시작하면 그 탐내는 것에 대해 마음속으로 상상하기 시작한다는 것을 하나님은 알고 계신다. 우리는 그 상황을 장난처럼 쉽게 여기며 우리의 열망과 감정과 꿈과 스스로 만들어 낸 필요 등에 이끌려 점점 다가가고 간음을 행함으로써 제7계명을 어기게 된다.

우리에게 속한 사람이 아닌 누군가에게 마음을 쏟으면서 이런저런 변명 거리들을 찾아내어 자신의 행동을 합리화하고 정당화하려고 할 수 있다. 그러나 하늘 법정에서 그런 일은 통하지 않는다. 인간이 만든 신들은 그런 일을 허용하겠지만 전적으로 의로우신 하나님께서는 다른 사람의 배우자를 갈망하거나 탐내는 일을 엄격하게 금하신다.

하나님께서 계명을 주신 후에 어떤 일이 일어났는지를 기록하고 있는 다음 구절을 읽어 보라. 매우 흥미로울 것이다. 읽으면서 "시험하다"라는 단어가 나오면 밑줄을 그어 보라.

출애굽기 20:18-20

18 뭇 백성이 우레와 번개와 나팔 소리와 산의 연기를 본지라 그들이 볼 때에 떨며 멀리 서서

19 모세에게 이르되 당신이 우리에게 말씀하소서 우리가 들으리이다 하나님이 우리에게 말씀하시지 말게 하소서 우리가 죽을까 하나이다

20 모세가 백성에게 이르되 두려워하지 말라 하나님이 임하심은 너희를 시험하고 너희로 경외하여 범죄하지 않게 하려 하심이니라

하나님께서 그들을 어떻게 시험하셨는가? 하나님께서는 십계명으

로 그들을 시험하셨다. 그 계명들은 하나님께서 요구하시는 것이 무엇인지를 보여 준다. 그리고 선택은 우리에게 맡겨졌다. 하나님께서 말씀하신 것을 지키게 되면 우리는 시험을 통과하고 점수를 받게 된다. 믿지 않기로 선택하면, 즉 불순종하기로 선택하면 시험을 통과하지 못하게 된다. 그런 행동은 하나님을 경외하지 않고, 하나님을 신뢰하지 않으며, 하나님께 영광을 돌리지 않으며 존경하지 않는다는 사실을 보여 주는 것이다. 우리의 염원이나 논리에 맞지 않을지라도 하나님께서 말씀하신 대로 행하는 것이 하나님을 경외하는 것이다. 그리고 하나님을 경외할 때 죄를 짓지 않게 된다. 그런 경외감은 매우 유익한 것이다. 왜냐하면 죄는 언제나 사망을 불러오기 때문이다.

이 글을 쓰고 있는 동안 간음으로 인한 비참한 이야기들을 보관해 둔 서류철들이 내 책상과 마룻바닥과 의자들 위에 널려 있다. 그 이야기들은 산산조각 나서 다시는 원래 상태로 되돌릴 수 없는 깨진 유리창처럼 파괴된 삶을 보여 준다. 각기 다른 크기와 다른 모양으로 깨진 조각들이 입김만 불어도 무너져 내릴 정도로 딱하게 서로 엉겨 붙어 있다. 이것들은 배신과 분노가 들끓는 이야기들이며 난폭한 비난 앞에서 위축되거나 되받아치는 이야기들이다. 마음속 깊은 곳을 파헤치고 과거라는 상자를 열어젖혀 아픈 기억들을 하나하나 떠올리며 분노하게 만들고 점점 더 깊이 파고 들어가서 더듬어 찾아내고, 어디서 시작되었고 왜 시작하게 되었는지를 찾아내 패배감과 죄책감을 느끼게 하는 이야기들이다. '내가 무슨 짓을 한 거지? 무슨 생각을 했던 거지? 어떻게 그렇게 어리석을 수 있었을까? 그런 일이 없었더라면…'이라고 웅얼거리며 혼잣말을 할 수도 있을 것이다.

그리고 '우리 아이들은 어쩌나? 아이들! 아, 주님. 또 우리 부모님은 뭐라고 하실까? 사람들은 뭐라고들 말할까? 친구들은? 계속 친구로 남아 줄까? 같이 일하는 동료들은 또 어떨까? 교회 식구들은?' 등등 빗발치듯 쏟아지는 죄책감이라는 화살 더미 위에 앉아 있을 수도 있을 것이다.

아, 간음이 불러온 비극, 남의 것을 탐하고 욕망을 이기지 못한 결과는 피할 수 없는 비극을 가져온다. 이는 덧없는 욕망이다! 지나가는 쾌락은 잠시뿐이다. "음행하는 자들과 간음하는 자들을 하나님이 심판하시리라"히 13:4고 말씀하셨기 때문이다.

죄는 언제나 우리가 책임져야 할 선택의 결과라는 사실을 절대로 잊지 마라. 하나님을 존경하지 않고 불순종하기로 선택할 때, 그 결과 누구를 대적하게 될 것인지를 기억하라.

하나님은 레위기를 통해 그분의 백성에게 거룩할 것을 요구하셨다. 왜냐하면 하나님 자신이 거룩하신 분이기 때문이었다. 거룩하다는 것은 하나님과 하나님의 기쁨을 위해 구별되는 것을 뜻한다. 하나님은 창세기부터 요한계시록까지 자신이 하늘과 땅과 그 안에 있는 모든 만물을 지으신 창조주이심을 거듭 강조하셨다. 하나님께서 우리를 창조하셨고, 우리가 존재하는 것은 하나님 때문이다. 우리는 그분을 통해서만 존재하므로 그분을 위해 구별되어야 한다.

또 어떤 것을 금지하셨는가?

율법은 다른 사람의 배우자를 탐하거나 다른 사람의 배우자와 간음하는 것에 대해 하나님의 계명을 어기는 것이라고 말하고 있다. 더 나아가 성행위와 관련된 자세한 내용들을 아래에 인용한 레위기 20장에서 볼 수 있다. 레위기 20장을 읽으면서 금지된 것들을 모두 찾아 밑줄을 그어 표시하고 "죽음"을 뜻하는 단어들을 모두 찾아 이렇게 무덤 표시를 하라.

소리를 내어 잘 읽어 보라. 성경에 기록된 내용을 스스로 알아보는 것은 매우 중요하다. 하나님은 명료하게 말씀하는 분이시다. 즉 정확하고 분명하게 말씀하시기 때문에 우리는 명료하게 이해할 수 있다. 하나님은 우리가 하나님을 정말 잘 알 뿐만 아니라 하나님께서 하신 말씀을 정확하게 알고 있기를 원하신다. 물론 하나님께서는 우리가 하나님을 신뢰하기를 원하신다. 그리고 우리는 당연히 그렇게 해야 한다. 왜냐하면 하나님은 거짓말하는 분이 결코 아니시기 때문이다.

레위기 20장

7 너희는 스스로 깨끗하게 하여 거룩할지어다 나는 너희의 하나님 여호와이니라

8 너희는 내 규례를 지켜 행하라 나는 너희를 거룩하게 하는 여호와이니라

9 만일 누구든지 자기의 아버지나 어머니를 저주하는 자는 반드시 죽일지니 그가 자기의 아버지나 어머니를 저주하였은즉 그의 피가 자기에게로 돌아가리라

10 누구든지 남의 아내와 간음하는 자 곧 그의 이웃의 아내와 간음하는 자는 그 간부와 음부를 반드시 죽일지니라

11 누구든지 그의 아버지의 아내와 동침하는 자는 그의 아버지의 하체를 범하였은즉 둘 다 반드시 죽일지니 그들의 피가 자기들에게로 돌아가리라
12 누구든지 그의 며느리와 동침하거든 둘 다 반드시 죽일지니 그들이 가증한 일을 행하였음이라 그들의 피가 자기들에게로 돌아가리라

잠시 읽기를 멈추라. 하나님께서 사용하시는 용어들을 정확하게 알고 있는지 확인하고 싶기 때문이다. 근친상간이란 혈연이나 결혼 관계를 통해 서로 인척이 된 사람과 성관계를 가지는 것을 말한다. 이 구절에서 사용된 히브리 단어는 부자연스러운 요소들이 섞여 있다는 개념을 표현하고 있다. 예를 들면 아버지가 자신의 성적인 욕구를 만족시키기 위해 자기 딸이나 아들을 범하거나, 한 남자가 자기 여동생이나 누나와 성관계를 가지는 것은 둘 다 부자연스러운 일이다. 전 세계적으로 근친상간이 큰 문제가 되고 있기 때문에 뒤에서 좀 더 자세하게 다룰 것이다. 여기서는 하나님께서 금지하신 것들을 대략적으로 살펴보도록 하자.

13 누구든지 여인과 동침하듯 남자와 동침하면 둘 다 가증한 일을 행함인즉 반드시 죽일지니 자기의 피가 자기에게로 돌아가리라

이 구절은 분명히 동성애에 대하여 언급하고 있다. 그리고 로마서

1:26-27에 의하면, 동성애에는 여성 동성애도 포함하고 있다. 이 문제에 대해서도 나중에 자세히 다루게 될 것이다.

동성애를 하고 있는 사람이라면 성경을 객관적이고 공정하게 살펴보아야 할 것이다. 동성애에 대해 성경이 어떻게 말하고 있는지를 스스로 찾아내야 할 필요가 있다. 다른 사람의 해석에 의존하려고 하지 말라. 왜냐하면 이 구절에 의하면 동성애 문제는 삶과 죽음의 문제가 될 수 있기 때문이다. 사느냐 죽느냐의 문제를 다른 사람의 손에 맡기고 싶지는 않을 것이다.

14 누구든지 아내와 자기의 장모를 함께 데리고 살면 악행인즉 그와 그들을 함께 불사를지니 이는 너희 중에 악행이 없게 하려 함이니라

이 구절에 사용된 "악행"이라는 말은 '사악하다'라는 뜻을 가진 '짐마'zimmah라는 히브리 단어를 번역한 것이다. 신약 성경에서는 우리가 앞에서 살펴본 대로 '포네이아'porneia라는 단어가 사용되었는데 그것은 모든 형태의 불법적인 혼외정사를 뜻하는 말이다.

15 남자가 짐승과 교합하면 반드시 죽이고 너희는 그 짐승도 죽일 것이며
16 여자가 짐승에게 가까이 하여 교합하면 너는 여자와 짐승을 죽이되 그들을 반드시 죽일지니 그들의 피가 자기들에게로 돌아가리라

동물과 성행위를 하는 것을 수간이라고 한다. 수간이라는 말 대신 근친상간이라는 용어가 때때로 사용되기도 했다. 왜냐하면 근친상간이라는 단어의 뿌리에는 '순수하지 않다'라는 뜻이 내포되어 있기 때문이다.

> 17 누구든지 그의 자매 곧 그의 아버지의 딸이나 그의 어머니의 딸을 데려다가 그 여자의 하체를 보고 여자는 그 남자의 하체를 보면 부끄러운 일이라 그들의 민족 앞에서 그들이 끊어질지니 그가 자기의 자매의 하체를 범하였은즉 그가 그의 죄를 담당하리라

잠시 멈추어 "하체를 보다" 또는 "하체를 범하다"라는 말의 의미를 설명하고 넘어가도록 하자. "하체를 보다"라는 말은 히브리어로 '발가벗기다'라는 뜻의 '갈라'galah라는 단어가 사용되었는데, 갈라에는 특히 '수치심을 느끼도록 옷을 벗겼다'라는 의미가 포함되어 있다. 이런 일은 종종 옷이 벗겨진 사람을 수치스럽게 만들기 위해 행해졌다.

"하체를 범하다"라는 말은 '에르바'Ervah라는 히브리 단어가 사용되었는데 그 단어는 '다른 사람의 생식기를 드러냈다'라는 뜻을 담고 있다. 즉 추잡하고 음란하게 다른 사람의 은밀한 부분을 드러냈다는 뜻이다. 은밀한 부분을 드러내는 것은 결혼한 사람들 사이에서만 용납될 수 있는 것이며 그 두 사람 사이에서는 기쁜 일이 될 수 있다. 이 부분에 대해서는 나중에 구약 성경에 나오는 아가서에서 살펴보게 될 것이다. 그때 지금 내가 무슨 말을 하고 있는지 이해할 수 있게 될 것이다.

이제 이 구절이 영화나 TV나 플레이보이나 허슬러 같은 잡지나 인터넷이나 인간의 육체에 초점을 맞춘 온갖 종류의 '연예 오락 거리들'에서 볼 수 있는 벌거벗은 모습에 대해 어떻게 말하는지 알 수 있을 것이다. 이 성경 구절은 분명한 한계를 정해 주고 있다. 그렇지 않은가?

18 누구든지 월경 중의 여인과 동침하여 그의 하체를 범하면 남
자는 그 여인의 근원을 드러냈고 여인은 자기의 피 근원을
드러내었음인즉 둘 다 백성 중에서 끊어지리라
19 네 이모나 고모의 하체를 범하지 말지니 이는 살붙이의 하체
인즉 그들이 그들의 죄를 담당하리라
20 누구든지 그의 숙모와 동침하면 그의 숙부의 하체를 범함이
니 그들은 그들의 죄를 담당하여 자식이 없이 죽으리라
21 누구든지 그의 형제의 아내를 데리고 살면 더러운 일이라 그
가 그의 형제의 하체를 범함이니 그들에게 자식이 없으리라
22 너희는 나의 모든 규례와 법도를 지켜 행하라 그리하여야 내
가 너희를 인도하여 거주하게 하는 땅이 너희를 토하지 아니
하리라

이 구절들에서는 무엇을 금하고 있는가? 간음, 근친상간, 동성애, 수간을 모두 금하고 있다. 이런 것들이 오늘날에도 문제가 되고 있는가? 모두 다? 그렇다. 이것들은 음란한 모임에 참여하라고 서로를 초청하는 동조자들이다. 이들 각각은 우리로서는 생각할 수도 없는 다양한 방법과 모습으로 행해지고 있다.

혹, 이런 것들과 씨름하고 있는가? 이런 성행위 중 한 가지를 해오고 있는 사람이 있을지도 모르겠다. 아니면 마음의 문제일 수도 있을 것이다. 이런 경험들을 하게 될 경우를 머릿속으로 그려보면서 자신의 욕망을 채우기 위한 상상력을 동원하고 있을지도 모르겠다.

그래서 이 책을 읽는 것인가? 자신의 감정을, 마음속에서 끓어오르는 열정을 어떻게 해야 하는지 알고 싶기 때문인가? 자신이 하고 싶은 것에 대해 어떻게 해야 하는지 알고 싶기 때문인가?

당신의 성향이나 행동은 별문제가 되지 않는다는 결론을 친구들과 함께 내렸지만, 또 한편으로는 이런 죄책감과 수치심과 속박된 듯한 느낌을 받는 이유는 무엇일까라며 의아해하고 있을지도 모르겠다.

왜 만족할 수 없는 것일까?

왜 내 마음속 깊은 곳에서 나 자신이 거절된 듯한 느낌을 받는 것일까?

만족을 얻기 위해 왜 그렇게 극단적으로까지 해야 하는 것일까?

성행위에 대해 왜 이렇게 서로 다른 주장들을 하는 것일까?

다양한 성행위에 대해 반대 의사를 표하는 사람들은 왜 일종의 '겁쟁이' 취급을 당하는 것일까?

이 정도에서 잠시 멈춘 다음 출애굽기와 레위기 구절을 통해 알게 된 것들을 생각해 보라.

이 구절들에 기록된 대로 엄격하게 따른다면, 또 이 구절들을 액면 그대로 받아들인다면 하나님께서는 그런 성행위들을 어떻게 보고 계신다고 말해야 할 것인가? 그 구절들을 읽고 당신의 생각을 적어 보라.

하나님은 그런 성행위들을 어떻게 보시는가?

그런 성행위들에 따르는 결과들이 있는가? 무덤 표시들을 세어 보라. 그 무덤 표시에는 어떤 결과들이 표시되어 있는가?

성경의 메시지는 분명하다. 특별한 해석을 필요로 하지 않는다. 판독해야 할 상징이나 숨겨진 의미를 찾아내야 하는 것도 아니다. 하나님께서는 아주 분명하게 말씀하셨다. 간음을 행하는 자와 근친상간을 행하는 자와 동성애를 하는 자와 수간을 행하는 자는 죽어야 한다는 것이 하나님의 생각이고 하나님의 마음이다.

매우 가혹하게 들릴지도 모른다. 그렇다. 매우 가혹하다. 그 결과는 죽음이다. 그렇다고 절망할 필요는 없다. 이러한 일을 행한 사람들을 위한 좋은 소식이 있다. 그리고 거기서 빠져나오고 도망칠 수 있는 길이 있다. 곧 알게 될 것이다. 그러므로 계속해서 읽어 내려가라.

갇힌 사람들을 위한 희망

당신이 한 친척에게 겁탈을 당했을 때 하나님께서 그런 행동을 한 사람을 묵과하거나 지지하지 않는다는 사실을 아는 것은 도움이 된다. 그런 근친상간은 하나님께서 몹시 싫어하시는 일이다. 그러나 일방적으로 희생을 당한 경우라면 그 당시 쾌감을 느꼈다 할지라도 죄를 지은 것이 아니다. 우리 몸은 외적인 자극에 반응하도록 만들어져 있다. 그러므로 쾌감을 느낀다고 해서 그것이 죄를 짓는 것을 뜻하는 것은 아니다. 죄는 가해자에게 있는 것이지 희생자에게 있는 것이 아니다.

그러나 만일 당신이 의도적으로 근친상간을 한 경우라면 어떻게 되는 것인가? 하나님의 말씀을 읽으며 두려움을 느끼는가? 그렇다면 그것은 좋은 징조이다. 비난을 받고 저주를 받고 있다는 느낌이 드는가? 희망이 없다는 생각이 드는가? 속수무책이라고 생각하는가? 모든 것을 원상태로 되돌리고 싶은가?

그런 행동이 결국은 당신을 망치기 때문에 하나님께서는 그런 행동을 미워하시는 것이다. 그러나 하나님은 여전히 당신을 사랑하시므로 당신을 다시 부르신다. 고린도전서 6:9-11의 말씀을 통해 당신에게 들려주고 싶은 좋은 소식이 있다.

다음 구절을 읽으며 "너희"라는 단어에 표시를 하라.

고린도전서 6:9-11

9 불의한 자가 하나님의 나라를 유업으로 받지 못할 줄을 알지
못하느냐 미혹을 받지 말라 음행하는 자나 우상 숭배하는 자
나 간음하는 자나 탐색하는 자나 남색하는 자나
10 도적이나 탐욕을 부리는 자나 술 취하는 자나 모욕하는 자
나 속여 빼앗는 자들은 하나님의 나라를 유업으로 받지 못
하리라
11 너희 중에 이와 같은 자들이 있더니 주 예수 그리스도의 이

름과 우리 하나님의 성령 안에서 씻음과 거룩함과 의롭다 하심을 받았느니라

이 구절은 우리를 깨우쳐 주는 놀라운 구절이다. "너희"라는 단어에 표시를 하면서 배우게 된 모든 것을 아래 공란에 적어 보라.

11절에 나오는 동사가 과거형이라는 사실을 잘 생각해 보라. 희망을 가지게 해 주는 놀라운 부분이다. "있더니, 받았느니라"라는 단어에 밑줄을 쳐 두면 좋을 것이다. 이 단어들이 당신에게, 또는 변화할 수 있다는 희망이 없다고 생각하고 있을 당신이 알고 있는 누군가에게 어떤 메시지를 전해 주는가?

하나님은 우리를 억압에서 풀어 주는 일을 하고 계신다! 그분은 죄와 죄의 억압에서 우리를 풀어 주신다. 하나님은 죄의 노예가 되었던 우리를 다시 사신 우리의 구속자이시다! 또 하나님은 창조주이시기 때문에 우리를 새로운 창조물로 지으시고 우리의 성품을 변화시키시고 다시 하나님의 형상으로 되돌아가게 하실 수 있는 분이시며, 이 모든 일을 하나님의 아들이신 예수 그리스도를 통해 하신다.

우리가 진정으로 회개하고(마음을 돌이키고) 예수 그리스도를 영접하고 그분이 하나님의 아들이신 것과 우리를 우리 죄에서 구원하실 수 있는 유일한 분이시라고 믿을 때 하나님께서는 행동을 개시하신다.

고린도전서 6장에서 보았듯이 하나님은 우리를 씻으시고 깨끗하게 하시고 하나님을 위해 구별되게 하신다(이것이 성결이다). 하나님께서는 모든 비난을 제거하시고 우리의 모든 죄를 사면하시고 하나님 앞에 의로운 사람으로 설 수 있도록 하신다(이것이 칭의이다).

내가 이런 이야기를 하는 것은 성범죄에 연루되었기 때문에 희망이 없다고 느낄 때, 길도 없고 치유할 수도 없고 미래도 없다고 느낄 때, 이런 사실을 알고 하나님과 함께라면 절망할 필요가 없다는 사실을 알려 주고 싶기 때문이다.

하나님께서 돌보신다. 당신의 기분이 아니라 하나님께 귀를 기울이라. 로마서 5장에서 하나님은 우리가 죄를 짓고 하나님을 경외하지 않고 속수무책으로 하나님의 원수가 되어 있을 때, 하나님께서는 그런 우리를 사랑하시고 하나님의 아들을 통해 그 모든 것을 바꾸어 놓으셨다고 말씀하신다. 예수 그리스도께서 죽음을 통해 우리 죄의 대가를 지불하셨고, 예수 그리스도의 부활을 통해 우리의 죗값을 모두 다 지불하셨기 때문에 우리는 하나님과 함께 영원히 살 수 있게 되었다.

하나님의 심판

이제 레위기로 돌아가 보자. 이번에는 18장을 보라. 레위기 20장에서 살펴본 것과 같은 죄들을 보게 될 것이다. 그러나 18장에서는 그런 죄들에 대한 하나님의 관점과 부도덕한 추행이 한 국가에 미치는 영향에 대해 좀 더 깊이 이해할 수 있게 될 것이다.

레위기 18장에서 하나님은 "가증한", "더러운" 등과 같이 20장에서는 사용하지 않았던 용어들을 사용하셨다. 이 두 단어가 나올 때마다 각각 다른 색으로 표시해 보라.

레위기 18:22-30

22 너는 여자와 동침함 같이 남자와 동침하지 말라 이는 가증한
일이니라
23 너는 짐승과 교합하여 자기를 더럽히지 말며 여자는 짐승 앞
에 서서 그것과 교접하지 말라 이는 문란한 일이니라
24 너희는 이 모든 일로 스스로 더럽히지 말라 내가 너희 앞에
서 쫓아내는 족속들이 이 모든 일로 말미암아 더러워졌고
25 그 땅도 더러워졌으므로 내가 그 악으로 말미암아 벌하고 그
땅도 스스로 그 주민을 토하여 내느니라
26 그러므로 너희 곧 너희의 동족이나 혹은 너희 중에 거류하는
거류민이나 내 규례와 내 법도를 지키고 이런 가증한 일의
하나라도 행하지 말라
27 너희 전에 있던 그 땅 주민이 이 모든 가증한 일을 행하였고
그 땅도 더러워졌느니라
28 너희도 더럽히면 그 땅이 너희가 있기 전 주민을 토함 같이
너희를 토할까 하노라
29 이 가증한 모든 일을 행하는 자는 그 백성 중에서 끊어지리라
30 그러므로 너희는 내 명령을 지키고 너희가 들어가기 전에 행
하던 가증한 풍속을 하나라도 따름으로 스스로 더럽히지 말
라 나는 너희의 하나님 여호와이니라

이제 "가증하다"라는 단어들이 나오는 곳을 확인하면서 하나님께서 어떤 죄들을 그렇게 묘사하셨는지를 살펴보고 아래 공란에 열거해 적어 보라.

그런 성행위들은 하나님께서 의도하신 성관계를 오용하는 것이다. 그것은 자연스러운 일이 아니며 이는 가증스러운 일이다. '가증스럽다'라는 말은 '도덕적으로 혐오스럽다'라는 뜻을 가진 히브리 단어 '토에바'tow'ebah를 번역한 것이다. 그런 일들은 하나님께 역겨운 것이며 우리에게도 역겨운 것이 되어야 한다. 왜냐하면 그런 죄를 범하는 사람은 자기 자신뿐 아니라 다른 사람들에게까지도 영향을 미치기 때문이다. 죄는 가만히 있지 않는다. 잠깐 동안 멈추어 부도덕한 성행위를 통해 퍼진 에이즈가 얼마나 많은 사람의 목숨을 앗아갔는지를 생각해 보라.

이제 다시 레위기 18장으로 돌아가 "더러운"이라는 말이 나오는 곳을 확인해 보라. 무엇을 배울 수 있는가?

이 구절에 의하면 하나님께서 하나님의 백성만 이렇게 다루시는 것이 아니라는 것을 볼 수 있다. 24절과 28절을 다시 읽어 보라. 무엇을 볼 수 있었는지 적어 보라.

하나님께서는 가나안 족속을 심판하시기 위해 이스라엘을 막대기로 사용할 것이라고 말씀하셨다. 그들의 성적인 타락으로 인해 그들을 쫓아낼 것이라고 말씀하셨다. 그러나 거기서 끝나지 않았다. 이스라엘 백성이 그런 타락한 성행위에 가담할 경우 그들에게도 똑같이 심판을 가할 것이라고 말씀하셨다.

그리고 그런 일이 벌어졌다! 이스라엘 백성은 하나님의 말씀을 듣지 않았다. 그들은 영적으로 육체적으로 우상을 섬기고 간음을 행했다. 그 결과 하나님께서는 바벨론을 사용하셔서 이스라엘 땅을 황폐케 하시고 그 백성을 추방하셨다. 결국 이스라엘 백성은 그 땅에서 쫓겨나게 되었으며, 이것은 한 번으로 끝나지 않고 두 번이나 반복되었다! A.D. 70년 로마의 장군 타이터스가 이스라엘을 무너뜨렸다. 하나님께서 이스라엘 백성을 심판하시기 위해 부도덕한 제국의 부도덕한 장군을 사용하셨다는 것은 정말 예상 밖의 일이었다!

하나님은 거룩하고 아름다운 것이 함부로 오용되는 것을 그냥 묵과하지 않으신다. 욕망을 제어하지 않는 사람에게는 죽음을 선포하신다. 다른 사람들을 약탈하는 일과 혐오스러운 일이 온 나라에 퍼져서 하나님께서 모든 사람을 심판하셔야 하는 일이 벌어지기 전에 그런 가증스러운 일이 멈추어지기를 바라신다. 소돔과 고모라의 멸망에서 그 예를 볼 수 있다.

거짓으로 인한 피멸

알프레드 킨제이Alfred Kinsey가 1948년에 쓴 책 『남성의 성적 행동』

The Sexual Behavior of the Human Male과 1953년에 쓴 책『여성의 성적 행동』 The Sexual Behavior of the Human Female이 출간된 이후 미국 사회는 지속적인 성적 타락으로 하나님의 심판을 초래해 오고 있다. 킨제이의 '발견들'은 성관계에 대한 새로운 견해를 불러오게 된 계기를 마련하긴 했지만 그것들은 심각하게 잘못된 것들이었다.

주디스 레이즈먼Judith A. Reisman 박사는 그녀가 쓴『킨제이: 범죄와 결과들』[Judith A. Reisman, *Kinsey: Crimes & Consequences*(Crestwood, Ky.: Institute for Media Education, Inc., 1998)]이라는 책에서 사람들이 자신들의 타락한 성적 욕구를 만족시키고 정당화하기 위해 어떤 일까지 할 수 있는지를 보여 주었다. 증거 자료들을 분명하게 제시하고 있기 때문에 반박할 수 없는 이 책은 인디애나 대학의 킨제이 연구소에 의해 뒷받침되고 있다.

레이즈먼 박사는 충격적인 사실을 밝혔다. 그는 킨제이가 연구 결과의 초안을 쓰기 위해 인디애나 대학 내의 방음 장치가 설치된 실험실에서, 적어도 317명의 아기들(5개월밖에 되지 않은 어린 아기들까지 포함해서)과 어린 소년들을 성적으로 남용하는 실험을 지휘했다는 사실을 밝힌 것이다. 어린 아이들을 대상으로 한 킨제이의 비뚤어진 성도착 증세에 대한 연구 발표 때문에 지금 어린 아이들은 태어나면서부터 성관계의 대상으로 여겨지게 되었다.

킨제이의 전기에서 휴스턴 대학의 역사학자인 제임스 존스James Jones는 성관계를 연구한 킨제이는 "자신이 주장하듯 그렇게 끈덕지고 공평한 과학자가 아니다"라고 말했다. 대신 킨제이는 "성적인 망상에 사로잡혀 있었고 보수적인 억압으로부터 자기 동료들을 자유롭게 해 주어야 한다는 거짓에 휩싸여 은밀한 곳에 틀어박혀 있었던 동성연애자였고 피학대 음란증 환자였다"라고 말했다.

킨제이의 동료였던 포메로이가 1973년에 쓴 책에 의하면 성적인 무질서를 향해 치닫고 있는 미국은 유대교와 기독교의 윤리를 훼손시킨 킨제이의 주장 속에서 그 원동력을 얻고 있다.

미국의 관습법에는 하나님의 율법 원리가 포함되어 있다. 그러나 킨제이는 사람들로 하여금 하나님의 보호를 받지 못하도록 만들고 싶어 했다.

지옥의 시험관 속에서 태어난 킨제이의 사이비 연구는 1960년대에 일어난 성 혁명이라는 알을 산란했을 뿐 아니라, 교육계와 사법계에 영향을 미치며 미국 사회 전체의 윤리를 지속적으로 파괴해 왔다. 그의 왜곡된 연구는 미국의 입법부와 사법계에서 수립된 법 규정의 기초가 되었다. 지금의 법 규정은 성범죄를 허용하고 있으며 무고한 사람들이 위태로울 정도로 달라져 있다. "킨제이가 주장한 6천여 개의 항목들이 법과 사회과학 분야의 과학 잡지 등에 엄청난 영향을 미치고 있다."

하지만 그러한 변화를 주도한 사람들은 성관계에 관한 미국 법규정을 개정하는 데 자신의 연구가 어느 정도 영향을 미치고 있는지 잘 모르고 있다.

킨제이의 잘못된 정보를 사용한 한 정부 관리는 다음과 같은 결론을 내렸다.

법으로 금지된 혼전 성관계, 혼외정사, 동성애, 수간 등의 성행위를 인구의 95퍼센트에 달하는 사람들이 범하고 있다고 한다. 그렇다면 우리의 성범죄 법령은 실제적인 개인 생활과는 완전히 동떨어진 것이다.

그래서 비열한 사람들을 보호하는 한편, 그들의 희생타가 될 수 있는 사람들과 어린이들의 복리를 위태롭게 만드는 법 개정이 이루어졌다! 킨제이가 거짓말을 유포하기 전까지는 법령이 무고하고 약한 사람들을 보호해 주고 있었기 때문에 성범죄를 저지른 사람들은 안전할 수 없었다. 그러나 지금은 정반대가 되었다. 거룩하신 하나님께서 더 이상 참을 수 없어서 어느 때보다 더 무서운 심판을 가하시며 우리를 토해내시는 일이 벌어질 날이 그리 멀지 않은 듯하다.

그의 거짓말을 믿었기 때문에 그리고 성관계에 관해 하나님께서 금지하신 것을 몰랐기 때문에 얼마나 많은 사람이 희생을 당했는지 생각해 보라! 1948년 이후에 출생한 사람들 중 하나님의 말씀을 알고 하나님의 경고를 배우며 자란 사람들을 제외한 대부분은 성관계에 대한 킨제이의 주장에 감염되어 있거나 영향을 받고 있다.

하나님께서 성관계에 관해 어떻게 말씀하시는지를 정확하게 알고 있는 것이 얼마나 중요한지 이제 공감할 수 있겠는가? 하나님의 말씀을 모르면 거짓에 속아 멸망하게 될 것이다. 하나님께서 정해 주신 범위를 벗어난 성행위는 생명 나무를 찾을 수 있는 유일한 곳인 하나님의 동산에 들어갈 수 없게 만드는 금지된 열매를 따먹는 것과 같은 일이다.

앞에서 성도 중 한 사람에게 매력을 느꼈던 목사의 이야기를 소개했다. 기억하는가? 여기서 그의 이야기를 마저 하려고 한다. 왜냐하면 그 이야기 속에서 우리 모두가 배워야 할 교훈이 있기 때문이다.

> 그 모든 것은 내 마음속에서 일어나고 있었을 뿐이었지만 그러나 문제는 거기서부터 시작되었다. 나는 주말에 그녀에 대해 생각하기 시작했다. 그리고 나는 '아무 일 없을 거야. 괜찮을 거야'라고 혼잣말을 하곤 했다. 그러나 그렇지 않았다. 나는 기회를 엿보고 있었다.
> 나는 가끔씩 두려움을 느끼며 '내게는 좋은 아내가 있고 가족이 있어. 계속해서 이런 관계를 유지하고 싶지는 않아'라는 생각을 했다. 내가 그것을 얼마쯤은 즐기고 있을 때도 나는 그것이 나를 망가뜨릴 것이라는 사실과 그것에서 떠나야 한다는 사실을 알고 있었다. 나는 그것이 옳지 않다는 것을 알고 있었다. 그러던 어느 날 내가 사무실에서 전화를 하고 있을 때 그녀가 내 뒤로 와서 내 엉덩이를 꼬집었다. 그때 결국 두려운 마음과 함께 정신이 번쩍 들었다.
> 그리고 나는 그녀에게 "아내에게 이야기해야겠어요"라고 말했다.

그는 아내에게 이야기했고 담임 목사에게도 알렸다. 비록 육체적으로는 아무 일도 없었지만 그는 자신의 마음속에서 무슨 일이 일어나고 있는지 그리고 앞으로 어떤 일이 일어나게 될지를 알고 있었다.

불을 가지고 장난을 치기 시작한 상태라면 하나님의 말씀이라는 물을 끼얹어 그 불을 끄라. 그렇게 하지 않는다면 당신이 누구이건 상관없이 죄가 당신을 덮칠 것이다. 하나님은 거룩하신 분이다. 그분은 죄를 심판하지 않으실 수 없는 분이다. 죄책감과 수치심과 성가신 양심은 다가오는 심판을 알려 주며 멈추라고 경고할 뿐 아니라 너무 늦기 전에 깨끗하게 하사는 하나님의 능력을 경험해야 한다고 말해 주는 표시등이다.

내가 입을 열지 아니할 때에 종일 신음하므로 내 뼈가 쇠하였도다
주의 손이 주야로 나를 누르시오니 내 진액이 빠져서 여름 가뭄에 마름 같이 되었나이다 (셀라)
내가 이르기를 내 허물을 여호와께 자복하리라 하고 주께 내 죄를 아뢰고 내 죄악을 숨기지 아니하였더니 곧 주께서 내 죄악을 사하셨나이다 (셀라)
이로 말미암아 모든 경건한 자는 주를 만날 기회를 얻어서 주께 기도할지라 진실로 홍수가 범람할지라도 그에게 미치지 못하리이다
주는 나의 은신처이오니 환난에서 나를 보호하시고 구원의 노래로 나를 두르시리이다 (셀라)
내가 네 갈 길을 가르쳐 보이고 너를 주목하여 훈계하리로다
너희는 무지한 말이나 노새 같이 되지 말지어다 그것들은 재갈과 굴레로 단속하지 아니하면 너희에게 가까이 가지 아니하리로다
악인에게는 많은 슬픔이 있으나 여호와를 신뢰하는 자에게는 인자하심이 두르리로다
너희 의인들아 여호와를 기뻐하며 즐거워할지어다 마음이 정직한 너희들아 다 즐거이 외칠지어다시 32:3-11.

5. 유혹의 덫

젊은 혈기로 그저 난봉을 좀 부린 것뿐인데 왜 이렇게 야단법석이지?

바람을 타고 바다 수면을 스치며 날아와 항해사들의 귓전을 울리는 바다 요정들의 부드러운 노랫소리에 이끌려 정해진 항로를 바꾸었던 선장과 선원들이 수없이 많았다. 그 감미로운 노래에 사로잡혀 넋이 나간 사람들은 최면에 걸린 듯이 해변가를 향해 나아갔다. 그들은 해안선을 따라 반짝거리며 춤을 추고 있는 물결 밑에 들쭉날쭉한 바위들이 기다리고 있다는 사실을 진혀 모르고 있었다. 정욕에 눈먼 사람들은 요정들에게 잡아먹히기 위해 배가 바위에 부딪혀 난파되기도 전에 물 속으로 뛰어들어 해변가를 향해 헤엄쳐 갔다. 요정들의 매혹적인 옷차림은 그들의 먹이가 된 사람들을 매정하게 집어삼킬 식욕을 은폐하기 위한 것이었다.

호머의 『오디세이』Odyssey에서 우리는 율리시스Ulysses라고 알려진 가공적인 영웅 오디세우스Odysseus가 이 요정들의 노랫소리를 듣고도 살아남았던 이야기와 전쟁을 마치고 집으로 돌아오는 그의 모험담을 읽을 수 있다[Bonechi Books, Panagiotes K. Chrestou, *Gods and*

Heroes in Greek Mythology(Florence, Italy, 1998), 109-13].

오디세우스와 정사를 벌인 키르케Circe(마술로 오디세우스의 부하들을 돼지로 둔갑시켰다는 마녀)는 그에게 그를 유혹하려는 요정들의 노랫소리에 걸려들지 않도록 조심하라는 경고를 했다. 배가 섬 가까이 이르자 오디세우스는 선원들에게 요정들이 부르는 노랫소리에 유혹되지 않도록 밀랍으로 귀를 막도록 지시했다. 그러나 호기심이 생긴 오디세우스 자신은 요정들의 아름다운 목소리를 듣고 싶었다. 그는 선원들에게 자신을 돛대에 밧줄로 묶게 하고 요정들의 섬에서 충분히 멀어지게 될 때까지 자신이 아무리 강하게 요구한다고 할지라도 절대로 풀어 주어서는 안 된다는 지시를 했다.

키르케의 말은 정말이었다. 그리고 오디세우스는 현명했다. 그 노랫소리는 너무나 매혹적이어서 그를 묶고 있던 밧줄을 풀 수 있었더라면 그는 분명히 목숨을 잃었을 것이다.

그리스 신화에 나오는 이 이야기는 정욕에 이끌려 위험한 해변가를 떠나지 못하고 어슬렁거리는 사람들에게 경고와 같은 역할을 한다. 그리고 잠언서에 묘사된 그 요정들과 같은 "이방 계집"에 대한 경고는 하나님께서 의도하신 대로 성관계를 경험하고 싶어 하는 사람들을 훈계하기 위한 것이다.

이스라엘의 솔로몬 왕이 쓴 잠언서는 아들에게 악한 여자와 그럴듯한 말로 유혹하는 여자를 멀리할 것을 권고하는 지혜와 훈계의 책이다 잠 1:1-2, 6:24.

키르케가 오디세우스에게 경고했듯이 솔로몬은 자신의 아들에게 경고했다. 그러나 솔로몬이 제시한 지혜는 하나님의 지혜로서, 신화가 아닌 진리이다. 그것은 하늘 보좌로부터 나온 조언이다.

잠언서 6:20-29에 기록된 아들을 사랑하는 아버지의 말을 귀담아 들어보라. 여기에는 모든 세대를 위해 기록된, 시대를 초월한 지혜가 들어 있다. 잠언을 읽으면서 "훈계", "명령", "법" 등의 계명을 뜻하는 말에 이렇게 표시하라.

잠언 6장

20 내 아들아 네 아비의 명령을 지키며 네 어미의 법을 떠나지 말고

21 그것을 항상 네 마음에 새기며 네 목에 매라

22 그것이 네가 다닐 때에 너를 인도하며 네가 잘 때에 너를 보호하며 네가 깰 때에 너와 더불어 말하리니

23 대저 명령은 등불이요 법은 빛이요 훈계의 책망은 곧 생명의 길이라

24 이것이 너를 지켜 악한 여인에게, 이방 여인의 혀로 호리는 말에 빠지지 않게 하리라

여기서 잠깐 멈추어 표시한 부분들을 살펴보라. 표시한 부분들이 어디에 나오고, 그 내용은 무엇이며, 어떻게 해야 하며, 그 내용에 순종할 때 어떤 약속을 받을 수 있는지를 적어 보라.

아버지와 어머니의 명령과 법은 아무 목적 없이 아들에게 그냥 던져진 하찮은 것들이 아니다. 그것들은 잘 준수하기만 하면 무지와 어리석음이라는 숨어 있는 암초에 걸려 생명을 잃게 되는 위험에 빠지지 않게 될 것이다.

왕의 아들은 계속해서 이 훈계들을 마음에 새기고 목에 걸고 다니라는 권고를 받고 있다. 이 진리들은 그에게 방향을 제시해 주고 그를 가르치며, 무지로 인한 결과로부터 그를 온전히 보호해 줄 것이다. 그가 듣고 순종하면 멸망의 근원이 되는 요정들의 노랫소리처럼 강렬한 욕망이라는 유혹의 덫에 걸려들지 않게 될 것이다. 아버지는 젊은이가 보고 그의 마음속에 상상하고, 만지고, 맛보고, 느끼고 알 수 있는 것들을 피할 수 없다는 사실을 잘 알고 있다. 그렇기 때문에 아들이 그런 유혹을 따라가다 결국 자신을 망치게 되는 일이 없도록 보호해 주고 싶어 한다.

지혜로운 아버지는 계속해서 이렇게 말하고 있다.

> 25 네 마음에 그의 아름다움을 탐하지 말며 그 눈꺼풀에 홀리지 말라
> 26 음녀로 말미암아 사람이 한 조각 떡만 남게 됨이며 음란한 여인은 귀한 생명을 사냥함이니라

음녀! 간부! 이 여자는 남자를 찾아 나선다. 남자를 유혹하여 자기 뭍으로 끌어들이고 올가미를 씌우고 자신의 먹이로 삼아 통째로 집어삼킨다.

그녀는 남자를 기품 있게 하는 모든 것을 망가뜨린다.
한때 모든 사람의 본이 되고
아들들이 따르고 싶어 하고
딸들이 그 도덕적인 성품을 보고 즐거워하고
그 정직함 속에서 안전하게 거할 수 있었던
남자다운, 남자가 되게 하는 성품을 망가뜨린다.
요정은 그의 정직을 버리고 타협하게 만들어서
그의 위엄을 몰락시키고
그의 가치를 한 조각의 빵에 불과한 것으로 전락하게 만든다.

음녀는 신화에 나오는 여자가 아니다. 애석하게도 음녀는 매일 수많은 남자를 유혹해 멸망의 길로 가게 만들고 있다.

캐나다에서 프리셉트 교재로 공부하는 그룹을 인도하는 한 부부가 그들의 17살 된 아들의 이야기를 들려주었다. 그 아들은 친구들과 함께 미국의 디즈니 월드와 비슷한 캐나다의 원더랜드에서 하루를 보냈다. 그들이 줄을 서서 기다리고 있는 동안 16살 된 한 소녀가 그들의 대화 속에 끼어들었다. 그러고는 하루 동안 그들과 함께 다녔다. 그저 가벼운 대화를 통해 그녀는 젊은 남자아이의 이름과 그가 살고 있는 도시가 어디인지를 알게 되었다.

그리고 그다음 주 토요일, 그녀는 그의 집 대문을 두들겼다. 그녀는 초대도 받지 않았고 오겠다는 연락도 하지 않은 채 남자아이와 하루를 같이 보내기 위해 50마일이나 되는 거리를 버스를 타고 온 것이었다. 그녀를 보고 온 가족이 모두 놀랐다. 그중에서도 특히 그들의 아들이 가장 놀랐다.

문 앞에 서 있던 그녀는 잠언에서 말하는 음녀와 같이 배꼽이 나오고 가슴이 깊이 파인 상의와 몸에 딱 달라붙는 청바지 차림을 하고 있었다. 그녀에게 친절을 베풀고 싶었고 또 그냥 돌려보낼 수 없었던 그의 가족들은 하루 종일 그녀와 함께 어색한 시간을 보낸 후에 버스를 태워 돌려보냈다.

일주일 후, 그 가족은 예상치 않았던 방문객인 그녀가 아들에게 보낸 편지를 받게 되었다. 이 이야기를 하면서 그 어머니는 "케이, 그 편지 봉투 안에는 콘돔 같은 것이 들어 있는 것 같았어요"라고 말했다. 그녀는 기도하면서 아들에게 무슨 말을 어떻게 해야 할지를 생각했다. 아들이 집에 돌아왔을 때, 그녀는 그 편지를 건네주면서 그 여자 아이가 어떤 생각을 하고 있는지를 경고해 주었다. 어머니의 짐작이 옳았다. 편지 봉투를 열자 여러 가지 색으로 된 콘돔과 함께 그녀의 다음 방문을 위해 준비한 것이라는 쪽지가 들어 있었다. 아들은 당황하여 어쩔 줄 몰라 했다. 그때까지 그녀의 아들은 콘돔을 그렇게 가까이에서 본 적이 한 번도 없었다.

이런 이야기를 읽으면서 흔히 있을 수 있는 일이라고 생각하는 사람들도 있을 것이다. 이런 일은 정말 얼마나 자주 일어나고 있는가? 얼마나 많은 여자가 이렇게 사냥을 하고 돌아다니고 있는 것인가? 그런데 이 일들은 우리가 상상하는 것보다 훨씬 더 자주 일어나고 있다. 관심만 가지면 쉽게 성관계를 가질 수 있다고 생각하는 남자들이 많이 있다. 배회하며 돌아다니는 여자들이 남자들에게 쪽지를 남기고, 불쑥 나타나고, 사무실이나 집으로 찾아가기 때문이다. 사교 모임에서는 남자가 원하기만 하면 "내가 사는 집으로 갈까, 아니면 네가 사는 곳으로 갈까?"라는 질문으로 모든 것이 해결될 수 있다는 뜻을 전하며, 여자들이 실제로 남자들의 품 안으로 마구 뛰어들고 있다.

27 사람이 불을 품에 품고서야 어찌 그의 옷이 타지 아니하겠으며
28 사람이 숯불을 밟고서야 어찌 그의 발이 데지 아니하겠느냐

그렇다. 그의 옷은 불에 타고 그는 화상을 입을 것이고, 그에게는 상처가 남겨지게 될 것이다. 그리고 무감각해지고 무정해질 것이다.

29 남의 아내와 통간하는 자도 이와 같을 것이라 그를 만지는 자마다 벌을 면하지 못하리라

순종에 따르는 위험과 보상

하나님의 눈이 인간의 마음을 감찰하고 있다.

당신은 어쩔 수 없었다고 말할지도 모르겠다. 요정들의 노랫소리를 듣고 거부할 수 없었고 그래서 굴복하고 말았을 수도 있다. 그리고 당신을 만드신 분을 향해 "누가 거부할 수 있겠어요? 너무 힘든 일이잖아요. 이 일로 저를 벌하실 수는 없으실 거예요. 절 성적인 존재로 만드셨잖아요. 하나님께서 이렇게 만드신 거잖아요. 그러니까 당연한 일이지요. 제게 벌을 내리지 않고 넘어가 주실 거라고 생각해요"라고

논쟁하고 있을지도 모르겠다.

이런 식으로 생각하고 있다면 하나님께서 성경의 첫 번째 책에서 우리에게 요셉을 본보기로 보여 주셨다는 사실을 기억하라. 요셉은 그에게 함께 자자고 매일 졸라대는 주인의 아내를 거절했다.

요셉은 상당히 고통스러운 삶을 살고 있었다. 그는 형들의 미움을 받아 노예로 팔려 바로 왕의 신하인 보디발의 집에서 종살이를 하고 있었다. 하나님께서는 그의 형들이 그에게 절을 하게 될 것이라고 말씀해 주셨지만 그런 일은 아직 일어나지 않은 상태였다. 하나님의 말씀은 전혀 이루어지지 않은 상태였다! 요셉은 부모와 형제들과 고향과 그의 하나님을 섬기는 사람들로부터 멀리 떨어져 있었다. 그런데 약간의 쾌락을 누릴 수 있는 기회를 왜 마다해야 했던 것인가? 요셉은 젊고 건장한 청년이었다! 종이었던 그에게 결혼을 할 수 있으리라는 희망은 거의 없었다. 분명 하나님은 이해해 주실 수 있으셨을 것이다. 이해하실 수 없다고 해도 요셉이 상관할 이유가 무엇인가? 처음부터 그런 일이 그에게 일어나지 않도록 하나님께서 그를 보호해 주셨어야 하는 것이 아닌가 말이다.

이렇듯 종종 우리도 유혹에 대한 우리의 반응을 합리화하려고 하지는 않는가? 나의 필요, 나의 욕구, 나의 욕망 등을 주장하면서 스스로를 정당화하려고 하지 않는가?

이제, 요셉은 어떻게 했는지 살펴보기로 하자.

창세기 39:7-9

7 그 후에 그의 주인의 아내가 요셉에게 눈짓하다가 동침하기를

청하니
8 요셉이 거절하며 자기 주인의 아내에게 이르되 내 주인이 집안
의 모든 소유를 간섭하지 아니하고 다 내 손에 위탁하였으니
9 이 집에는 나보다 큰 이가 없으며 주인이 아무것도 내게 금하
지 아니하였어도 금한 것은 당신뿐이니 당신은 그의 아내임이
라 그런즉 내가 어찌 이 큰 악을 행하여 하나님께 죄를 지으리
이까

요셉이 어떻게 반응했는지를 보았는가? 눈에 잘 띄도록 밑줄을 그어 보라. "내가 어찌 이 큰 악을 행하여 하나님께 죄를 지으리이까?" 하나님의 의도에서 벗어난 성관계를 요구하는 사람에게 해 줄 수 있는 매우 놀랍고도 분명한 대답이다. 이 대답은 하나님과 하나님께서 허락해 주신 구원에 관한 진리를 이야기할 수 있는 놀라운 기회가 될 수도 있다.

구원은 사람들에게 발각되어 수치를 당하거나 성병에 걸리거나 임신을 하게 되는 것이 두려워서가 아니라 하나님을 거역하는 죄이기 때문에 거절할 수 있는 힘을 가지게 해 준다.

구원은 거절 때문에 분노나 원한을 사게 되는 일이 있다고 할지라도 우리의 확신을 신실하게 지킬 수 있는 힘을 가지게 해 준다.

죄를 거절하는 것이 언제나 쉬운 일만은 아니다. 같이 자자고 보채는 보디발의 아내의 요청을 거절하는 일에는 상당한 위험이 따르고 있었다. 그녀는 그의 거절을 받아들이려고 하지 않았다. 매일 찾아와 같은 요구를 계속했다. 그리고 요셉은 매일 거절했다. 요셉은 그녀의 끈

질긴 요청에 굴하지 않았다. 그녀가 집에 요셉을 혼자 가두어 놓고 허리춤을 잡아채며 같이 자자고 했을 때에도 요셉은 옷을 버려 두고 도망을 쳤다.

요셉은 하나님께서 우리에게 말씀하신 대로 달아났다. 그는 결코 약해지거나 타협하지 않았다. 혼외정사를 벌이면서 하나님을 거역하는 죄를 짓고 그 불순종의 대가를 지불해야 하는 고통을 감수하는 일은 하지 않기로 결심했다. 보디발의 아내는 자신의 요청을 거절하고 도망친 요셉에게 크게 앙심을 품었다. 그 때문에 요셉은 결국 감옥에 가게 되었다. 그녀는 요셉이 자신을 겁탈하려고 했다는 누명을 씌웠다. 물론 보디발은 잠언에서 말하고 있는 일반적인 남편들과 똑같은 반응을 보였다.

> 도둑이 만일 주릴 때에 배를 채우려고 도둑질하면 사람이 그를 멸시하지는 아니하려니와 들키면 칠 배를 갚아야 하리니 심지어 자기 집에 있는 것을 다 내주게 되리라 여인과 간음하는 자는 무지한 자라 이것을 행하는 자는 자기의 영혼을 망하게 하며 상함과 능욕을 받고 부끄러움을 씻을 수 없게 되나니 남편이 투기로 분노하여 원수 갚는 날에 용서하지 아니하고 어떤 보상도 받지 아니하며 많은 선물을 줄지라도 듣지 아니하리라잠 6:30-35.

보디발은 노발대발하였다. 성경은 "그의 주인이 자기 아내가 자기에게 이르기를 당신의 종이 내게 이같이 행하였다 하는 말을 듣고 심히 노한지라 이에 요셉의 주인이 그를 잡아 옥에 가두니 그 옥은 왕의 죄수를 가두는 곳이었더라 요셉이 옥에 갇혔으나"창 39:19-20라고 말씀하고 있다.

이것은 불공평해 보인다. 전지전능하신 하나님께서 요셉의 덕행을 보상해 주셨어야 공평한 것이 아닌가? 그런데 왜 하나님께서는 그토록 잔인한 대우를 받게 하시는 것인가? 당신은 그런 대가를 지불하면서까지 도덕적인 삶을 살고 옳은 일을 해야 하는 것인가라는 생각을 하고 있을지도 모르겠다. 그러나 안심하라. 순종에는 엄청난 배당이 따른다. 하나님께서는 선행과 덕행을 하나님의 시간에 하나님께서 정하신 방법으로 언제나 보상해 주신다.

요셉은 적어도 2년 이상 감옥에 있었지만 결국 전능하신 하나님께서 하나님의 종 요셉을 감옥에서 왕궁으로 보내시고 바로 왕을 위해 온 애굽을 다스리는 자리에 앉게 하셨다. 요셉보다 더 높은 자리에 오른 사람은 없었다. 그리고 결국 하나님께서 꿈속에서 약속하셨던 대로 그의 형들도 그를 찾아와 그의 앞에 절을 했다.

성범죄가 남긴 상처들

그런데 앞에서 인용한 잠언 6장 구절을 자세하게 살펴보았는가? 33절을 다시 보라.

> 상함과 능욕을 받고 부끄러움을 씻을 수 없게 되나니잠 6:33.

이 구절에서 "상함"이라고 번역된 히브리어는 '발작, 역병, 질병'

등을 뜻하는 '네가'nega라는 단어이다.

네가는 나가naga라는 어근에서 파생된 말로서, 나가는 기본적으로 '만지다' 또는 '어떤 것(또는 사람)이 다른 것과 접촉하다'라는 뜻을 가진 단어이다.

성병이란 무엇인가? 그것은 성행위라는 행동을 통해 육체적으로 전달되는 질병이다. 하나님께서는 고린도전서 6:18에서 요셉이 그랬던 것처럼 "음행을 피하라"고 말씀하셨다. 그리고 계속해서 "사람이 범하는 죄마다 몸 밖에 있거니와 음행하는 자는 자기 몸에 죄를 범하느니라"고 경고하셨다.

로마서 1:27 역시 경고처럼 들린다. 동성애를 포함한 수치스러운 정욕을 좇아가는 사람들을 하나님께서는 버려 두셨다고 설명하면서 "남자가 남자와 더불어 부끄러운 일을 행하여 그들의 그릇됨에 상당한 보응을 그들 자신이 받았느니라"고 말하고 있다.

다음은 다양한 성병과 그 영향에 대한 설명들이다. 이 부분을 그저 지나쳐 넘어가고 싶지 않을 것이다. 잘 읽어 보고 이 질병들이 남긴 '상처'들을 주의해서 살펴보라. 그리고 혼외정사가 정말 할 만한 가치가 있는 일인지에 대해서도 잘 생각해 보라. 이 부분은 "모든 사람은 결혼을 귀히 여기고 침소를 더럽히지 않게 하라 음행하는 자들과 간음하는 자들을 하나님이 심판하시리라"고 하신 히브리서 13:4의 말씀을 상기시켜 주는 내용이 될 수 있을 것이다.

* 클라미디아와 임질은 남녀 모두에게 불임을 초래할 수 있다.
* 매독은 심장질환, 시력 상실, 두뇌 장애, 치매, 죽음 등을 불러

올 수 있다.

* 음부 포진은 치료가 불가능한 발진으로 평생 동안 약물 치료를 해야 한다. 원래 허리 아래쪽에서만 발견되던 포진 단순 2종 바이러스 발진이 지금은 허리 위쪽에서 발견되고 있다. 원래 허리 위쪽에서는 1종 바이러스만 발견되어 왔다. 이런 2종 발진은 부분적으로는 입과 생식기의 접촉을 통해 일어난다. 포진 단순 각막염은 입과 생식기의 접촉을 통해서 생긴다.

  많은 청소년이 구강성교oral sex와 이 질병과의 관계를 생각할 수 있겠는가? 조심하라. 이 병은 미국에서 외상에 이어 시력 상실을 일으키는 가장 일반적인 원인이 되고 있는 포진 단순 각막염을 일으키고 있다. 그리고 이 병은 성인들에게 생기는 질병일 뿐 아니라 생식기를 타고 양막이 있는 액낭으로 이동해 감염을 일으키기 때문에 신생아에게 전염될 수도 있다. 쉽게 말해서 임신한 여성의 양수가 터질 때 그녀에게 감염되어 있던 바이러스가 아기에게 전염될 수도 있다는 말이다.

* 유두종 바이러스HPV는 남자의 음경과 항문에 암을 유발시킬 수 있다. 여자는 제거하기 힘든 조기 악성 갱년기 현상으로 인해 고통을 당할 수 있다.

* B형 간염은 간에 심각한 타격을 주어 결국 간암과 간경화를 일으킬 수 있다.

* 골반 염증은 여자들에게만 일어나는 병으로서 자궁외임신과 불임을 불러올 수 있다.

* 인체 면역 결핍 바이러스HIV는 질과 외음부와 음경과 직장 등을

통해 또는 감염된 사람과 성관계를 하는 동안 입을 통해 몸속으로 들어가게 된다. '무방비 상태의 성관계'를 통해 그런 일이 일어날 수 있다는 조건을 달지 않았기 때문에 내게 화를 낼 사람들이 있을지도 모르겠다. 그러나 사실 콘돔은 그리 안전한 것이 아니다. 산부인과 의사이며 오클라호마 전 공화당 국회의원이었던 톰 코번Tom Coburn 박사는 조지 부시 대통령의 요청으로 에이즈에 관한 대통령 자문 위원단의 공동 의장을 맡아왔다. 뉴스위크지와 인터뷰하면서 그는 이렇게 말했다. "나는 환자들에게 콘돔만 사용한다면 에이즈 환자와 성관계를 가져도 된다고 절대로 말하지 않는다. 왜냐하면 나는 통계 자료를 알고 있기 때문이다. 콘돔은 찢어지거나 빠질 수 있다. 콘돔에 대해 잘 모른 채 그저 안전하다고 오해하고 있는 경우가 많다…. 나는 에이즈를 막을 수 있는 길은 일부일처제라고 믿고 있다. 이 점에서 나를 비현실적이라고 생각하는 사람들이 있다. 그러나 나는 일부일처제주의자이고, 수백만의 사람이 일부일처제로 살아가고 있다."

이미 성병을 앓고 있는 사람이 에이즈에 감염된 사람과 성관계를 가지게 되면 더 쉽게 에이즈에 감염될 수 있다.

에이즈 바이러스는 감염된 혈액이나 주삿바늘을 통해서도 전염될 수 있다. 또 임신과 출산과 모유 등의 과정을 통해 아기에게 전염될 수도 있다.

* 에이즈AIDS는 인체 면역 결핍 바이러스가 일으키는 질병으로 체내 면역력을 떨어뜨려 결국 죽음을 피하는 것이 거의 불가능하게 만든다.

미국에서 일반적인 감기와 독감 다음으로 가장 흔한 전염병이 성병이라는 사실을 알고 있는가? 매일 약 3만 3천 명에 달하는 미국인들이 이런 성병들 중 적어도 하나에 감염되고 있다. 이런 현상을 볼 때 우리 사회와 우리의 도덕 의식에 대해 무슨 말을 할 수 있겠는가?

전 미 군의관 장교였던 에버렛 쿱C. Everett Koop 박사는 "어떤 사람과 성관계를 가진다는 것은 그 사람과 지난 10년 동안 성관계를 가졌던 모든 사람과 또 그 사람들이 지난 10년 동안 성관계를 가졌던 모든 사람과 성관계를 가지는 것과 같다"라고 말했다.

잠언은 "어리석은 자가 되지 말라"고 말씀하고 있다. 지혜의 말에 귀를 기울이고 지혜를 가지라.

> 지혜를 얻은 자와 명철을 얻은 자는 복이 있나니 이는 지혜를 얻는 것이 은을 얻는 것보다 낫고 그 이익이 정금보다 나음이니라 지혜는 진주보다 귀하니 네가 사모하는 모든 것으로도 이에 비교할 수 없도다 그의 오른손에는 장수가 있고 그의 왼손에는 부귀가 있나니 그 길은 즐거운 길이요 그의 지름길은 다 평강이니라 지혜는 그 얻은 자에게 생명 나무라 지혜를 가진 자는 복되도다잠 3:13-18.

간음은 사람을 망치고 가정을 파괴하고 나라를 타락하게 만든다. 그런 길로 가지 말라. 편리한 대로 행로를 바꾸지 말라. 대신 하늘에서 내리는 조용한 빗소리에 귀를 기울이고 고개를 들어 하늘에서 내리는 하나님의 말씀이 당신의 눈과 입 위로 떨어져 내리도록 하라. 그 달콤한 맛을 보라. 하나님의 말씀으로 옷을 적시고 영혼을 씻어 내리게 하라. 하나님의 말씀은 사망이 아니라 생명을 가져다준다.

도살장으로 끌려가는 황소처럼

잠언으로 다시 돌아가 보면 하나님의 성령께서 솔로몬을 계속 자극하시면서 그의 아들을 하나님의 말씀이라는 돛대에 묶고 요정들의 노랫소리에 굴복하지 않도록 진리로 그를 무장시키라고 권고하시는 것을 볼 수 있다. 솔로몬은 "내가 간 길을 너도 가게 되는 일이 없도록 내가 보았고, 내게 일어난 일들을 말해 주겠다"라고 말한다.

잠언 7장을 소리내어 읽으면서 솔로몬이 본 '젊은이'를 가리키는 말에 (대명사와 동의어를 다 포함해서) 밑줄을 그어 보라. 이후 '남자를 유혹하는 여자'를 뜻하는 모든 단어를 찾아 동그라미 표시를 하라.

잠언 7장

1 내 아들아 내 말을 지키며 내 계명을 간직하라

2 내 계명을 지켜 살며 내 법을 네 눈동자처럼 지키라

3 이것을 네 손가락에 매며 이것을 네 마음판에 새기라

4 지혜에게 너는 내 누이라 하며 명철에게 너는 내 친족이라 하라

5 그리하면 이것이 너를 지켜서 음녀에게, 말로 호리는 이방 여인에게 빠지지 않게 하리라

6 내가 내 집 들창으로, 살창으로 내다 보다가

7 어리석은 자 중에, 젊은이 가운데에 한 지혜 없는 자를 보았노라

8 그가 거리를 지나 음녀의 골목 모퉁이로 가까이 하여 그의 집
쪽으로 가는데
9 저물 때, 황혼 때, 깊은 밤 흑암 중에라

이 남자를 보라. 그리고 지금까지 그에 대해 관찰한 내용들을 적어 보라.

분명히 보았을 것이다. 당신은 정욕을 떨쳐버리지 못하고 분별력 없이 유혹의 길에 들어서서, 분명한 파멸이 기다리고 있는 해변까지 가까이 다가가는 젊은이를 보았을 것이다. 그는 어둠 속을 걸으며 그 어둠이 어떤 것인지 알아본 다음 그 어둠에서 도망칠 수 있다고 생각하는 사람이다. 그는 속고 있을 뿐 아니라 남자의 취약성과 자신의 어리석음을 깨닫지 못하고 있다. "어둠이 나를 가려 줄 거야"라고 생각하며 하나님께서는 어둠 속에서도 보실 수 있다는 사실을 인식하지 못하고 있다. 밤도 대낮처럼 밝다. 하나님께 있어 어둠과 빛은 서로 비슷한 것이다시 139:11-12.

10 그 때에 기생의 옷을 입은 간교한 여인이 그를 맞으니

그녀는 간교하다. 그녀는 눈 속에 비친 정욕의 힘을 알고 있다. 그녀는 거울 앞에 서서 몸을 이리저리 돌리며 유혹적으로 자신을 드러내기 위해 서성대고 요정의 노래와 잘 어울릴 수 있는 옷을 골라 입고 있

다. 그녀는 남자들이 눈에 보이는 것에 의해 자극을 받는다는 사실을 잘 알고 있다.

다음 이야기는 『모든 남자의 참을 수 없는 유혹』Every Man's Battle의 공저자가 눈으로 보는 것이 얼마나 강력한 힘을 발휘할 수 있는지를 보여 주는 고백이다. 여자들도 자세히 읽어 보기 바란다. 이것은 지저분한 한 노인의 글이 아니다. 매일 스쳐 지나가는 사람들과 다를 바 없는 어느 한 사람의 경험이다.

> 내 두 눈은… 지평선을 수색하다가 목표물을 발견하면 자동으로 추격하는 굶주린 추적 미사일이다. 차에서 아이를 내리려고 몸을 구부린 젊은 아기 엄마, 부드러운 셔츠를 입은 연주자, 목덜미와 어깨를 드러내는 여름옷, 내 마음은… 원하는 곳으로 어디든지 달려간다. 이는 어린 시절 아버지의 침대 밑에 있던 플레이보이지를 본 후 가지게 된 습관이다. 아버지는 성관계를 주제로 한 농담과 연재 만화가 실린 성인 잡지도 정기 구독했다. 어머니와 이혼한 아버지는 '독신자 숙소'로 이사를 한 다음 거실에 커다란 벨벳 천으로 된 나체화를 걸어 놓았다. 그 그림은 일요일 오후 아버지를 찾아가 카드놀이를 하고 있는 우리를 내려다보고 있었다.
>
> 아버지는 내가 아버지의 집에서 해야 할 몇 가지 일들을 적어 주었다. 나는 아버지의 애인이라는 사람의 나체 사진을 우연히 보게 되었다.
>
> 성관계에 관한 그 모든 것들이 내 속 깊은 곳을 거세게 휘저으며 수년 동안 되찾을 수 없는 순결을 파괴했다.

결국 그 모든 것이 그를 '아무 때나 아무 여자하고나 성관계를 가지는' 곳으로 나아가게 만들었다.

그런 여자들은 어떤 여자들인가? 솔로몬이 그들을 잘 묘사했다.

11 이 여인은 떠들며 완악하며 그의 발이 집에 머물지 아니하여
12 어떤 때에는 거리, 어떤 때에는 광장 또 모퉁이마다 서서 사람을 기다리는 자라

그녀는 당신이 다니는 길을 알고 그 길모퉁이에 서서 당신을 기다린다. 당신은 우연히 그녀와 마주쳤다고 생각하겠지만 그녀는 치밀하게 짠 자신의 계획을 수행하고 있을 뿐이다. 당신이 가는 곳에 나타나 자극적인 몸짓으로 걸으며 서기도 하고 몸을 비틀기도 하고 돌기도 하면서 눈을 마주치고 미소를 짓는다.

13 그 여인이 그를 붙잡고 그에게 입맞추며 부끄러움을 모르는 얼굴로 그에게 말하되
14 내가 화목제를 드려 서원한 것을 오늘 갚았노라
15 이러므로 내가 너를 맞으려고 나와 네 얼굴을 찾다가 너를 만났도다
16 내 침상에는 요와 애굽의 무늬 있는 이불을 폈고
17 몰약과 침향과 계피를 뿌렸노라
18 오라 우리가 아침까지 흡족하게 서로 사랑하며 사랑함으로 희락하자

그녀는 손을 당신의 어깨 위에 올려 가슴 쪽으로 쓸어내리며 부드러운 말로 유혹한다. 당신의 상상력은 흥분하여 제멋대로 달리고 열정이 끓어오른다. "딱 하룻밤만"이라고 그녀는 약속한다. 어둠 속에서 단둘이서 사랑하며 밤을 보내자고.

19 남편은 집을 떠나 먼 길을 갔는데
20 은 주머니를 가졌은즉 보름 날에나 집에 돌아오리라 하여

아무도 모를 것이다. 남편은 멀리 갔고 당신은 안전하다. 그녀의 말은 부드럽고 매혹적이고 최고의 밤이 될 것을 약속하며 당신을 부르고 유혹하고 매혹시키며 계속 이어진다.

21 여러 가지 고운 말로 유혹하며 입술의 호리는 말로 꾀므로

"어때! 아무도 모를 텐데."

그녀를 인터넷에서 만난다면 아무도 모를 것이다. 호텔방에 있는 TV 스크린에서 만난다면 아무도 모를 것이다. 육체적인 접촉도 없을 것이다. 그저 머릿속으로만 그녀를 만지면 아무도 모를 것이다. 당신과 아버지 하나님과 성령 하나님과 아들 하나님 외에는 아무도 모를 것이다.

22 젊은이가 곧 그를 따랐으니 소가 도수장으로 가는 것 같고 미
련한 자가 벌을 받으려고 쇠사슬에 매이러 가는 것과 같도다

그는 곧 파멸하게 되리라는 사실을 모르고 있다. 그는 숨어 있는 암초를 보지 못하고 그저 노랫소리만 들을 뿐이다. 그리스 신화에 나오는 요정들처럼 그녀는 자신이 원하는 자기 쾌락의 해변가로 그를 유혹하고 있다.

23 필경은 화살이 그 간을 뚫게 되리라 새가 빨리 그물로 들어가되 그의 생명을 잃어버릴 줄을 알지 못함과 같으니라

이메일로 시작하여 인터넷 포르노로 이어지고 그리고 대화방으로 가게 된다. 그때까지는 아무도 모른다. 그리고 만나자는 초대를 받게 된다. 처음에는 거절하지만 다시 초대를 받게 된다. 그래서 그는 그녀를 만나러 나가고 결국 불결해진 듯한 느낌을 받게 된다. 이제는 그녀가 알고 있다. 그러나 다시는 그녀를 만나지 않을 것이다. 그럼 비밀을 지킬 수 있을 것이다.

그런데 다른 여자의 초대를 다시 받게 된다. 그는 나가서 정사를 벌이고 결국에는 결혼 생활이 깨어지게 된다. 아내를 잃는다. 그러나 아이들까지 잃은 것은 아니다. 아이들은 여전히 그의 일부이다. 그것은 아이들이 자라는 동안 아이들에게 그가 해 줄 수 있는 최소한의 말이다.

다시 또 다른 이메일이 왔다. 이번에는 19살 된 자기 딸에게서 온 것이있다.

아빠, 아빠가 하는 말은 하나도 믿을 수가 없어요. 아빠는 저를 사

랑한다고 말하고는 고의적으로 저와 우리 가족에게 상처를 주었어요. 저를 위해 죽을 수도 있다고 말했지만 절 위해 살려고 하지는 않았어요. 저를 그리워한다고 말했지만 저를 떠났고 저를 버린 사람은 아빠였어요. 특히 아빠가 하는 말은 값싼 코미디에 불과하다는 사실을 알게 되었어요.

나에게 올바른 삶을 진실하게 살아야 한다고 가르쳤던 아빠가 그 모든 것과는 상반되는 거짓된 삶을 살다니, 아빠에게 정말 화가 나요. 한 사람의 남자이며 남편이며 아버지인 아빠를 경멸해요. 아빠는 자기 자녀를 사랑하기 위해서조차도 아무것도 희생할 수 없는 겁쟁이예요. 욕망을 채우기 위해 자신의 삶을 내던진 아빠가 진심으로 불쌍해요. 아빠는 이 세상에서 남자가 가질 수 있는 모든 것을, 사랑하는 가정과 귀여운 두 아이와 좋은 직장과 사람들의 존경과 아버지가 원하는 모든 것을 소유할 수 있는 재산을 다 가지고 있었어요. 그런데도 마음이 공허했어요. 그 공허감을 그리스도로 채우는 대신 아빠는 죄로 채우려고 했어요. 아빠는 속임수라는 구름 속에 갇혀 있어요. 어느 날 아빠가 뒤를 돌아다보며 허망한 것을 위해 모든 것을 다 잃었다는 사실을 알게 되리라는 사실을 난 알고 있어요. 그래서 더 가슴이 아파요. 하나님께서 하나님의 때에 아빠의 죄를 다루실 것이라는 사실과 그 형벌이 이 세상에서 아빠가 겪은 그 어떤 슬픔보다 더 고통스러울 것이라는 사실을 알기 때문에 저는 아빠를 보며 두려움을 느껴요. 아빠는 주님을 경외하지 않는 위험한 자리에 서 있어요.

아빠가 달라지지 않는 한 저도 이제는 아빠를 인정할 수 없어요. 아빠를 밀어내는 것이 고통스러운 일이긴 하지만 제가 회복되기 위해서는 그렇게 할 수밖에 없다고 생각해요. 오빠와 저는 아빠가 말하듯이 그렇게 아빠의 인생에 꼭 필요한 존재라고는 믿어지지 않아요. 아빠는 부모에게는 자녀의 사랑 외에 더 바랄 것이 없다는 것을 우리에게 확신시켜 주려고 했어요. 그런데 그 말이 처음부터 거짓이었던 것이 아니었다면 아빠의 마음이 달라진 것이 분명해요. 아빠는 우리를 다른 사람들과 바꾸면서도 아무렇지 않은 것처럼 보였어요. 아빠가 아무리 여러 번 나를 사랑한다고 말해도 행동이 따르지 않는 말은 믿을 수 없어요.

아빠에게 실망하고 화도 많이 나지만 아빠를 위해 계속해서 기도할 거예요. 하나님께서 아빠의 마음을 녹여 주시도록 기도할 거예요. 아빠가 하나님과 바른 관계를 맺게 될 때까지는 진정한 평안이나 만족을 찾을 수 없도록 기도할 거예요. 어느 날 우리가 이 세상을 떠나기 전에 아빠가 마음을 바꾸고 생활 방식도 바꾸게 되길 그래서 우리 가족 관계도 새로워질 수 있게 되길 기도할 거예요. 때가 되면 하나님께서 아빠를 용서할 수 있는 은혜를 제게 베풀어 주시길 기도할 거예요.

그때까지 저는 다시 주님을 나의 아버지로 믿고 신뢰하는 것을 배울 거예요. 하나님께서 절대로 저를 버리지도 속이지도 상하게 하지도 않는 아버지가 되어 주신 것에 감사드리고 있어요. 산다는 것이 때로는 힘들기도 할 거예요. 하지만 하나님께서 엄마와 오빠와 나에게 필요한 모든 것을 공급해 주실 것이라는 확신이 있어요. 매일 조금씩 나아지고 조금씩 덜 고통스러워질 것이라고 믿어요[Robert E.

Reccord, *Beneath the Surface*(Nashville: Broadman & Holman, 2002), 73-5].

당신은 어떠한가? 항로를 바꾸어 손짓하며 기다리는 여자가 보이는 해변가를 향해 나아가려고 하고 있는가? 그렇게 하지 말라. 귀를 밀납으로 봉하고 마음속에서 들려오는 작고 세미한 음성에 귀를 기울여라. 주의하여 잘 들으면 하나님을 경외하는 마음이 당신의 항로를 지켜 줄 것이다.

잠언 7장에 있는 솔로몬의 말로 다시 돌아가 보자.

24 이제 아들들아 내 말을 듣고 내 입의 말에 주의하라
25 네 마음이 음녀의 길로 치우치지 말며 그 길에 미혹되지 말지어다
26 대저 그가 많은 사람을 상하여 엎드러지게 하였나니 그에게 죽은 자가 허다하니라
27 그의 집은 스올의 길이라 사망의 방으로 내려가느니라

밥 레코드Bob Reccord는 그가 쓴 『내면은』Beneath the Surface이라는 책에서 목사였던 자신이 호텔방에 혼자 있을 때 부드럽게 들려왔던 요정들의 노래에 관한 이야기를 했다.

TV를 틀고 채널을 이리저리 돌리기 시작했다. 특정한 채널들은 위험하다는 것을 알고 있었기 때문에 피하는 편이었다. 그런데 우연히

HBO를 보게 되었다. 무슨 프로그램인지를 알게 되기까지 몇 분 정도 걸렸다. 갑자기 수많은 사람이 시청하는 주요 방송국에서 진행하는 이국적인 무용수들에 관한 특별프로그램이 아무것도 거르지 않은 채 다 방영되고 있다는 사실을 알게 되었다.

순간 내 마음은 채널을 돌리라고 말했다. 당장! 그러나 또 다른 목소리가 "잠깐 그냥 둬 봐. 좋아하게 될 걸… 그리고 점점 더 나아질 거야!"라고 말했다.

요셉처럼(창 39장에 나오는) 나는 나만 내릴 수 있는 결정 앞에 서게 되었다. 다행히 오래전에 나는 그런 상황이 벌어질 때 어떤 선택을 할 것인지를 결정해 두었다. 그래서 얼른 채널을 돌렸다. 그러나 잠깐 동안 유혹을 받았던 것은 사실이다.

어쩔 수 없다고 말한다면, 정욕의 불길에 휩싸여 버터처럼 녹아 내린다면, 유혹을 멀리하라고 부르시는 하나님의 음성을 들은 적이 없다면, 당신은 하나님의 자녀가 아닐 수도 있지 않겠는가?

하나님은 "불의한 자가 하나님의 나라를 유업으로 받지 못할 줄을 알지 못하느냐 미혹을 받지 말라 음행하는 자나 우상 숭배하는 자나 간음하는 자나 탐색하는 자나 남색하는 자나 도적이나 탐욕을 부리는 자나 술 취하는 자나 모욕하는 자나 속여 빼앗는 자들은 하나님의 나라를 유업으로 받지 못하리라"고전 6:9-10고 말씀하신다.

당신이 이런 사람이라면 그리고 이런 삶을 계속 살고 있다면 당신은 길을 잃고 헤매고 있는 것이다. 결국 스스로 파멸하게 될 것이다. 그러나 벗어나고 싶다면, 달라지고 싶다면 하나님께서 그렇게 해 주실 것이다. 하나님께서 당신 안에 거처를 마련하시고 하나님의 아들과 성령님을 그곳에 거하게 하실 것이다. 당신은 하나님께서 당신의 삶 속에 개입하시도록 간청하기만 하면 된다. 그러면 하나님께서는 죄를 향해 "아니오!"라고 말할 수 있는 힘과 지혜를 주시고, 하나님의 능력을 힘입어 돌아설 수 있도록 해 주실 것이다.

이상한 여자와 우둔한 남자

앞으로 더 나아가기 전에 잠언 말씀으로 돌아가 다시 한번 더 읽어 보라. 분명 남자들에게 한 말이긴 하지만 잠언 6장과 7장은 성경이 "이방 여인"이라고 부르고 있는 이상한 여자들과 그런 여자들에게 이끌려 가는 "우둔한 남자"라고 내가 이름 붙인 남자들에 관한 중요한 통찰력을 얻을 수 있도록 해 준다. 성경은 그런 남자들을 가리켜 어리석다고 묘사했다. 나는 그들을 우둔한 사람들이라고 부른다. 왜냐하면 그들은 자신들에게 어떤 일이 벌어지게 될지 전혀 모르고 있기 때문이다.

이번에는 "남자"를 언급하고 있는 단어에 표시하면서 배우게 된 것들을 적어 보라. 이 과정이 언젠가 큰 도움이 될 것이다. 당신이 남자라면 '우둔하게 행동하도록' 유혹을 받게 될 때 기억할 수 있도록 하나님의 성령께서 이 진리를 당신의 마음속에 심어 주실 것이다. 당신이 부모라면 이 공부가 아들들을 키우는 데 도움을 주고 아들들이 그들을 유혹하는 여자들과 마주치게 될 때 우둔하게 행동하지 않도록 가르치는 데 도움이 될 것이다.

이제 "이방 여인" 또는 "이상한 여자"에 대해 살펴보도록 하자. 잠언을 통해 그 여자에 관해 알게 된 것들을 모두 적어 보라.

이 진리를 잘 배우고 마음속에 심어 두라. 유혹이라는 폭풍우가 몰아칠 때 당신을 돛대에 단단히 묶어 줄 것이다. 또 남편이나 아들을 유혹하려고 달려오는 여자가 있을 때 지혜로운 항로를 선택할 수 있도록 도와줄 것이다. 남편을 멸망시키려는 여자로부터 남편을 구출한 지혜로운 아내들이 많이 있다. 남자들은 종종 유혹하는 여자들의 의도와 농간을 보지 못하지만 다른 여자들은 그것들을 쉽게 볼 수 있다. 지혜로운 남자는 아내의 경고에 귀를 기울이고 항로를 반대 방향으로 돌릴 것이다.

성관계가 펑크린과 같다는 것을 발견한 후, 어른들뿐 아니라 청소년들에게도 이 주제를 가르치던 남편과 나는 청소년기를 맞이한 우리 아들들이 16살이 되어 이상한 여자를 알아볼 수 있게 될 때까지는 데이트를 허락해 주지 않기로 동의했다. 그 이유는 남편과 나는 우리 집에 "우둔한 남자"가 있는 것을 원치 않았기 때문이다. 우리는 우리 아들들이 "이상한 여자"의 특성을 알고 있기를 바랐다.

잠언서를 보면 그런 여자는 말로 남자를 유혹하고 그녀의 손으로 그를 마음대로 움직일 수 있게 될 때까지 알랑거리며 그를 나약하게 만들어 놓는다. 그녀는 그를 침실로 이끌기 위해 그의 자만심을 부추긴다. 잠언 5:3-4은 "대저 음녀의 입술은 꿀을 떨어뜨리며 그의 입은 기름보다 미끄러우나 나중은 쑥 같이 쓰고 두 날 가진 칼 같이 날카

로우며"라고 말하고 있다.

그녀의 말은 매혹적이며 정욕을 불러일으킨다. 예의가 없다. 물론 우리 사회에서 예의가 사라진 지는 이미 오래되었다. 낭만은 사라진 예술이 되었고 예의는 이미 폐기되어 버린 사회적 풍습이 되었다. 개인적인 것은 아무것도 없다. 가장 깊은 사적인 부분까지 다 드러나 버렸다. 말에서도 정숙함이나 우아함이 사라져 오늘날 여자들의 말은 뻔뻔스럽고 무뚝뚝하다. 애석하게도 예레미야서에서 말하고 있듯이 우리는 더 이상 얼굴을 붉히며 부끄러워할 줄 모르는 사람들이 되어 버렸다. 아무것도 신성한 것이 없다. 심지어 하나님께서 신성하게 의도하신 성관계조차 그 신성함을 잃어버렸다.

나는 남자를 유혹하려는 여자들을 쉽게 알아볼 수 있다. 그녀의 눈을 보면 알 수 있다. 특히 남자들과 함께 있을 때의 눈을 보면 쉽게 알 수 있다. 여자의 눈은 그 영혼의 창이다. 남자를 유혹하려는 것이 장난에 불과하다고 생각하는 사람도 있을 것이다. 그렇게 생각하고 있다면 그는 하나님 앞에서 책임을 지게 될 것이다. "살아 계신 하나님의 손에 빠져 들어가는 것이 무서울진저"히 10:31라고 한 이 말을 기억하라.

앞에서 말했듯이 당신은 요정들의 소리를 들을 수 있다. 이상한 여자들은 기다리고 있다. 여자들이 그들의 의욕적인 공격으로 남자들의 남성다움을 서슴없이 약탈하고 있다. 그러나 남자들은 그녀들 앞에서 정복자가 되고 싶어 한다! 많은 남자의 마음속에는 여자를 약하게 보고 그녀를 보호해 주고 돌봐 주고 소중히 여기고 싶어 하는 타고난 고결함이 있다. 그런데 여자들이 살인적인 여권을 주장하면서 그 고결함을 거의 소멸시켜 놓고 있다. 이 이상한 여자는 속고 있다. 그녀는 자신이 성적인 매력을 지니고 있다고 생각하며 이 남자 저 남자를 유혹하면서 자신의 능력을 과시하고 자신의 여성스러움을 증명할 수 있다고 생각하고 있다.

이 여자는 가정적인 사람이 아니다. 그녀는 길거리를 배회하며 돌아다니기를 좋아한다. 그녀는 떠들썩하고 요란스럽고 사람들의 눈에 띄어야 직성이 풀린다! 그녀는 성관계에 대해서도 뻔뻔스럽게 이야기한다. 그녀의 목적은 남자와 함께 자는 것이다! 왜? 아마도 사랑을 갈망하면서 자신을 내어주면 사랑을 받을 수 있을 것이라고 생각하기 때문일 것이다. 아니면 자신을 미워하고 무가치하다고 생각하며 이용당하기를 기대하고 있기 때문일 수도 있을 것이다. 어린 시절에 성적으로 학대를 당한 고통스러운 경험 때문일 수도 있을 것이다. 술이나 마약이나 가난 때문에 그런 길로 들어서게 되었을지도 모른다. 수많은 이유가 있을 것이다. 그러나 그 어떤 이유도 정당하다고 할 수는 없다. 나는 그런 여성들을 보면 마음이 아프다. 그들을 품에 안고 사랑스러운 사람이라고 불러 주고 그녀가 하나님께 소중한 사람이라는 사실을 말해 주고 하나님께서 그녀를 위해 의도하신 것이 어떤 것인지를 알려 주고 싶다. 그리고 남자를 통해서 삶의 만족을 얻을 수 없다는 사실을 지적해 주고 싶다.

잠언 5:6은 이 같은 여자에 대해 생각하지 않는 여자라고 말씀한다. 그녀는 과거에 얽매인 채 현재를 살아가고 있다. "그는 생명의 평탄한 길을 찾지 못하며 자기 길이 든든하지 못하여도 그것을 깨닫지 못하느니라."

최근에 나는 어느 고등학교에서 14살에서 16살 사이의 어린 여학생들이 돈을 받고 자신들을 남자들에게 팔고 있다는 슬픈 소식을 듣게 됐다.

'나쁜 여자들'의 숫자가 적었을 때를 기억하는가? 그때는 이런 일을 매우 이상한 일로 여기며 말하기를 꺼리고 쉬쉬했다. 왜 여자들이 가던 길을 버리고 되돌아가는지 의아해 할 것이다. 나는 전통적인 가정이 깨어진 것이 가장 큰 이유라고 생각한다. 딸들을 진심으로 사랑하고 지혜롭게 훈계하고 든든하게 보호해 주는 도덕적인 아버지가 없을 때, 그들은 그 빈자리를 채워 주고 의지할 수 있는 누군가를 찾게 된다. 때로는 다른 여자가 될 수도 있고 또 때로는 다른 남자가 될 수도 있다. 그리고 그 남자를 절대로 놓치지 않기 위해 성관계를 가지게 된다면 그것은 사랑받고 싶은 기대를 채우기 위해 기꺼이 지불하는 대가이다.

마릴린 먼로는 이 같은 여자들의 가장 대표적인 한 예이다. 그녀는 36살에 자기 생명을 스스로 버렸고 자기 성을 팔아서까지 사고 싶어 했던 사랑을 결코 가질 수 없었다. 마릴린 먼로는 한 사람이었지만 그녀와 비슷한 비극적인 삶을 살아가는 여자들은 수없이 많이 있다. 그 중 32살인 한 여자가 그녀의 이야기를 다음과 같이 써서 보냈다. 그녀를 도나라고 부르기로 하자.

도나는 5살 때 아버지의 가장 친한 친구에게 성추행을 당했다. 그리고 그 일은 지속되었다.

그 당시는 잘 몰랐지만 지금은 무슨 일이 있었던 것인지 알고 있어요. 그리고 그 사람을 진짜 용서할 수가 없어요. 오빠가 밤에 내 침대로 들어와 구강성교를 했어요. 나는 무서웠고 구강성교가 어떤 것인지도 몰랐어요. 그때 나는 9살이 조금 넘은 나이였어요. 나는 오빠가 무서웠기 때문에 밀어낼 수가 없었어요. 그리고 15살이 됐을 때 한 남자를 사랑하고 있다고 생각하게 되었어요. 그 남자는 나를 사랑한다고 말했고 나는 그 말이 진짜라고 믿었어요. 그러나 그 사람은 저를 진정으로 사랑한 것이 아니라는 것을 알게 되었어요. 하지만 그때는 이미 너무 늦은 뒤였어요. 임신을 하게 되었고 가족들은 낙태를 하도록 강요했어요. 내 삶은 정말이지 엉망진창이었어요. 지금은 그리스도인이 되었지만 내 삶의 대부분은 혼잡하기만 했어요. 사랑받고 싶었기 때문에 내 자신이 침범당하는 것을 막지 않고 허용했었지요. 성관계가 사랑을 보여 주는 하나의 방법이라고 생각했었거든요.

그녀는 짧은 편지로 요약하기에는 너무나 고통스러운 삶을 살았다. 나는 그녀를 안아 주고 그녀와 이야기하며, 어느 날 그녀가 하늘에 있는 침실을 보게 될 때, 주 예수 그리스도를 마주 보게 될 때, 그 사랑의 깊이가 얼마나 심오한 것인지를 알 수 있게 도와주고 싶다. 그녀의 모든 눈물이 닦여지고 그녀에게 가해졌던 모든 잘못된 일이 해결될 것이다.

여자들이 적극적으로 성관계를 대하는 일이 점점 더 증가하는 또 다른 이유는 절대적인 도덕 가치를 인정하지 않는 성 혁명이라는 것 때문이다. 부도덕이 벽장 속에서 나와 매춘부처럼 야한 옷차림을 하고 정숙함과 적절한 수치심이 막을 내렸다는 신호를 보내며 '무제한'을 그 표어로 내걸었다! 플레이보이지는 성과 여성의 몸에 대하여 새로운 견해를 제시했다.

평범한 여자들이 성관계에 굶주린 남자들의 망상의 대상이 되었다. 그런 남자들은 닳고 낡은 매춘부들을 더 이상 찾아갈 필요가 없어졌다. 그리고 잡지 한가운데 접어 넣은 누드 사진들은 여자들에게 자기 남자에게 쾌락을 줄 수 있는 몸매를 가져야 한다는 잘못된 생각을 하도록 만드는 부당한 기준이 되었다.

이 모든 것에 잇따라서 여자들에게 남자들의 도움이나 보호가 더 이상 필요하지 않다고 주장하는 급진적인 여성 해방론이 나오게 되었다. 남자들은 불필요하게 부담스럽고 여자들은 남자들 없이 훨씬 더 잘 살아갈 수 있다는 주장이었다. 여자들이 성공하고 삶의 통제권이 자신에게 있다고 느끼기 위해 반지가(결혼이) 필요한 것이 아니라는 사실을 증명하려고 애를 쓰는 동안, 성관계가 하나의 상징적인 힘으로 작용하게 되었다.

다이앤 패스노Diane Passno는 그녀가 쓴 『페미니즘: 신비인가, 실수인가?』Feminism: Mystique or Mistake?라는 책에서 여성 해방 운동이 어떻게 여성의 성관계와 역할에 관한 성경의 가르침을 왜곡하고 가정과 가족 관계를 약화시키고 언어를 조작하고 윤리 기준을 파괴하고 동성 간의 우정을 깨뜨리고 여성 동성애를 돋보이게 만들었는지를 설명했다. 그 결과 남자들이 여자들을 무시하고 성적으로 이용하여 여자들을 희생자로 만드는 세대가 되었다.

우리의 보호자는 약탈자로 바뀌었다.

새로 발견한 성 표현의 '자유'는 깊은 죄책감을 제거하려는 시도 중 하나였다. 킨제이의 강한 편견을 기초로 한 조사에서 그가 주장한 바에 의하면, 우리 사회의 무려 95퍼센트가 이미 성적 욕망에 빠져 있기 때문에 보복당하게 될 두려움 없이 계속 그렇게 할 수 있어야 한다는 것이다. 오래된 하나님의 율법은 그만 잊으라고 말한다. 그리고 '하고 싶은 대로' 하면서 쾌락을 즐겨서는 안 되는 이유가 무엇이냐고 묻는다.

그러나 부도덕 때문에 생겨나는 낙태를 생각해 보라. 이는 하나님께서 주신 소중한 영혼을 살인하는 일이다. 어떤 사람들은 낙태를 그저 '원하지 않는' 조직을 떼어내는 것 정도에 불과한 것으로 믿게 만들려고 하지만, 그 과정은 여자들의 생명에 위협을 가할 뿐 아니라 다시는 임신을 할 수 없게 되는 위험이 따를 수도 있고, 사라지지 않는 죄책감을 평생 동안 안고 살아가도록 만든다.

또 죄로 인해 임신하게 된 여자아이들은 부모의 차가운 이기심 때문에 버림을 받고 고아원이나 위탁 가정에서 외롭게 자라거나 아니면 돌봐 주는 어른이 아무도 없는 위험한 거리나 쓰레기 더미 위에서 살아가게 된다. 지저분한 털에 배만 볼록 나온 깡마른 작은 고양이처럼, 그 아이들은 음식을 찾아 거리를 헤매고 돌아다니지만 그들을 도와주기 위해 내미는 손들은 조심스럽고 신중하기만 하다. 우리가 멈추어 서서 그들의 이야기를 듣고 그 고통스러운 신음소리를 듣고 더럽고 낡아 빠진 그들의 신발을 신어야 하는 그들의 입장이 되어 본다면, 제어하지 못한 방종으로 인해 이 세상에 그런 지옥을 만들어 놓은 사람들을 향해 분통을 터뜨리게 될 것이다. 이런 것이 소위 말하는 성의 자유가 불러온 결과이다.

인간의 '과학적' 연구가 '오래된' 하나님의 말씀을 대신할 때 우리는 악의 기습 공격을 받게 된다. 결국 우리는 무의식중에 살인자의 거짓말을 받아들이게 된다. 동산에서 쫓겨나게 되리라는 사실을 의식하지 못한 채 금지된 열매를 따먹고 말게 된다. 추방된 삶을 살면서 기쁨과 안전과 덕성뿐 아니라 가정과 여자와 아이들을 소중하게 여기며 보호하는 안전하고 건강한 사회, 두려움 없이 걸어 다니고 놀 수 있는 사회를 모두 잃어버리게 된다.

결혼한 배우자 외에 다른 사람에게 몸을 내어 주게 되면 공허하고 외롭고 불만스럽고 좌절감을 느끼는 삶을 살게 된다. 그 속에서 어떤 희망을 가질 수 있겠는가? 아름다움이 사라지고 가슴과 엉덩이가 처지거나 푹 꺼지고 허리선이 굵어지게 될 때 하나님께서 여자인 당신을 위해 의도하신 기쁨을 잃어버리고 놓치게 된다면 무엇이 남겠는가? 더 이상 요정의 노래를 부를 수 없게 되어 다음 세대가 당신을 대신하게 될 때 당신은 어떻게 되겠는가?

정숙한 여인을 어디서 찾을 수 있을까? 당신이 예수님을 따르고자 하기만 한다면 그분은 당신을 정숙한 여인이 되게 해 주실 수 있는 분이다.

남편을 다섯이나 두고도 결혼하지 않은 남자와 살고 있던 사마리아 여인도, 일곱 귀신이 들렸던 막달라 마리아도 예수님께서 정결케 해 주셨다.

많은 죄를 짓고 예수님께 나아와 눈물로 그 발을 적셨던 여인도 용서받을 수 있었다.

당신은 붉게 빛나는 루비보다 더 값진 존재이다. 하나님께서는 하나님의 아들의 생명을 값으로 치르시고 당신을 사셨다. 당신을 향한 하나님의 사랑을 어떻게 무엇으로 더 증명할 수 있겠는가? 하나님께서 사랑으로 부르시는 구원의 노래에 귀를 기울여라. 그리고 그 음악으로 당신의 마음을 채워라.

요정들의 노래는 그리스 신화에 나오는 켄타우루스(반인반마의 괴물이었던) 케이론chiron(가장 현명한 켄타우루스로서 예언, 의술, 음악에 능했음)의 양육과 교육을 받고 자란 제이슨Jason의 이야기로 계속 이어지고 있다. 제이슨 역시 그의 배인 아르고를 타고 악명 높은 멸망의 섬 사이렌을 지나면서 요정들의 노래를 듣게 된다. 그러나 오디세우스Odysseus와는 달리 그는 아르고 선의 승무원들에게 귀를 막으라고 지시하거나 자신을 돛대에 묶도록 명령하지 않았다. 대신 그는 뛰어난 재능을 가진 악사인 오르페우스Orpheus에게 그가 지은 가장 아름다운 곡을 연주하게 했다. 그들이 섬을 지나가는 동안 파도를 타고 흘러오는 요정들의 노랫소리는 들리지 않았다. 다들 뛰어나고 아름다운 오르페우스의 음악 소리에 심취해 있었기 때문이다.

오르페우스의 음악처럼 주님의 노래가 다른 모든 노래를 능가한다. 그리고 그 노랫소리에 귀를 기울인다면, 마음속에 그 노랫소리를 간직한다면, 죽음과 파멸을 불러오는 요정들의 노랫소리는 더 이상 들리지 않게 될 것이다.

보라 하나님은 나의 구원이시라 내가 신뢰하고 두려움이 없으리니 주 여호와는 나의 힘이시며 나의 노래시며 나의 구원이심이라 사 12:2.

낮에는 여호와께서 그의 인자하심을 베푸시고 밤에는 그의 찬송이 내게 있어 생명의 하나님께 기도하리로다 시 42:8.

6. 대가를 생각하라

우리가 신중할 때
누가 정말 타격을 받게 되는가?

그가 교회의 뒷자리에 들어가 앉았을 때 세례식이 막 시작되었다. 앞쪽을 바라보자 자신을 제외한 모든 가족들이 오른쪽 앞에서 두 번째 자리를 채우고 앉아 있는 모습이 보였다. 참 보기 좋았다! 그들은 서로 편안함을 느끼고 있는 것이 분명했다. 서로의 어깨에 팔을 가볍게 얹고 있었고 아이들은 부모들 옆에 가까이 다가앉아 가끔씩 부모들을 올려다보았다. 부모들은 아이들의 등을 톡톡 쳐 주기도 하고 꼭 껴안아 주기도 했다. 십 대 청소년들에게서는 생기가 넘쳤다.

아내의 뒷모습이 눈에 들어왔다. 그는 목 부근에서 머리를 자른 아내의 머리 모양을 늘 좋아했다. 아내의 옆에 남편은 없었지만 혼자는 아니었다. 아내와 머리카락이 붉은 딸 사이에는 그 딸의 아이들이 편안하게 자리를 잡고 있었다. 아내의 또 다른 한쪽에는 단정하게 옷을 차려입은 성공한 모습의 아들이 앉아 있었고 아내와 아들 사이에는 아들의 아이가 할머니 옆에 가까이 앉아 있었다. 목사가 손자를 성도들에게 보이며 강단 위를 걷는 동안 서로 기쁨을 나누며 미소 짓는 모습이 보였다. 사람들을 보고 몸부림을 치며 소리를 지르는 아기를 바라보며 사람들은 모두 즐거워했다.

그는 세례식이 끝나는 대로 교회를 떠날 생각이었지만 예배를 마칠 때까지 그냥 앉아 있었다. 고통스러웠지만 그냥 앉아서 모두를 바라보고 싶었다. 최근에 그들과 함께 시간을 보낸 적이 거의 없었다. 그저 잠깐씩 어색하고 급하게 마주쳤을 뿐이다. 그는 가족들과 함께 사는 삶을 그리워하고 있었다. 예배를 마친 후 교회 휴게실에서 서성거리다가 가족들을 마지막으로 한 번 더 보기 위해 예배당 안으로 다시 들어갔다. 아내인 마르다가 의자 위쪽에 몸을 굽히고 서 있었고 옆에는 손자가 있었다. 두 사람의 눈이 마주치자 마르다는 미소를 지었다. 그의 눈에서는 눈물이 흘러내렸다. 경사진 복도가 그녀에게 다가가는 그에게 추진력을 더해주는 듯했다.

두 사람은 별로 말이 없었다. 그러나 그녀는 그가 한 말을 결코 잊지 못했다. "가족들이 많이 보고 싶어. 많이 외로워. 당신을 그렇게 떠나는 게 아니었는데."

그는 세월과 함께 아이들이 자라고 사랑하는 사람을 만나 집으로 데려오고, 그리고 자녀들이 가정을 가지게 되는 모든 것을 지켜보면서 누릴 수 있었던 많은 것을 잃었다. 다시 태어난 아기들을 맞이하고 생일을 축하해 주고 학교 행사에 참석하고 외야석에 앉아 응원하면서 세대가 되풀이되는 가정 생활의 즐거움을 더 이상은 누릴 수 없었다.

어쩌다가 그렇게 된 것인가? 경리 사무원과 함께 장시간 일하면서 아내와 이야기했어야 할 문제들을 그녀와 상의하게 되었다. 친밀감과 성취감을 함께 느끼고 보고 만지고… 정사를 벌였다. 그 당시 그는 자신이 정말 원하던 것을 찾았다고 생각했다. 그리고 어떤 대가를 지불하게 될 것인지는 생각해 보지 않았다. 아내는 기꺼이 용서하려고 했고 아이들도 그가 떠나는 것을 말렸다. 그러나 그는 듣지 않았다.

이제 너무 늦어 버렸다. 나이도 많고 열정의 불꽃도 이미 오래전에 꺼졌고 남은 재는 차갑게 되었다. 그 경리 사무원과 재혼을 했고 여전히 같이 살고 있지만 다른 가족은 없었다. 그들 주위에서 웃음 짓는 다른 가족이 없었고 그것은 그의 마음속 깊은 곳에 커다란 구멍을 뚫어 놓았다.

그는 자신이 지불하게 될 대가를 생각해 보지 않았다. 이스라엘의 왕 다윗도 그랬다. 전자는 평범한 시민이었고 후자는 왕족이었다. 그 두 사람은 다른 시대를 살았고 다른 문화권 속에서 살았다. 그러나 죄를 지은 결과는 다를 바가 없었다. 하나님의 법을 어기고도 다치지 않는 사람은 아무도 없다.

불륜의 여파를 알아보기 위해 다윗의 이야기를 자세히 살펴보기로 하자.

죄로 달려가는 길

사무엘하에 기록된 다윗의 생애를 읽어 보면, 백성의 지도자였던 왕이 그가 있어야 할 자리에 있지 않았던 것을 볼 수 있다. 그런 일은 언제나 위험하다! 때는 봄이었고 왕은 전쟁터에 나가 있어야 했다. 그러나 다윗은 집에 머물러 있었다. 아마도 그는 왕궁의 풍요로움을 즐기고 있었을 것이다. 사무엘하 11장을 읽으면서 "다윗"을 지칭하는 말에 밑줄을 그어 보라.

사무엘하 11:1-5

1 그 해가 돌아와 왕들이 출전할 때가 되매 다윗이 요압과 그에
게 있는 그의 부하들과 온 이스라엘 군대를 보내니 그들이 암
몬 자손을 멸하고 랍바를 에워쌌고 다윗은 예루살렘에 그대로
있더라
2 저녁 때에 다윗이 그의 침상에서 일어나 왕궁 옥상에서 거닐
다가 그 곳에서 보니 한 여인이 목욕을 하는데 심히 아름다워
보이는지라
3 다윗이 사람을 보내 그 여인을 알아보게 하였더니 그가 아뢰
되 그는 엘리암의 딸이요 헷 사람 우리아의 아내 밧세바가 아
니니이까 하니
4 다윗이 전령을 보내어 그 여자를 자기에게로 데려오게 하고
그 여자가 그 부정함을 깨끗하게 하였으므로 더불어 동침하매
그 여자가 자기 집으로 돌아가니라
5 그 여인이 임신하매 사람을 보내 다윗에게 말하여 이르되 내
가 임신하였나이다 하니라

그날 밤… 그 한 번의 동침으로… 하나님을 거역한 그 한 번의 범죄로 말미암아 다윗은 그가 상상할 수 있는 것보다 훨씬 더 큰 대가를 지불해야 했다. 무슨 일이 일어났는지, 어떻게 그 일이 일어났는지, 언제 일어났는지, 왜 일어났는지를 볼 수 있었는가? 하나도 빠뜨리지

않고 다 배우기 위해 "다윗"을 지칭하는 말에 표시하면서 알게 된 내용들을 모두 기록해 보라.

다윗에게서 당신의 모습이 보이는가? 머릿속에서 지워지지 않는 아름다운 여인을 생각하고 있는가? 특정한 남자에게 매력을 느끼는가? 욕망을 채우기 위해 경고를 무시하고 뛰어들게 만드는 유혹을 받고 있는가? 그렇다면 이 책을 다 읽을 때까지 결정을 연기해 두기 바란다. 당신이 취하게 될 행동에 따르는 위험에 대하여 이해할 필요가 있기 때문이다. 당신은 당신의 장래를 고려해야만 한다.

아니면 이미 다윗이 간 길을 따라가고 있기 때문에 그에게서 당신의 모습을 보는가? 그렇다면 조심해야 한다는 사실을 이미 알고 있을 것이다.

이제 앞에서 읽은 구절들을 다시 읽어 보라. 이번에는 "밧세바"를 지칭하는 말에 표시를 하라. 그리고 그녀에 관해 알게 된 것들을 적어 보라. 하나님은 쓸데없는 말을 하지 않으신다는 사실을 기억하라. 하나님은 다윗이 밧세바가 누구인지를 알고 있었다는 사실을 우리가 분명히 이해하기를 원하신다.

다윗이 신명기 17:18-20에 기록된 하나님의 명령에 순종했다면, 그에게는 그의 손으로 직접 쓴 토라가 있었을 것이다. 모든 왕은 "율법서를 등사하여 평생 자기 옆에 두고" 읽도록 되어 있었다. 다윗은 분명히 율법을 알고 있었다. 그는 하나님께서 간음에 대해 어떻게 말씀하셨는지 알고 있었다. 그런데 어떻게 우리아의 아내와 동침을 하게 된 것인가? 율법에 주의를 기울이고 있던 왕이 불륜을 저지르기로 그렇게 맹목적으로 선택했다면, 우리는 죄와 하나님의 심판으로부터 우리 자신을 보호하기 위해 어떻게 해야 할 것인가? 어떤 과정을 거쳐 한 사람이 잘못된 길로 접어들어 결국 죄를 짓게 되는지를 이해하는 데 도움이 되는 성경 구절로 되돌아가 보자.

창세기 3:1-8을 소리내어 읽어 보라. "여자"를 지칭하는 말에 모두 표시를 하라. 여자를 지칭하는 대명사와 "아내"라는 말에도 같은 표시를 하라.

1 그런데 뱀은 여호와 하나님이 지으신 들짐승 중에 가장 간교하니라 뱀이 여자에게 물어 이르되 하나님이 참으로 너희에게 동산 모든 나무의 열매를 먹지 말라 하시더냐
2 여자가 뱀에게 말하되 동산 나무의 열매를 우리가 먹을 수 있으나
3 동산 중앙에 있는 나무의 열매는 하나님의 말씀에 너희는 먹지도 말고 만지지도 말라 너희가 죽을까 하노라 하셨느니라
4 뱀이 여자에게 이르되 너희가 결코 죽지 아니하리라
5 너희가 그것을 먹는 날에는 너희 눈이 밝아져 하나님과 같이 되어 선악을 알 줄 하나님이 아심이니라
6 여자가 그 나무를 본즉 먹음직도 하고 보암직도 하고 지혜롭

게 할 만큼 탐스럽기도 한 나무인지라 여자가 그 열매를 따먹
고 자기와 함께 있는 남편에게도 주매 그도 먹은지라
7 이에 그들의 눈이 밝아져 자기들이 벗은 줄을 알고 무화과나
무 잎을 엮어 치마로 삼았더라
8 그들이 그 날 바람이 불 때 동산에 거니시는 여호와 하나님의
소리를 듣고 아담과 그의 아내가 여호와 하나님의 낯을 피하
여 동산 나무 사이에 숨은지라

이제 6절에서 8절까지 읽으면서 여자가 취한 행동을 자세하게 보여 주는 '동사'들을 차례대로 찾아 밑줄을 그어 보라. 무엇을 알 수 있는가? 금지된 열매가 어떻게 여자의 입 속으로 들어가게 되었는가? 그리고 어떻게 아담의 입에 들어가게 되었는가?

다윗의 이야기를 계속하기 전에 한 구절을 더 살펴보기로 하자. 왜냐하면 다윗과 밧세바, 하와와 금지된 열매, 아이 성에서 범죄한 아간의 죄, 이 세 이야기는 모두 인간이 어떻게 죄의 길로 달려가게 되는지를 보여 주기 때문이다. 그리고 또 어떻게 하면 그 길을 피할 수 있는지에 대해서 알고 있어야 할 필요가 있기 때문이다.

여호수아에서 우리가 살펴보고자 하는 다음 구절에 대한 배경을 먼저 이야기하면 이렇다. 이스라엘 백성이 여리고 성을 함락하고 정복하게 될 때가 되자 하나님께서는 여리고 성벽을 무너뜨리셨고 이스라엘 백성은 도시를 점령하게 되었다. 그러나 하나님께서는 이스라엘

백성에게 전리품을 취하지 말라는 명령을 하셨다.

다음 성경 구절을 읽으면서 "바치다"라는 단어에는 네모를 그리고 "아간"(여리고를 정복하기 위해 싸웠던 사람)을 지칭하는 말에는 대명사를 포함하여 모두 밑줄을 치라.

여호수아 6:17-18, 7:20-21

6:17 이 성과 그 가운데에 있는 모든 것은 여호와께 온전히 바치되 기생 라합과 그 집에 동거하는 자는 모두 살려 주라 이는 우리가 보낸 사자들을 그가 숨겨 주었음이니라

18 너희는 온전히 바치고 그 바친 것 중에서 어떤 것이든지 취하여 너희가 이스라엘 진영으로 바치는 것이 되게 하여 고통을 당하게 되지 아니하도록 오직 너희는 그 바친 물건에 손대지 말라

7:20 아간이 여호수아에게 대답하여 이르되 참으로 나는 이스라엘의 하나님 여호와께 범죄하여 이러이러하게 행하였나이다

21 내가 노략한 물건 중에 시날 산의 아름다운 외투 한 벌과 은 이백 세겔과 그 무게가 오십 세겔 되는 금덩이 하나를 보고 탐내어 가졌나이다 보소서 이제 그 물건들을 내 장막 가운데 땅 속에 감추었는데 은은 그 밑에 있나이다 하더라

21절을 다시 읽고 '동사'에 밑줄을 치라. 무슨 일이 어떻게 일어났

는지, 그리고 아간이 무슨 일을 했는지를 살펴보라.

이제 다윗의 이야기와 하와의 이야기와 아간의 이야기를 함께 살펴보기로 하자. 이 세 사람의 공통점은 무엇인가?

다윗과 하와와 아간의 행동이나 그들이 한 일에 비슷한 점이 있는가? 그것은 무엇인가? 무엇이 그들을 죄의 길로 달려가게 만들었는가?

보이는가? 다윗은 자신의 아내가 아닌 여인 밧세바를 보았고 그녀를 원했고 그리고 그녀를 취했다. 하와도 금지된 열매를 보았고 원했고 취했다. 아간도 마찬가지였다. 그도 보았고 원했고 취했다. 하와는 죄를 짓지 않을 수 있었다. 그녀는 하나님께서 말씀하신 것을 알고 있었다. 아간도 죄를 짓지 않을 수 있었다. 그는 하나님의 명령을 들어서 알고 있었다. 다윗도 죄를 짓지 않을 수 있었다. 그는 하나님께서 간음에 대해 말씀하신 계명을 알고 있었다.

다윗은 죄를 짓지 않을 수 있었을 뿐 아니라 자기 아내들 중의 한 사람을 불러 동침함으로 정욕의 불을 간단하게 끌 수도 있었을 것이다. 그는 잠언 5장에서 말하고 있듯이 아내의 품안에서 만족하고 아내의 사랑 속에서 기뻐할 수 있었을 것이다.

그러나 그 순간 다윗은 그가 본 것을 원했고 잘못이라는 것을 알면서도 다른 사람의 아내를 취하기로 결정했다. 그의 종은 “그는 엘리암의 딸이요 헷 사람 우리아의 아내 밧세바가 아니니이까?”라고 말했다.

다윗은 답을 알고 있었다. 또 하나님의 답도 알고 있었다. 앞에서도 말했듯이 그에게는 하나님의 율법을 기록한 책이 있었다. 그는 몰랐다고 주장할 수 없었다.

거짓의 덫

다윗은 죄를 짓기로 선택했고 하나님은 밧세바의 자궁을 열기로 결정하셨다. 다윗의 죄는 발각되었고 그도 그 사실을 알고 있었다. 그는 자신의 뛰어난 군대를 지휘하는 용맹한 장수의 아내와 동침을 했다. 그 여자의 남편이었던 우리아는 왕이 가 있어야 할 전쟁터에 나가 있었다. 죄를 범한 다윗이 자신의 죄를 덮기 위해 어떤 일을 할 수 있었겠는가?

사무엘하 11:6-17을 읽고 "다윗"을 지칭하는 말에는 밑줄을 긋고 "우리아"를 지칭하는 말에는 동그라미 표시를 하라.

6 다윗이 요압에게 기별하여 헷 사람 우리아를 내게 보내라 하매 요압이 우리아를 다윗에게로 보내니
7 우리아가 다윗에게 이르매 다윗이 요압의 안부와 군사의 안부와 싸움이 어떠했는지를 묻고
8 그가 또 우리아에게 이르되 네 집으로 내려가서 발을 씻으라 하니 우리아가 왕궁에서 나가매 왕의 음식물이 뒤따라 가니라
9 그러나 우리아는 집으로 내려가지 아니하고 왕궁 문에서 그의 주의 모든 부하들과 더불어 잔지라

10 어떤 사람이 다윗에게 아뢰되 우리아가 그의 집으로 내려가
지 아니하였나이다 다윗이 우리아에게 이르되 네가 길 갔다
가 돌아온 것이 아니냐 어찌하여 네 집으로 내려가지 아니하
였느냐 하니
11 우리아가 다윗에게 아뢰되 언약궤와 이스라엘과 유다가 야
영 중에 있고 내 주 요압과 내 왕의 부하들이 바깥 들에 진
치고 있거늘 내가 어찌 내 집으로 가서 먹고 마시고 내 처와
같이 자리이까 내가 이 일을 행하지 아니하기로 왕의 살아
계심과 왕의 혼의 살아 계심을 두고 맹세하나이다 하니라

여기까지 읽으면서 다윗에 관해 어떤 것을 알게 되었는가? 어떤 일이 벌어졌는가? 잘 생각해 보고 배운 교훈들을 적어 보라.

우리아를 통해서는 무엇을 배울 수 있는가?

우리아가 처한 상황에 대해 생각해 보라. 그는 아내가 그리웠을 것이다. 그 아름다움 때문에 다윗이 갈망했던 여인이었다면 그녀의 남편인 우리아는 더더욱 아내와 함께 있고 싶었을 것이다. 전성기를 보내는 남자는 몸속에서 생기는 정액 때문에 적어도 이틀에 한 번씩은

성관계를 가질 준비가 된다. 우리아는 아내와 함께 밤을 보낼 수 있는 기회를 얻었지만 그렇게 하지 않았다. 그 이유를 알고 있는가? 그는 정도를 지키는 사람이었기 때문이다.

당신이 어떤 일이 잘못이라는 것을 또는 적어도 명예로운 일이 아니라는 것을 알면서도 그 일을 하고 있는 동안, 누군가는 당신과는 달리 숭고한 삶을 살아가는 것을 보게 된 그런 경험을 한 적이 있는가? 그때 어떤 느낌을 받았는가? 고결하고 희생적인 삶을 살아가기로 결단한 사람을 보면서 어떤 생각을 하는가? 그 사람이 나타나지 않았더라면 좋았을 것이라는 생각을 하는가? 그 사람을 제거해 버리고 싶은가? 아니면 그에게 타협하도록 설득하려고 하는가? 그가 당신에게 설득을 당한다면 당신의 기분은 아마 훨씬 나아질 것이다!

다윗은 어떻게 했는지 들어보라. 그는 자신의 죄를 감추려고 하는 계획을 포기하려고 하지 않았다. 다윗은 우리아를 집으로 보내 그 아내와 함께 동침하게 하도록 계획했다. 그렇게 되면 우리아는 밧세바에게 생긴 아기를 자신의 아기로 알게 될 것이다. 사람들은 왕이 자기 신하를 전쟁터에 보내고 자기는 집에 남아 장수의 아내와 동침했다는 사실을 모르게 될 것이었다!

모든 사람에게는 한계가, 유일한 약점이 있게 마련이라고 다윗은 생각했을 것이다. 그가 어떻게 했는지를 보라. 이어지는 성경 본문을 읽으면서 앞에서 한 것처럼 "다윗"과 "우리아"를 지칭하는 말에 표시를 계속하라.

12 다윗이 우리아에게 이르되 오늘도 여기 있으라 내일은 내

가 너를 보내리라 우리아가 그 날에 예루살렘에 머무니라
이튿날
13 다윗이 그를 불러서 그로 그 앞에서 먹고 마시고 취하게 하
니 저녁 때에 그가 나가서 그의 주의 부하들과 더불어 침상
에 눕고 그의 집으로 내려가지 아니하니라

그러나 다윗의 뜻대로 되질 않았다! 우리아는 술에 취해서도 자신의 신념을 저버리지 않고 굳게 지키는 비범한 사람이었다. 그는 술에 취해 실수한 순진한 사람들의 슬픈 이야기를 많이 들어 알고 있었다.

14 아침이 되매 다윗이 편지를 써서 우리아의 손에 들려 요압에
게 보내니
15 그 편지에 써서 이르기를 너희가 우리아를 맹렬한 싸움에 앞
세워 두고 너희는 뒤로 물러가서 그로 맞아 죽게 하라 하였
더라
16 요압이 그 성을 살펴 용사들이 있는 것을 아는 그 곳에 우리
아를 두니
17 그 성 사람들이 나와서 요압과 더불어 싸울 때에 다윗의 부
하 중 몇 사람이 엎드러지고 헷 사람 우리아도 죽으니라

전사이며 왕인 다윗은 마침내 자신의 죄를 덮을 수 있는 길을 찾아냈다. 그러나 완벽하게 자신의 죄를 가릴 수 있었는가? 요압의 보고를 들어 보라.

18 요압이 사람을 보내 그 전쟁의 모든 일을 다윗에게 보고할새
19 그 전령에게 명령하여 이르되 전쟁의 모든 일을 네가 왕께
보고하기를 마친 후에
20 혹시 왕이 노하여 네게 말씀하기를 너희가 어찌하여 성에 그
처럼 가까이 가서 싸웠느냐 그들이 성 위에서 쏠 줄을 알지
못하였느냐
21 여룹베셋의 아들 아비멜렉을 쳐죽인 자가 누구냐 여인 하나
가 성에서 맷돌 위짝을 그 위에 던지매 그가 데벳스에서 죽
지 아니하였느냐 어찌하여 성에 가까이 갔더냐 하시거든 네
가 말하기를 왕의 종 헷 사람 우리아도 죽었나이다 하라
22 전령이 가서 다윗에게 이르러 요압이 그를 보낸 모든 일을
다윗에게 아뢰어

요압은 다윗이 원하는 것이 무엇인지를 알고 있었다. 그는 기본적으로 "과업을 무사히 마쳤습니다. 그러나 비난을 제게 돌리려고 하지는 마십시오"라는 의미의 메시지를 왕에게 전달했던 것이다.

23 이르되 그 사람들이 우리보다 우세하여 우리를 향하여 들로
나오므로 우리가 그들을 쳐서 성문 어귀까지 미쳤더니
24 활 쏘는 자들이 성 위에서 왕의 부하들을 향하여 쏘매 왕의
부하 중 몇 사람이 죽고 왕의 종 헷 사람 우리아도 죽었나이
다 하니
25 다윗이 전령에게 이르되 너는 요압에게 이같이 말하기를 이

일로 걱정하지 말라 칼은 이 사람이나 저 사람이나 삼키느니라 그 성을 향하여 더욱 힘써 싸워 함락시키라 하여 너는 그를 담대하게 하라 하니라

부드러워진 다윗의 목소리가 들리는가? 요압에게 친절과 호의를 베푸는 그의 대답이 들리는가? "칼은 이 사람이나 저 사람이나 삼키느니라."

이 얼마나 위선적인가! 다윗은 간음을 했을 뿐 아니라 그의 설득에도 불구하고 정도를 벗어나지 않았던 사람을 의도적으로 죽게 했다! 우리는 물렛가락에서 나온 실이 우리 발 주위를 감싸고 있다는 사실을 깨닫지 못한 채 거짓의 덫을 짜려고 한다.

의롭고도 자비로운 재판관

다윗의 은폐는 완벽했다. 정확히 그가 계획한 대로 이루어지지는 않았지만 그런대로 훌륭히 해냈다. 이제 밧세바를 자신의 집으로 데려와 보복에 대한 두려움 없이 그녀와 동침할 수 있게 되었다. 다윗은 우리아에게 극단적인 행동을 한 것에 대해서는 약간의 불편한 마음이 남아 있었겠지만 분명히 안도감을 느꼈을 것이다. 우리아가 자신의 말대로 집으로 돌아가 아내를 보기만 했더라도 살려둘 수 있었을 것이다. 그러니 죄로 병든 다윗의 마음속에서 우리아는 희생될 수밖에 없는 대상이었다! 이것이 하나님과 배우자와의 언약 관계를 끊을 때 우리가 취하는 방식이 아닌가? 우리 역시 우리의 욕망을 채우기 위해 그

들의 사랑과 존경을 희생시킬 수 있다고 생각한다.

다윗의 순간적인 정욕이 정직한 그의 삶을 눌러 이기고 더 악한 죄를 짓게 만들었다. 한 남자의 아내를 빼앗았을 뿐 아니라 그의 생명까지도 빼앗았다. 그리고 다윗은 평생 그 일을 후회하며 살게 될 것이다. 그러나 그 순간에는 그런 생각을 하지 못했다. 다윗이 잠시 멈추어 미래를 생각했더라면, 그리고 자신의 행동이 불러오게 될 결과를 논리적으로 생각해 보았더라면, 하나님께서 죄를 지은 그를 그대로 두지 않으실 것이라는 사실을 깨달을 수 있었을 것이다.

26 우리아의 아내는 그 남편 우리아가 죽었음을 듣고 그의 남편
을 위하여 소리내어 우니라
27 그 장례를 마치매 다윗이 사람을 보내 그를 왕궁으로 데려오
니 그가 그의 아내가 되어 그에게 아들을 낳으니라 다윗이
행한 그 일이 여호와 보시기에 악하였더라

다윗의 범죄는 가려졌다. 그러나 하나님께서는 알고 계셨다! 다윗은 우리아를 죽인 사실을 모두에게는 숨길 수 있었다. 그러나 요압은 알고 있었다. 그리고 하나님도 알고 계셨다! 요압은 다윗의 신하였으므로 비밀을 누설하지 않도록 만들 수 있었을 것이다. 그러나 하나님께서는 침묵하지 않으셨다. 우리도 이 사실을 기억해야 한다. 다른 사람들에게는 비밀을 지키도록 맹세하게 만들 수 있지만, 하나님의 이름에 맞지 않는 일을 하시도록 하나님을 설득할 수는 없다. 하나님께서는 순전하시기 때문에 죄를 보고 그냥 간과할 수 없으시다.

하나님 앞에서 자기 죄를 숨길 수 있는 사람은 아무도 없다. "여호와의 눈은 온 땅을 두루 감찰하사"대하 16:9. 이것은 하나님의 존재를 믿고, 믿지 않고의 문제가 아니다. 당신이 믿든지 믿지 않든지 당신의 죄를 하나님께 숨길 수는 없다. "너희가 만일 그같이 아니하면 여호와께 범죄함이니 너희 죄가 반드시 너희를 찾아낼 줄 알라"민 32:23.

그렇다면 하나님께서는 다윗의 죄를 어떻게 다루셨는가? 하나님께서는 선지자 나단을 왕에게 보내셨다. 다윗은 별 의심 없이 무심코 자신에게 심판을 내렸다! 사무엘하 12장을 읽으면서 가난한 사람의 "암양 새끼"를 지칭하는 말을 찾아 표시해 보라.

1 여호와께서 나단을 다윗에게 보내시니 그가 다윗에게 가서 그에게 이르되 한 성읍에 두 사람이 있는데 한 사람은 부하고 한 사람은 가난하니
2 그 부한 사람은 양과 소가 심히 많으나
3 가난한 사람은 아무것도 없고 자기가 사서 기르는 작은 암양 새끼 한 마리뿐이라 그 암양 새끼는 그와 그의 자식과 함께 자라며 그가 먹는 것을 먹으며 그의 잔으로 마시며 그의 품에 누우므로 그에게는 딸처럼 되었거늘
4 어떤 행인이 그 부자에게 오매 부자가 자기에게 온 행인을 위하여 자기의 양과 소를 아껴 잡지 아니하고 가난한 사람의 양 새끼를 빼앗아다가 자기에게 온 사람을 위하여 잡았나이다 하니
5 다윗이 그 사람으로 말미암아 노하여 나단에게 이르되 여호와

의 살아 계심을 두고 맹세하노니 이 일을 행한 그 사람은 마땅
히 죽을 자라
6 그가 불쌍히 여기지 아니하고 이런 일을 행하였으니 그 양 새
끼를 네 배나 갚아 주어야 하리라 한지라

그 부자는 양 새끼 한 마리를 빼앗았을 뿐이지만 다윗은 분노하며 그런 사람은 죽어 마땅하다고 말했다. 사건이 진술되었고 심판은 가해졌다. 그러나 다윗은 선지자가 지적해 줄 때까지도 그 이야기가 자신의 이야기라는 사실을 깨닫지 못했다.

7 나단이 다윗에게 이르되 당신이 그 사람이라!

사실이 밝혀졌다. "가난한 사람의 암양 새끼 한 마리… 내게는 많은 아내가 있었지만 우리아에게는 밧세바밖에 없었다! 밧세바는 우리아가 가진 전부였고 그는 그녀를 소중히 여기며 아꼈다. 그런데 나는 정욕을 이기지 못하고 내 아내들 중의 한 사람과 동침할 수도 있었음에도 불구하고 그에게서 그녀를 빼앗았다! 나는 그녀를 범했고 우리아를 범했다. 그리고 내 죄를 덮기 위해 고의적으로 내 부하들과 요압에게 전쟁에 패하도록 명하여 우리아의 죽음을 초래하게 만들었다."

나단이 하나님의 메시지를 전달하는 동안 이 모든 일의 심각성이 다윗의 가슴에 사무쳤다.

7 이스라엘의 하나님 여호와께서 이와 같이 이르시기를 내가 너

를 이스라엘 왕으로 기름 붓기 위하여 너를 사울의 손에서 구원하고
8 네 주인의 집을 네게 주고 네 주인의 아내들을 네 품에 두고 이스라엘과 유다 족속을 네게 맡겼느니라 만일 그것이 부족하였을 것 같으면 내가 네게 이것 저것을 더 주었으리라

다시 들어 보라. "만일 그것이 부족하였을 것 같으면 내가 네게 이것 저것을 더 주었으리라."

하나님께서 정해 놓으신 범위 밖으로 넘어가는 성행위는 자신의 것이 될 수 있는 많은 것을 잃게 되는 것을 뜻한다. 다윗이 간음을 행치 않았다면, 그리고 자신의 죄를 숨기려고 하는 대신 죄를 고백했더라면, 훨씬 더 많을 것을 누릴 수 있었을 것이다. 죄는 언제나 우리가 가고 싶어 하는 곳 그 이상을 넘어가게 만든다.

정욕에 불탔던 다윗은 한순간의 부당한 성관계가 자신에게 어떤 대가를 지불하게 만들 수 있는지 생각해 볼 틈이 없었다. 다윗은 뒤늦게서야 자신의 죄를 고백하고 하나님께 용서를 구하며 눈물로 베개를 적시며 밤낮으로 신음하게 되었다. 그러나 그의 의도적인 불순종이 불러온 결과를 없었던 것으로 되돌릴 수는 없었다. 다윗은 주님의 말씀을 멸시했다.

그의 이러한 모습은 우리 사회의 모습을 아주 잘 보여 준다. 사람들이 하나님 말씀의 경계를 벗어나 성관계를 가질 때마다 그것은 하나님께서 말씀하신 것을 멸시하는 것이다. 성경에 기록된 하나님의 뜻을 거역할 때마다 우리는 주님의 말씀을 멸시하는 것이다. 그것은 곧 하

나님을 멸시하는 것이다!

나단이 다윗에게 말한 것을 읽어 보라. 그리고 "업신여기다"라는 말이 나올 때마다 밑줄을 그어 보라.

9 그러한데 어찌하여 네가 여호와의 말씀을 업신여기고 나 보기
에 악을 행하였느냐 네가 칼로 헷 사람 우리아를 치되 암몬 자
손의 칼로 죽이고 그의 아내를 빼앗아 네 아내로 삼았도다
10 이제 네가 나를 업신여기고 헷 사람 우리아의 아내를 빼앗아
네 아내로 삼았은즉 칼이 네 집에서 영원토록 떠나지 아니하
리라 하셨고

요압은 우리아를 전쟁터의 최전선에 세운 다음 다른 장수들에게는 뒤로 물러나라는 명령을 내렸다. 결국 암몬 자손이 우리아를 죽였다. 그러나 하나님께서는 그를 죽인 살인자는 다윗이라고 말씀하셨다. 이 일과 관련하여 다윗은 십계명 가운데 세 개의 조항을 어겼다. 그는 다른 사람의 아내를 탐했고 간음을 행했으며 살인을 했다.

판사들이 어떤 판결을 내렸든 그것은 문제가 되지 않는다. 의로우신 재판장께서 그에게 유죄를 선고하셨다!

다윗은 어떤 선고를 받았는가? 그의 죄에 대한 공정한 처벌은 어떤 것이었는가?

첫째, 칼이 그의 집에서 떠나지 않았다. 그가 살아 있는 동안 전쟁과 죽음과 파멸이 끊이질 않았다.

둘째, "여호와께서 또 이와 같이 이르시기를 보라 내가 너와 네 집

에 재앙을 일으키고"삼하 12:11. 이것은 다윗의 가정에서 일어나게 될 분쟁을 뜻한다. 그의 아들 중 하나가 그의 딸을 강간하고 또 다른 아들은 그의 나라를 그에게서 훔치려고 했다. 재난이 계속 이어졌다.

셋째, "내가 네 눈앞에서 네 아내를 빼앗아 네 이웃들에게 주리니 그 사람들이 네 아내들과 더불어 백주에 동침하리라 너는 은밀히 행하였으나 나는 온 이스라엘 앞에서 백주에 이 일을 행하리라 하셨나이다"삼하 12:11-12. 그 후 머지않아 다윗의 아들 압살롬이 장막에서 다윗의 처와 잠자리를 같이했다. 그 장막은 의도적으로 이스라엘 백성이 모두 다 볼 수 있는 곳에 세워졌다! 얼마나 수치스러운 일인가! 공개적인 반항이었다!

오늘날 아버지의 뒤를 이어 부도덕한 삶을 사는 아들들이 얼마나 고통스러워하는지 알고 있는가? 아버지는 간음을 행하고 그 자녀들은 결혼하기 전에 동거 생활을 한다. 때로 그 자녀들은 자신들에게 고통을 주고 가정을 파괴한 부모에게 앙갚음을 하기 위해 그렇게 하는 경우도 있다.

넷째, 밧세바가 낳은 아이가 죽었다. 다윗이 금식하고 기도하면서 그 아이를 살려 주시기를 간청했지만 하나님의 마음을 돌릴 수는 없었다.

부도덕에 대한 심판은 여러 가지 형태로 나타나지만 분명한 것은 심판은 반드시 나타난다는 것이다. 그리고 그 영향은 죄를 범한 그 사람에게 미치는 것만으로 끝나지 않는다. 아마도 "하나님, 불공평합니다"라고 이의를 제기하고 싶겠지만 어떻게 하나님께 불공평하다고 할 수 있겠는가? 하나님께서는 우리에게 순종해야 한다고 말씀하셨다.

우리가 순종한다면 더 이상의 논쟁은 필요치 않게 될 것이다. 하나님의 자리에 앉아 심판하는 것이 아니라 하나님께 순종하는 것이 우리에게 주어진 역할이다!

암양 새끼 사건의 경우를 놓고 왕은 부자에게 죽어 마땅하다고 말했다. 그리고 출애굽기 22:1을 근거로 최종 판결을 내렸다. 그것은 다른 사람의 양을 훔친 사람은 네 배로 갚으라는 것이었다. 재판관으로서의 다윗은 그 부자에게 그가 빼앗을 것의 네 배를 갚으라는 판결을 내렸다.

그런 다음 다윗은 자신이 저지른 범죄의 피고인으로서 그 형벌을 자신도 받아야 했다. 그도 자기 죄를 네 배로 갚아야 했다. 다윗이 밧세바를 범하고 우리아를 죽게 한 후 다윗은 그의 네 아들을 잃었다. 그것이 그의 죄를 네 배로 갚기 위한 것이었건 아니었건, 또 나단이 예언한 사건들이 그의 죄를 네 배로 갚기 위한 것이었건 아니었건 간에, 다윗이 받은 형벌은 엄청난 것이었다.

다윗은 회개하고 하나님의 말씀에 동의하고 자신이 한 행동들이 죄였음을 인정하는 것 외에는 아무것도 할 수 없었다. 그리고 다윗은 나단에게 “내가 여호와께 죄를 범하였노라”삼하 12:13고 말했다. 그리고 나중에 시편 51편에서 그는 “내가 주께만 범죄하여”4절라고 고백했다. 우리의 죄가 비록 사람들에게 해를 가한 것이었다 할지라도, 인간은 하나님의 형상대로 지어진 존재이기에 결국 모든 죄는 하나님을 대적하는 것이라는 사실을 우리가 제대로 이해할 수만 있다면 좋으련만!

다윗의 즉각적인 회개에 대한 하나님의 반응은 어떤 것이었는가? 나단의 말을 들어 보라. “여호와께서도 당신의 죄를 사하셨나니 당신이 죽지 아니하려니와"삼하 12:13.

다윗에게 그의 죄를 지적하기 위해 찾아간 사람이 바로 그에게 하나님의 용서를 선언하는 사람이 되었다. 죄를 공정하게 심판하시고 회개하는 사람들에게는 죄를 용서하시는 우리 하나님은 얼마나 놀라우신 분인가!

시편을 쓴 기자이며 이스라엘의 왕이었던 다윗이 그의 행동으로 "여호와의 원수가 크게 비방할 거리를 얻게" 했을 때삼하 12:14 그런 용서를 베푸실 수 있는 분은 가장 자비로운 하나님 한 분뿐이시다. 하나님은 언제나 풍성한 은혜를 베푸시는 자비의 하나님이셨고, 또 지금도 변함이 없는 분이시다. "죄가 더한 곳에 은혜가 더욱 넘쳤나니"롬 5:20.

메시야, 곧 다윗의 죄와 우리의 죄에서 우리를 구속하실 구원자가 다윗의 자손을 통해 오시게 되었다.

간음의 결과

지금까지 다윗이 범한 간음의 결과를 살펴보았다. 그렇다면 다른 사람들의 경우는 어떠한가?

첫째, 간음은 언약을 파기한다. 왜냐하면 한 몸을 이루게 된 남편과 아내의 독특한 연합을 깨뜨리기 때문이다. 고린도전서 6장에서 말하고 있듯이 창기와 합하는 자는 저와 한 몸이 된다는 사실을 기억하라.

남편이 자살을 한 한 여인이 쓴 슬픈 편지를 받았다. 남편은 조울증에 시달리면서도 약을 복용하지 않았다. 또 불륜과 씨름하면서 그 증세를 해결하기 위한 처방약도 거부했다. 그는 자기 아버지와 할아버지와 증조할아버지처럼 여러 사람과 간음을 행했다. 그런데 그들은 모두 다 목사였다! 그녀의 남편은 이름도 모르고 얼굴도 모르는 여자들과 계속해서 성관계를 가졌다.

그녀는 결혼 생활을 지키기 위해 최선을 다해 보았지만 남편은 멈출 줄을 몰랐다. 그래서 그녀는 아들들을 데리고 집을 나왔다. 그가 하나님을 믿고 "띠가 사람의 허리에 속함 같이"렘 13:11 하나님께 속할 수 있었다면, 한 번에 한 걸음씩 승리를 향해 나아갈 수 있었을 것이다.

그러나 그는 그 대신 자신의 죄를 굳게 잡고 그와 그의 가족이 누릴 수 있었던 모든 것을 잃게 되었다. 그의 아내가 자신이 무언가 좀 더 했어야 하는 것은 아닐까, 남편을 떠나지 말았어야 하는 것은 아닐까, 그랬다면 남편이 자살하지는 않았을 텐데라고 생각하며 느끼는 마음의 고통과 죄책감을 써서 보내왔을 때 나는 "아니요, 당신은 남편을 떠날 수밖에 없었어요. 남편은 결혼 서약을 파기하고 계속 부당한 간음을 반복했어요"라고 말해 주었다. 다른 정신 질환들처럼 조울증 역시 하나의 병이다. 그러나 그런 병이 있다고 해서 부도덕한 삶을 살아도 되는 것은 아니다.

둘째, 간음은 심판을 불러온다. 전능하신 하나님은 "너와 네가 어려서 맞이한 아내 사이에 여호와께서 증인이 되시기 때문이라 그는 네 짝이요 너와 서약한 아내로되 네가 그에게 거짓을 행하였도다"말 2:14 라고 심판하셨다.

하나님께서 다윗에게 내리신 형벌이 너무 과한 것이라고 생각하는가? 하나님께서 친히 택하신 왕을 너무 심하게 다루신다고 생각하는가? 숨을 죽이고 작은 소리로라도 다음과 같이 말하고 싶은가?

"그치만 하나님, 다윗은 회개했어요! 그런데 왜 그렇게 가혹한 벌을 내리셨나요? 왜 다윗이 그렇게 많은 것을 잃었어야 하는 건가요? 하나님께서 그를 위해 더 많은 일을 하실 수도 있었을 텐데요. 전 이해할 수가 없습니다!"

이런 생각을 하고 있다면 당신은 이해하지 못하고 있는 것이 맞다! 하나님의 성품과 죄의 심각성에 대해 더 분명하게 알 필요가 있다. 죄가 너무 흔하게 되었고 은혜가 너무 싸구려처럼 되었다.

은혜를 생각할 때 우리는 종종 죄로 인한 결과와 처벌을 면할 수 있을 것이라고 생각한다. 그저 간단하게 "하나님, 죄송합니다"라고 말하면 다 끝나는 것이라고 생각한다. 그러나 은혜는 그런 것이 아니다. 은혜는 죄를 허용하는 것이 아니라 오히려 죄를 거부할 수 있는 힘을 주는 것이다. 은혜는 결과에 대한 책임에서 벗어나게 해 주는 것이 아니다. 은혜는 하나님께서 우리를 위해 예비하신 모든 것을 누릴 수 있도록 해 주는 호의이다. 그러나 말했듯이 우리가 한 행동의 결과에 대한 책임에서 벗어나게 해 주지는 않는다.

부당한 성관계를 가진 뒤에 하나님께 용서를 구하면 하나님께서 은혜로 용서해 주실 것이다. 그러나 하나님께서 용서하셨다고 해서 당신이 한 행동의 결과까지 없어지는 것은 아니다. 즉, 성병에 걸리지 않는다거나 원치 않는 임신을 하지 않을 수 있다는 것이 아니라는 말이다.

욕욕을 뿌리면 그 열매를 거두게 된다. 그리고 그 결과들은 우리에게 죄를 거부하고 하나님을 경외하도록 가르치기 위한 것으로, 실제로 우리의 유익을 위한 것이다.

다윗도 이 사실을 알고 있었다. 그에게 하나님을 향한 원망이 있었다는 기록은 찾아볼 수 없다. 그는 자신이 받게 된 형벌을 하나님의 사람으로서 받아들여야 할 바른 자세를 가지고 감수했고, 그 경험을 통해 인간이 할 수 있는 가장 감동적이고 용기를 심어 주는 희망의 말을 시편으로 남기게 되었다. 다윗은 밧세바를 범한 후 몇 편의 시를 지었는데 그중 하나가 시편 51편이다. 나중에 시편 51편을 살펴보게 될 것이다. 그 시는 우리에게 놀라운 희망을 가지게 해 줄 것이다.

셋째, 간음은 이혼의 성경적 근거가 될 수 있다. 그렇다고 이혼을 하라는 것은 아니다. 하나님께서는 회개하고 용서받는 것을 보고 싶어 하신다. 그러나 마태복음 19:9에 나타난 예수님의 가르침에 의하면, 성적인 부도덕은 한 몸이 되게 하는 결혼 서약을 깨뜨리는 것이며 침해를 당한 사람에게 이혼할 수 있는 권리를 가지게 해 준다.

여기서는 이혼의 문제를 다루지 않을 것이다. 왜냐하면 중요한 문제이기는 하지만 이 책에서 다루려는 주제는 아니기 때문이다. 대신 프리셉트 교재인 『결혼, 그 이후』A Marriage Without Regrets를 통해, 귀납적인 방법으로 이혼 문제를 처음부터 끝까지 공부하고 성경이 이혼에 대해 가르치고 있는 내용들을 배울 수 있을 것이다. 또 같은 주제를 다룬 단행본 『후회 없는 결혼』A Marriage Without Regrets을 통해서도 이혼 문제를 공부할 수 있을 것이다.

넷째, 자녀들에게 죄를 짓게 할 수 있다. 하나님께서 우리에게 하나님을 찾을 수 있도록 도와주도록 맡기신 우리 자녀들에게, 우리의 다음 세대들에게 잘못된 본보기를 보여 주고 왜곡된 그림을 보여 주게 된다. 말라기 2:15-16은 경건한 자손을 원한다면 이혼하는 것과

학대로 옷을 가리우는 일을 해서는 안 된다고 말하고 있다. 출애굽기 34:7에서 하나님은 아비의 악을 자손 삼사 대까지 보응하실 것이라고 경고하셨다. 불륜이 이혼을 불러오고 이혼은 다시 불륜을 부르고 불륜은 또다시 이혼을 부르는… 악순환의 주기를 이루게 된다.

다섯째, 간음은 자녀들을 상처받기 쉬운 자리에 서게 한다. 성경이 하나님께서 간음한 자와 간부를 심판하실 것이라고 말하고 있기 때문에 그들의 부모들은 반드시 심판을 받게 될 것이다. 불륜은 가정을 망가지게 하고 상처를 내며 아이들을 위험에 처하게 한다. 재혼의 경우 아무리 좋은 상황이라고 할지라도 자연스러운 애정이 부족하기 때문에 생기는 갈등을 가정 안에서 경험하게 된다. 아이를 훈계하는 문제가 가정의 분란을 일으키는 요인이 될 수 있다. "이 아이가 누구의 아이인데 그래요?", "내 아이는 내가 책임질 거라구요!" 또 재혼으로 자녀들이 육체적으로나 성적으로 학대를 받게 되는 경우가 생길 수도 있다. 내 자료집에는 재혼한 가정에서 양부모의 학대 때문에 깊은 상처를 받은 사람들의 이야기들이 가득 차 있다.

간음은 자녀들의 안정과 보호에 없어서는 안 될 중요한 요소가 되는 부부 사이의 연합을 깨뜨리게 된다. 잰 실비어스와 내가 5년 동안 주일 저녁마다 진행한 시청자 전화 참여 프로그램에서 이 문제를 다루면서 받았던 질문이 얼마나 많았는지 이루 말할 수가 없을 정도이다. 믿기 어려울 만큼 고통스러웠던 충격들을 받은 아이들로부터 많은 편지들을 받았다. 그 아이들은 부모들이 하나님께서 맺어 주신 기록한 혼인 관계 안에서 그들의 열정을 간직할 수 있었다면 누릴 수도 있었던 '많은 것을' 잃게 되었다!

여섯째, 간음은 하나님의 마음을 상하게 한다. 정말로 하나님을 노엽게 한다. 들어갈 권리가 없는 침실에 들어가 시간을 보내려는 유혹을 받았을 때를 생각해 보라. 하나님께서는 에스겔 6:9에서 언약으로 하나님의 아내가 된 이스라엘 백성이 간음을 행한 것에 대해 다음과 같은 심판을 선언하셨다.

> 너희 중에서 살아 남은 자가 사로잡혀 이방인들 중에 있어서 나를 기억하되 그들이 음란한 마음으로 나를 떠나고 음란한 눈으로 우상을 섬겨 나를 근심하게 한 것을 기억하고 스스로 한탄하리니 이는 그 모든 가증한 일로 악을 행하였음이라겔 6:9.

부정을 행한 자, 간음을 행한 자는 결국 자신의 음란한 마음에 혐오감을 느끼게 될 것이다. 그리고 하나님 앞에 서서 하나님의 눈에 서린 하나님의 고통을 보고 한탄하게 될 것이다. 그러나 다시는 돌이킬 수 없게 될 것이다. 왜냐하면 하나님께서 "한 번 죽는 것은 사람에게 정해진 것이요 그 후에는 심판이 있으리니"히 9:27라고 말씀하셨기 때문이다.

이스라엘 백성에게 "남편 대신 낯선 자를 따르는 음란한 아내여!"라고 외치시는 하나님의 비통한 외침 소리를 들어 보라. 그녀는 무엇을 한 것인가?

이어지는 구절에서 그녀의 남편이 증언하는 소리에 귀를 기울여 보라. 그녀가 무슨 일을 했으며 그 일이 남편에게 어떤 영향을 미쳤는지 살펴보라. 그렇게 할 때 우리에게 경고가 되는 교훈들을 상당히 많이 배울 수 있을 것이다. 그리고 하나님께서 우리 속에 하나님을 경외하는 마음을 허락해 주시기를 기도하라. 다음 구절을 읽으며 "너"와 관계가 있는 단어를 모두 찾아 밑줄을 그어 보라.

에스겔 16:15-17, 20-21, 25-26, 28-30

15 그러나 네가 네 화려함을 믿고 네 명성을 가지고 행음하되
지나가는 모든 자와 더불어 음란을 많이 행하므로 네 몸이
그들의 것이 되도다
16 네가 네 의복을 가지고 너를 위하여 각색으로 산당을 꾸미고
거기에서 행음하였나니 이런 일은 전무후무하니라
17 네가 또 내가 준 금, 은 장식품으로 너를 위하여 남자 우상
을 만들어 행음하며

20 또 네가 나를 위하여 낳은 네 자녀를 그들에게 데리고 가서
드려 제물로 삼아 불살랐느니라 네가 네 음행을 작은 일로
여겨서
21 나의 자녀들을 죽여 우상에게 넘겨 불 가운데로 지나가게 하
였느냐

25 네가 높은 대를 모든 길 어귀에 쌓고 네 아름다움을 가증하
게 하여 모든 지나가는 자에게 다리를 벌려 심히 음행하고
26 하체가 큰 네 이웃 나라 애굽 사람과도 음행하되 심히 음란
히 하여 내 진노를 샀도다

28 네가 음욕이 차지 아니하여 또 앗수르 사람과 행음하고 그들
과 행음하고도 아직도 부족하게 여겨
29 장사하는 땅 갈대아에까지 심히 행음하되 아직도 족한 줄을
알지 못하였느니라
30 주 여호와의 말씀이니라 네가 이 모든 일을 행하니 이는 방
자한 음녀의 행위라

"너"와 관계가 있는 단어들에 밑줄을 치면서 어떤 것들을 알게 되었는가? 하나님의 "아내"가 한 일은 어떤 일들인가? 아래의 공란에 적어보라.

그 모든 행음에도 불구하고 그녀는 만족할 수 없었다. 육체의 정욕에 굴복한다면 우리도 그녀와 다를 바 없이 만족할 수 없게 될 것이다. 순간적인 쾌락은 불만을 남기게 된다. 그리고 우리가 하나님보다 다른 대상을 더 사랑하기 때문에 하나님은 크게 근심하신다.

그뿐만이 아니다. 우리가 다윗의 경우에서 이미 살펴보았듯이 일곱 번째로 간음은 하나님의 원수에게 하나님의 이름을 모독할 빌미를 제공해 주게 된다.

실제로 하나님의 원수들은 "아하, 하나님! 내가 당신의 아들의 신부와 잠자리를 같이 했답니다!"라고 말할 수 있다.

자신을 그리스도인이라고 말하는 우리가 죄를 지을 때마다 하나님의 원수가 결정적인 승리를 하게 된다는 사실을 알고 있는가? 우리의

죄는 세상 사람들에게 “하나님을 믿어도 별수 없네”라는 비난을 받게 만든다. 그런데 하나님께서는 그 세상 사람들이 하나님께로 돌아오길 간절히 바라고 계신다! 아마 당신은 “그리스도인들도 우리와 별반 다를 바 없더라고. 그저 우리보다 지켜야 할 규정이 더 많은 것뿐이야! 그리스도인이 된다고 해서 더 나을 것도 없어”라고 말하는 사람들을 보았을 것이다.

하나님께서 옳다고 말씀하시는 대로 우리가 살아간다면 우리는 죄에 대한 세상 사람들의 변명을 제거할 수 있게 된다. 그러나 우리의 의롭지 못한 생활 방식이 사람들에게 죄에 대한 변명 거리를 제공해 주는 경우가 상당히 많이 있다.

TV, 라디오, 토크쇼, 시트콤, 연재 만화, 신문, 영화, 광고 게시판 등등을 통해 죄받을 언동에 대한 이야기를 늘 듣고 있을 것이다. 안 그런가? 세상 사람들에게 우리는 다르다는 것을 보여 주어야 한다. 안목의 정욕에 얽매여 살지 않아도 된다는 사실을 세상에 보여 주어야 한다. 부당한 성관계라는 금지된 열매를 따먹고 우리와 다른 사람들의 삶을 파멸로 몰아가는 일이 없도록, 우리의 정욕을 제어하기 위해 우리가 보는 것에서 우리의 눈길을 돌릴 수 있어야 한다.

우리는 성적으로 순결한 삶을 살아갈 수 있다! 이것은 매 순간 우리가 내리는 선택의 문제이다. 우리가 누릴 수 있는 것을 잃지 않게 해주는 선택이다. 다윗의 경우 어떤 선택을 할 수 있었을지 생각해 보라. 그리고 안목의 정욕을 따라 행동했기 때문에, 그리고 육체의 정욕을 따라 간음을 행했기 때문에 그에게 일어났던 일들을 생각해 보라.

간음이 우리를 순결한 처녀로 맞이하기 원하시는 우리의 신랑이신 예수님께 미칠 영향을 생각하면서, 나는 아주 오래전에 무슨 일이 있어도 내 자신을 순결하게 지키기로 서약할 수 있었다. 하나님의 마음을 아프게 해 드리고 싶지 않았다. 사람들이 신랑과 신부를 조롱하게 만들고 싶지 않았다. 나는 순결한 흰옷을 입은 신부가 되기로 결심했다.

그래서 이렇게 같이 공부하게 된 것을 기뻐하는 것이다. 하나님께서 우리에게 풍성하게 주고 싶어 하시는 '많은 것'을 당신이 잃지 않게 된 것을 기뻐하는 것이다.

하나님께서 당신에게 주고 싶어 하시는 것들을 소유하고 싶지 않은가? 가능한 일이다. 당신 자신을 포함하여 그 어느 것보다 하나님을 사랑하고 하나님께 순종할 때 가능하다.

당신의 장래를 생각하라.

예루살렘이 크게 범죄함으로
조소거리가 되었으니
전에 그에게 영광을 돌리던 모든 사람이 그의 벗었음을 보고 업신여김이여
그는 탄식하며 물러가는도다
그의 더러운 것이 그의 옷깃에 묻어 있으나 그의 나중을 생각하지 아니함이여
그러므로 놀랍도록 낮아져도 그를 위로할 자가 없도다애 1:8-9.

7. 의로운 분노의 진가

다른 사람들을 판단하는 우리는 누구인가?

도리 밴 스톤Dorie Van Stone과 나는 우리가 살고 있는 테네시주 채터누가에 있는 프리셉트 국제 본부 근처를 산책하다가 공터에 버려진 공을 하나 발견했다. 나는 그 공을 경사진 언덕 위로 차올린 다음, 차도로 굴러가거나 배수로에 빠지지 않도록 잘 굴리면서 길을 따라 걸었다. 나는 길을 걸으며 이야기하면서도 공을 잡으려고 이리저리 뛰어다녔다.

도리는 내 특별한 친구 중 한 사람이다. 아버지에게 버림받고 어머니에게 외면당한 그녀는 고아원에서 그리고 나중에는 위탁 가정에서 자라면서 주님을 알게 되기 전까지 그리고 알고 난 후에도 육체적으로 성적으로 학대당하는 삶을 살았다. 그러나 그녀는 하나님을 믿고 하나님의 말씀으로 치유받고 수많은 사람을 돕기 위해 귀하게 사용되고 있다. 그녀는 북미 대륙과 여러 나라들을 다니며 자신의 이야기를 들려주며 그녀와 비슷한 경험을 했거나 그런 경험을 한 사람들을 알고 있는 사람들을 도와주며 희망을 심어 주고 있다.

그녀는 또 자신의 경험에 관하여 책을 쓰기도 했다. 첫 번째 책인 『도리: 그 누구에게도 사랑받지 못한 소녀』Dorie: The Girl Nobody Loved에서는 성적 학대 부분을 제외한 자신의 어린 시절에 관한 모든 이야기를 하고 있다. 다른 사람들처럼 도리 역시 아무도 자신을 믿지 않을 것이며 오히려 더 거부당하게 될 것이라고 생각하며 두려워했다. 나는 우리가 어느 식당에서 한가로이 앉아 있는 동안 그녀가 자신의 이야기를 다 쏟아 놓았던 그날을 잘 기억하고 있다. 그 후 그녀는 그 이야기들을 『울 곳이 없다』No Place to Cry라는 책으로 엮어냈다. 그녀의 남편을 제외하고는 내가 그 이야기들을 처음으로 알게 된 두 사람 중 한 사람이었다. 솔직히 나는 놀라지 않았다. 실제로 그런 일이 일어났을 것이라고 짐작하고 있었지만 물어보지 않고 있었을 뿐이다.

자신이 고통받고 있던 성적인 붕괴에 대해 이야기한 후 "그래도 나를 사랑하세요?"라고 물었던 그녀의 첫 질문이 기억난다. 그 질문은 내가 '진짜' 도리를 알고 난 후에도 그녀를 사랑할 수 있는 내 사랑의 순수성을 확인하기 위한 것이라기보다는, 자신의 가치를 확인하기 위한 것이었음을 나는 알고 있었다. 그녀의 이야기를 다 듣고 난 후 그녀를 더 사랑하게 되었고 그녀를 지켜 주고 싶었던 내게 그 질문은 이상한 것이었다. 그러나 그것은 성적으로 학대를 받아온 사람들에게서 흔히 볼 수 있는 공통적인 관심사이다. 성적 학대를 받으며 느끼게 된 수치심과 충격은 그런 희생을 당해 보지 않은 사람들에게는 이해하기 어려운 것이다.

그 후 몇 년이 지난 다음 내가 공을 차며 걷는 동안 우리는 그녀가 당한 고통과 그녀의 경험담을 들으며 사람들이 보인 반응과 다른 희생자들을 도울 수 있는 방법 등에 관한 이야기를 나누었다. 나는 도리의 목소리를 들을 수는 있었지만 갑자기 그녀가 보이질 않았다. 발로 공을 세우고 그녀를 찾기 위해 주위를 둘러보았다. 도리는 서서 마치 비명을 지를 듯이 두 손으로 허공을 치며 "그들은 우리가 그들을 믿어준다는 사실을 알아야 해요! 그 사실을 알아야만 해요"라고 말했다.

나보다 나이가 많은 그녀는 마치 어린 아이처럼 나에게로 달려와 나의 팔을 붙들고 그녀 특유의 표정으로 나를 올려다보며 "그 사람들은 오랫동안 그런 일들을 비밀처럼 간직하면서 만일 다른 사람들이 알게 된다면 더 이상 자기와 함께 지내려고 하지 않을 것이라고 생각하고 있어요. 사람들이 더 이상 자기를 사랑하지 않게 될 것이라고 생각해요. 그들은 스스로 자신들을 더럽다고 생각하고 있어요"라고 말했다. 도리는 나를 약간 밀치면서 "그들은 '비켜요. 난 당신과 아무 상관도 없어요'라고 말할 거예요"라고 덧붙였다.

도리는 발꿈치를 들고 서서 눈을 반짝이며 내 눈을 똑바로 바라보면서 "아, 케이, 내가 처음으로 너에 관해 이야기했던 때를 기억하세요?"라고 물었다.

"예, 기억하고 있어요. 그리고 이야기를 마친 후 내게 처음 물었던 질문도 기억하고 있어요. '그래도 나를 사랑하세요?'라고 물었어요."

그녀는 내 팔을 붙잡고 눈물을 흘리며 "케이, 그 사람들은 우리가 그들을 거부하지 않을 것이라는 사실을 알아야 해요"라고 말했다.

그들은 우리가 그들을 거부하지 않을 것임을 알 필요가 있다.

만일 우리가 간음한 사람들과 동성애를 하는 사람들과 변태 성욕자들과 알코올 중독자들과 마약 중독자들과 창녀들과 어린 아이를 성애의 대상으로 하는 성도착자들과 함께 걸으며 이야기하고 그들의 이야기를 들어준다면, 그들의 고통을 덜어 주고 상처를 치유해 주고 생명을 구하고 미래를 내다볼 수 있게 해 주게 될 것에 대해 생각해 보라. 그들의 이야기를 들어 주고 믿어 주라. 그리고…

그들이 견뎌온 것으로 인해,

그들이 고통스럽게 감수해야 하는 생활 방식으로 인해,

왜곡된 형태로 시작하여 그들이 가지게 된 성관계에 대한 비뚤어지고 잘못된 생각으로 인해,

그리고 그들이 하나님께 돌아와야 건강하게 치유받을 수 있다는 사실을 모르는 것으로 인해,

그들을 거절하지 마라!

18살이 되기 전에 성폭행을 경험하는 여자들이 세 명에 한 명 꼴이라는 사실을 알고 있는가? 남자들의 경우는 말을 잘 하지 않기 때문에 그 수가 얼마나 되는지는 알 수 없다. 하지만 그들의 경우 역시 그리 적은 숫자는 아닐 것이라고 생각하는 사람들이 있다. 성적으로 학대를 받아 본 경험이 없는 사람들은 그들이 느끼는 고통과 수치심과 배신감과 분노와 스스로 무가치하게 느껴지는 감정을 이해할 수 없다.

그런 젊은이들에게 어떤 일이 일어나는가? 그들 중 상당수가 상대를 가리지 않고 성행위를 하게 된다. 어떤 사람들은 동성연애를 통해 만족을 얻으려고 하기도 한다. 또 이미 순결을 잃어 더 이상 순결을 지키기 위해 노력할 필요가 없다고 생각하기 때문에 매춘을 하는 사람들도 있다. 그리고 아이들을 괴롭히는 치한이 되는 사람들도 있다.

우리가 그런 사람들과 같이 앉아 그들이 그렇게 될 수밖에 없었던

상황을 이해하려고 한다면, 그리고 하나님께서 하나님으로 계시기 때문에 그들의 삶이 달라질 수 있다는 사실을 그들에게 이야기해 줄 수 있다면, 어떤 일이 일어나겠는가?

하나님께서 오셔서 그들의 팔을 붙들어 주실 수 있도록 "자비롭고 은혜롭고 노하기를 더디하고 인자와 진실이 많은 하나님, 인자를 천 대까지 베풀며 악과 과실과 죄를 용서하리라 그러나 벌을 면제하지는 아니하고 아버지의 악행을 자손 삼사 대까지 보응하시는 하나님"출 34:6-7께 눈물로 호소한다면,

그리고 그들의 상처를 씻으시고 치유하시며
그들의 죄책감으로부터 그들을 자유케 하시고
불의의 사슬을 끊어 주시는 하나님을 그들에게 알려 줄 수 있다면,
어떤 일이 일어나겠는가?

나를 순진하다고 생각하지 말라. 그들 중 많은 사람이 믿지 않고 그냥 자리를 박차고 나가서 멸망의 길을 가게 될 것이라는 사실을 나도 안다. 그러나 모두 그렇게 하지는 않는다! 귀를 기울이는 사람들도 있을 것이다. 하나님께서 그들에게 하나님의 사랑과 친절을 부어 주실 것이다. 그들은 우리를 통해 전달되는 하나님의 메시지에 귀를 기울이고 떨면서 영생으로 이르는 좁은 길을 우리와 함께 걷게 될 것이다.

하나님께서 성관계에 대해 말씀하신 바를 알고자 한다면 성경이 동성애와 다른 왜곡된 형태의 성행위에 대해 어떻게 말씀하시는지를 살펴보아야 한다. 그러나 그 전에 내 마음을 이해해 주기 바란다. 근친상간이나 어린이를 성적으로 학대하는 일 등을 포함한 왜곡된 성행위를 하고 있다면, 그것은 당신이 그런 사람으로 태어났기 때문이 아니

라 성관계에 대한 당신의 잘못된 시작 때문인 것이다. 당신은 이 사실을 이해하고 하나님께서 어떻게 말씀하고 계시는지를 스스로 살펴보지 않으면 안 된다.

내 말을 듣고 있는가? 이 글을 주의해서 읽고 있는가? 나와 논쟁할 필요는 없다. 그저 내 이야기를 들으라. 성적인 탈선은 후천적으로 습득된 행동이라는 사실이 증명되었다. 어린 시절이나 청소년 시절에 또는 성인으로서 처음 겪게 된 성적 경험이 당신의 성생활에 큰 영향을 미치게 된다.

당신이 나에게 당신의 이야기를 해 준다면 나는 그것을 매우 영광스럽게 생각하겠지만, 지금 당장은 당신과 함께 걸으며 당신의 이야기를 들어 줄 수가 없다. 그러나 하나님께 귀를 기울이고, 신중하게 경청하라고 말해 주고 싶다. 마음과 가슴으로 들으라. 하나님께서 말씀하시게 하라. 그분과 함께 생각하라. 당신이 중요한 사실을 설명할 때 다른 사람들이 당신을 믿어 주기를 바라는 것처럼 그렇게 하나님을 믿으라.

이 장과 계속해서 이어지는 장들에서 우리가 다루게 될 문제들에 대해 귀를 기울이라. 그리고 나는 당신을 판단하는 심판자가 아니라는 사실을 기억하라. 우리를 판단하는 것은 하나님의 말씀이다. 나는 당신이 진리를 받아들일 수 있게 되기를 바라며 당신의 행동들에 대해 하나님께서 어떻게 말씀하고 계시는지를 스스로가 발견할 수 있도록 도와주고 싶을 뿐이다. 그렇게 할 때 당신의 행실이 아니라 하나님의 자비를 근거로 하여 중생의 씻음과 성령의 새롭게 하시는 사역을 통해 하나님께서 당신을 죄의 올무에서 구해 주실 것이다딛 3:5.

현재 미국에서 심각한 문제가 되고 있는 동성연애를 먼저 다루기로 하자.

남자가 남자와 성관계를 가지고 싶어 하는 욕망을 성경에서 가장 먼저 볼 수 있는 곳은 소돔과 고모라의 멸망이 기록된 부분이다. 고고학자들은 이 두 도시를 아직 찾아 내지 못하고 있지만, 성경은 우리에게 아브라함 당시 그 두 도시는 평지에 있던 다섯 개의 도시 중 두 도시였다는 사실을 말해 주고 있다. 그 두 도시는 아마도 사해와 가까운 싯딤 골짜기에 있었으며 멸망된 후 지금은 사해의 남쪽 끝 얕은 곳에 묻혀 있는 것으로 보인다.

소돔과 고모라가 멸망했을 때 아브라함은 99살이었다. 그의 아내 사라는 89살이었고 그때까지 아이를 낳지 못했다. 24년 전 하나님께서 아브라함과 사라에게 아들을 주겠다는 약속을 하셨다. 그러나 두 사람은 여전히 그 약속의 아들을,

그 언약의 아들을,

강대하고 독특한 나라를 이루게 될 아들을,

언젠가 인류의 구속자, 메시야가 나오게 될 아들을 기다리고 있었다.

어느 날, 아브라함이 헤브론에 있는 마므레 상수리나무 옆에 앉아 있을 때 낯선 세 사람이 그를 찾아왔다. 그러나 성경은 그들 중 두 사람은 하나님의 천사였고 한 사람은 성육신하시기 전의 메시야였음을 보여 주고 있다. 그 세 사람은 거의 25년 동안 기다려 온 하나님의 언약의 아들이 곧 사라에게 잉태될 것이라는 사실을 확신시켜 주었다.

이 소식을 아브라함에게 전한 후 세 사람은 일어나 소돔 쪽을 바라보았다. 그들은 그 도시의 죄가 얼마나 심각한지를 알아보기 위해 그곳으로 갈 참이었다. 두 천사는 소돔을 향해 길을 떠났고 주님은 남아 아브라함에게 소돔과 고모라에 임박한 심판을 알려 주셨다. 아브라함은 하나님께서 도시를 멸망시킬 때 의인들도 죄인들과 함께 멸하시는 것이 정당한 일인지를 도전하기 시작했다. 아브라함에게 그런 심판은 불공평한 것처럼 보였다. 그 도시에 열 사람의 의인만 있어도 그 도시를 멸망시키지 않겠다는 주님의 약속을 받은 후 아브라함의 논쟁은 끝이 났다.

그렇다면 소돔의 죄는 어떤 것이었는가? 어떤 사람들은 그들의 죄를 에스겔이 기록한 다음 죄로 한정하기도 한다.

> 네 아우 소돔의 죄악은 이러하니 그와 그의 딸들에게 교만함과 음식물의 풍족함과 태평함이 있음이며 또 그가 가난하고 궁핍한 자를 도와 주지 아니하며 거만하여 가증한 일을 내 앞에서 행하였음이라 그러므로 내가 보고 곧 그들을 없이 하였느니라겔 16:49-50.

이 구절을 기초로 하여 그 도시 사람들이 가난한 사람들과 궁핍한 사람들을 도와주지 않았기 때문에 하나님께서 그 성을 멸하셨다고 말하는 사람들도 있다.

에스겔이 이 글을 썼을 때 소돔과 고모라는 이미 오래전에 사라지고 없었다. 의인 열 명이 없었기 때문에 아브라함의 방어에도 불구하고 그 도시들은 하나님의 심판을 받아 멸망한 지 오래였다. 이스라엘과 그 아우의 죄에 대한 에스겔의 비유적인 묘사 속에서, 하나님은 소돔의 죄와 이스라엘의 아우들의 죄를 비교하시는 것처럼 보인다. 우리는 이 구절의 의미를 정확하게 알 수는 없다. 그러나 창세기 19장은 소돔 성에서 행해졌던 가증스러웠던 추행들을 보여 주고 있다.

창세기 19:1-13을 읽으며 '소돔 성에 살고 있던 사람들'을 지칭하는 말에 밑줄을 치거나 색연필로 표시해 보라. 대명사에도 표시하라. 그리고 "두 천사"를 지칭하는 말에 대명사를 포함해 모두 동그라미를 치거나 다른 색 색연필로 표시해 보라.

1 저녁 때에 그 두 천사가 소돔에 이르니 마침 롯이 소돔 성문에 앉아 있다가 그들을 보고 일어나 영접하고 땅에 엎드려 절하며

2 이르되 내 주여 돌이켜 종의 집으로 들어와 발을 씻고 주무시고 일찍이 일어나 갈 길을 가소서 그들이 이르되 아니라 우리가 거리에서 밤을 새우리라

3 롯이 간청하매 그제서야 돌이켜 그 집으로 들어오는지라 롯이 그들을 위하여 식탁을 베풀고 무교병을 구우니 그들이 먹으니라

4 그들이 눕기 전에 그 성 사람 곧 소돔 백성들이 노소를 막론하고 원근에서 다 모여 그 집을 에워싸고

5 롯을 부르고 그에게 이르되 오늘 밤에 네게 온 사람들이 어디 있느냐 이끌어 내라 우리가 그들을 상관하리라

6 롯이 문 밖의 무리에게로 나가서 뒤로 문을 닫고

7 이르되 청하노니 내 형제들아 이런 악을 행하지 말라
8 내게 남자를 가까이 하지 아니한 두 딸이 있노라 청하건대 내
가 그들을 너희에게로 이끌어 내리니 너희 눈에 좋을 대로 그
들에게 행하고 이 사람들은 내 집에 들어왔은즉 이 사람들에
게는 아무 일도 저지르지 말라
9 그들이 이르되 너는 물러나라 또 이르되 이 자가 들어와서 거
류하면서 우리의 법관이 되려 하는도다 이제 우리가 그들보다
너를 더 해하리라 하고 롯을 밀치며 가까이 가서 그 문을 부수
려고 하는지라
10 그 사람들이 손을 내밀어 롯을 집으로 끌어들이고 문을 닫고
11 문 밖의 무리를 대소를 막론하고 그 눈을 어둡게 하니 그들
이 문을 찾느라고 헤매었더라
12 그 사람들이 롯에게 이르되 이 외에 네게 속한 자가 또 있느
냐 네 사위나 자녀나 성 중에 네게 속한 자들을 다 성 밖으로
이끌어 내라
13 그들에 대한 부르짖음이 여호와 앞에 크므로 여호와께서 이
곳을 멸하시려고 우리를 보내셨나니 우리가 멸하리라

소돔 성에 사는 사람들을 지칭하는 말에 표시하면서 알게 된 것은 무엇인가? 아래의 공란에 적어 보라.

본문을 읽는 것만으로도 소돔 성에서 행해진 가증한 일들을 알 수 있을 것이다. 그들의 악행이 에스겔이 말한 것처럼 교만이나 부자들의 무관심이나 가난한 사람들과 궁핍한 사람들을 도와주지 않은 그런 것들이라고 생각하는가? 당신의 대답을 적고 창세기 19:1-13의 본문을 관찰하면서 어떻게 그런 결론을 내릴 수 있었는지를 설명해 보라.

레위기 18장을 읽으면서 "가증한 일"이라는 단어에 표시했던 것을 기억하는가? 그 구절들을 다시 한번 살펴보자. 다음의 구절을 읽으면서 "가증한 일"이라는 단어가 나올 때마다 한 번 더 표시해 보라.

레위기 18:22-30

22 너는 여자와 동침함 같이 남자와 동침하지 말라 이는 가증한 일이니라

23 너는 짐승과 교합하여 자기를 더럽히지 말며 여자는 짐승 앞에 서서 그것과 교접하지 말라 이는 문란한 일이니라

24 너희는 이 모든 일로 스스로 더럽히지 말라 내가 너희 앞에서 쫓아내는 족속들이 이 모든 일로 말미암아 더러워졌고

25 그 땅도 더러워졌으므로 내가 그 악으로 말미암아 벌하고 그 땅도 스스로 그 주민을 토하여 내느니라

26 그러므로 너희 곧 너희의 동족이나 혹은 너희 중에 거류하는 거류민이나 내 규례와 내 법도를 지키고 이런 가증한 일의

하나라도 행하지 말라
27 너희 전에 있던 그 땅 주민이 이 모든 가증한 일을 행하였고
그 땅도 더러워졌느니라
28 너희도 더럽히면 그 땅이 너희가 있기 전 주민을 토함 같이
너희를 토할까 하노라
29 이 가증한 모든 일을 행하는 자는 그 백성 중에서 끊어지리라
30 그러므로 너희는 내 명령을 지키고 너희가 들어가기 전에 행
하던 가증한 풍속을 하나라도 따름으로 스스로 더럽히지 말
라 나는 너희의 하나님 여호와이니라

이 구절에서 가증한 일로 규정된 성행위는 어떤 것들인가?

하나님께서 레위기 18:19-30에서 "가증한 일"로 언급한 것에는 레위기 18장 앞부분에서 언급한 근친상간과 간음도 포함되어 있다. 22절과 창세기 19:1-11에 묘사된 사건 사이에 있는 유사점을 발견할 수 있는가?

성경 본문이 말하고 있는 내용을 있는 그대로 볼 때 소돔 성의 멸망을 불러온 가증한 일에는 어떤 것들이 포함되어 있다는 결론을 내릴 수 있겠는가?

짧은 유다서를 통해 소돔 성에서 일어난 일들에 대하여 흥미로운 통찰력을 얻을 수 있다. 지금부터 살펴보기로 하자. 먼저 유다서를 설명하기 위해 약간의 시간을 투자할 필요가 있는데 그럴 만한 충분한 가치가 있을 것이다. 유다는 편지를 받는 사람들에게 "성도에게 단번에 주신 믿음의 도를 위하여 힘써 싸우라"유 1:3는 권고를 하기 위해 이 편지를 썼다. 그는 우리의 유일하신 주님이신 주 예수 그리스도를 부인할 뿐만 아니라, 하나님의 은혜를 방종과 도덕적 무질서로 바꾸려는 불경한 사람들이 성도들 속에 몰래 숨어 들어왔기 때문에, 성도들을 경계하기 위해 이 편지를 썼다. 그 불경한 사람들은 마음대로 부도덕하게 살면서도 여전히 천국에 갈 수 있다는 주장을 했다.

유다는 하나님께서 늘 미워하셨던 것을 여전히 미워하신다는 사실을 성도들이 이해할 수 있기를 바랐다. 죄에 대한 하나님의 입장은 달라지지 않았다. 그러므로 하나님은 하나님의 계명을 무시하는 사람들을 간과할 수 없으시다. 25절로 된 이 짧은 서신서에서 유다는 하나님의 심판을 일곱 차례에 걸쳐 경고했다. 그는 추잡한 부도덕에 빠져 자신의 영역을 지키지 않고 간음을 행한 천사들을 하나님께서 어떻게 멸하셨는지, 그리고 그 천사들처럼 추잡한 부도덕에 빠져 간음을 행한 소돔과 고모라와 그 주변 도시들을 어떻게 멸하셨는지를 언급했다. 그 구절을 읽어 보도록 하자.

유다 1:6-7

6 또 자기 지위를 지키지 아니하고 자기 처소를 떠난 천사들을
큰 날의 심판까지 영원한 결박으로 흑암에 가두셨으며
7 소돔과 고모라와 그 이웃 도시들도 그들과 같은 행동으로 음
란하며 다른 육체를 따라 가다가 영원한 불의 형벌을 받음으
로 거울이 되었느니라

"자기 지위를 지키지 않고 자기 처소를 떠나 간음을 행하며 다른 육체를 따른 천사들"을 노아 당시에 '사람의 딸들'을 아내로 삼은 창세기 6장에 나오는 "하나님의 아들들"이라고 생각하는 학자들도 있다. 다시 말해서 그 학자들은 천사가 인간과 성관계를 가졌다고 생각한다. 이런 해석을 받아들이건 받아들이지 않건 간에 하나님께서 소돔과 고모라와 그 주변에 있는 도시 사람들이 음란하며 '다른 육체'를 따라갔다고 선언하셨다는 것만은 분명히 알 수 있다.

소돔 남자들은 그들이 "상관하고"(성관계를 뜻하는 말) 싶어한 두 남자가 천사들이었다는 사실을 아마도 모르고 있었을 것이다. 그러나 성경 본문을 통해 볼 때 그들이 여자보다 남자를 더 선호했던 것만은 분명하다. 유다서에 사용된 "다른 육체"란 말은 동성애의 추행을 강조하는 것이며, 유다는 간음을 행한 사람들과 다른 형태의 성적인 추행을 행한 사람들에게 임하는 것과 같은 영원한 불의 형벌이 동성애를

하고도 회개하지 않는 사람들에게도 임하게 될 것이라고 말하고 있다.

베드로후서 2장 역시 유다서의 이 구절과 마찬가지로 소돔과 고모라의 멸망에 대해 언급하고 있다. 베드로후서 2장이 무슨 말을 하고 있는지 정확하게 알기 위해 직접 읽어 보라. 소리 내어 읽으면서 '소돔과 고모라'를 언급하고 있는 말을 모두 찾아서 밑줄을 그어 보라.

베드로후서 2:4-10

4 하나님이 범죄한 천사들을 용서하지 아니하시고 지옥에 던져 어두운 구덩이에 두어 심판 때까지 지키게 하셨으며

5 옛 세상을 용서하지 아니하시고 오직 의를 전파하는 노아와 그 일곱 식구를 보존하시고 경건하지 아니한 자들의 세상에 홍수를 내리셨으며

6 소돔과 고모라 성을 멸망하기로 정하여 재가 되게 하사 후세에 경건하지 아니할 자들에게 본을 삼으셨으며

7 무법한 자들의 음란한 행실로 발미암아 고통 당하는 의로운 롯을 건지셨으니

8 (이는 이 의인이 그들 중에 거하여 날마다 저 불법한 행실을 보고 들음으로 그 의로운 심령이 상함이라)

9 주께서 경건한 자는 시험에서 건지실 줄 아시고 불의한 자는 형벌 아래에 두어 심판 날까지 지키시며

10 특별히 육체를 따라 더러운 정욕 가운데서 행하며 주관하는 이를 멸시하는 자들에게는 형벌할 줄 아시느니라 이들은 당돌하고 자긍하며 떨지 않고 영광 있는 자들을 비방하거니와

소돔과 고모라를 언급하고 있는 말에 밑줄을 치면서 어떤 것들을 알게 되었는가? 아래의 공란에 적어 보라.

9-10절을 다시 읽어 보라. 육체를 따르는 사람들에 대해 무엇을 알 수 있는가?

10절에 "주관하는"이라는 말이 나오는 것을 보았을 것이다. 주관하는 이를 멸시하는 것은 하나님께서 말씀하신 것을 의도적으로 거역하는 것을 뜻한다. 그것은 하나님께 순종하지 않고 진리를 거스르고 거짓을 따르기로 선택한 것이다. 하나님께서 하나님이시라면 그렇게 하나님을 거역하고도 무사할 수 있겠는가?

부도덕한 삶에 따르는 영원한 결과

신약 성경에 나오는 몇 구절들을 잠시 살펴보면서 그 구절들이 영원한 형벌에 대해 어떻게 가르치고 있는지를 알아보도록 하자. 약간 반복되는 듯하지만 죄를 회개하지 않고 예수 그리스도를 믿지 않는 부도덕한 사람들에게 어떤 일이 일어나게 될지 알고 싶다면 피할 수 없는 일이 될 것이다. 그러므로 다음 구절을 읽으면서 부도덕한 행위와 성적인 범죄에 속하는 것들에 밑줄을 그어 보라.

고린도전서 6:9-11

9 불의한 자가 하나님의 나라를 유업으로 받지 못할 줄을 알지
못하느냐 미혹을 받지 말라 음행하는 자나 우상 숭배하는 자
나 간음하는 자나 탐색하는 자나 남색하는 자나
10 도적이나 탐욕을 부리는 자나 술 취하는 자나 모욕하는 자나
속여 빼앗는 자들은 하나님의 나라를 유업으로 받지 못하리라
11 너희 중에 이와 같은 자들이 있더니 주 예수 그리스도의 이
름과 우리 하나님의 성령 안에서 씻음과 거룩함과 의롭다 하
심을 받았느니라

그 어떤 성범죄를 저질렀다 하더라도 여전히 희망을 가질 수 있다는 사실을 기억하는 데 도움을 주기 위해 11절을 함께 포함시켰다. 용서받을 수 있다. 달라질 수 있다. 새롭게 될 수 있다. 다시 시작할 수 있다. 치유하시는 여호와 라파께 나아갈 때 치유를 경험할 수 있다.

그러나 회개하지 않는다면 멸망하게 될 것이리고 예수님께시 말씀하셨다. 헬라어 정의에 따르면 회개는 구원에 없어서는 안 될 중요한 요소이다. 회개에 해당하는 헬라어 단어 '매타노이아'metanoia는 '마음을 바꾸다'라는 뜻이다. 성경적으로 그것은 마음을 바꾸고 어떤 것에 대하여 특히 죄와 구원의 필요에 대해 하나님께서 말씀하신 것을 믿는 믿음을 확증하고 구세주를 인정하는 것을 뜻한다. 물론 회개라는 단어가 다른 방법으로 사용되기도 하지만 구원과 관련된 문맥 속에서는 이런 의미를 가지고 있다.

다음에 이어지는 구절들에서도 부도덕한 행위와 성적인 범죄에 속

하는 것들에 밑줄을 그어 보라.

에베소서 5:5-6

5 너희도 정녕 이것을 알거니와 음행하는 자나 더러운 자나 탐
하는 자 곧 우상 숭배자는 다 그리스도와 하나님의 나라에서
기업을 얻지 못하리니
6 누구든지 헛된 말로 너희를 속이지 못하게 하라 이로 말미암
아 하나님의 진노가 불순종의 아들들에게 임하나니

요한계시록 21:8

8 그러나 두려워하는 자들과 믿지 아니하는 자들과 흉악한 자들
과 살인자들과 음행하는 자들과 점술가들과 우상 숭배자들과
거짓말하는 모든 자들은 불과 유황으로 타는 못에 던져지리니
이것이 둘째 사망이라

요한계시록 22:14-15

14 자기 두루마기를 빠는 자들은 복이 있으니 이는 그들이 생명
나무에 나아가며 문들을 통하여 성에 들어갈 권세를 받으려
함이로다
15 개들과 점술가들과 음행하는 자들과 살인자들과 우상 숭배
자들과 및 거짓말을 좋아하며 지어내는 자는 다 성 밖에 있
으리라

이런 것들이 하나님께서 죄로 간주하시는 것들이다. 그리고 회개하지 않으면, 마음을 바꾸고 하나님께 동의하고 하나님께서 구원해 주실 것을 구하지 않으면, 당신은 천국에 들어가지 못하게 될 것이다. 당신의 자유 의지에 따라 하나님을 거부하기로 선택하고 자신을 지옥에 넘기고 결국은 벌레도 죽지 않고 영원히 불이 꺼지지 않는 불못에 던져지게 될 것이다사 66:24.

다시 말해서 그곳에서 영원히 살게 될 것이다. 왜냐하면 죄는 사망을 부르고 당신은 그 죄로부터 기꺼이 구원해 주실 하나님의 아들을 영접하지 않았기 때문이다. 당신은 당신의 죄를 사랑했고 지옥에 이르기까지 그 죄를 붙들고 놓지 않았기 때문이다.

그런 죄들은 죄를 짓는 사람들의 생활 방식을 말해 주는 것이라는 사실을 이해하는 것이 중요하다. 죄는 그들이 받은 유혹이나 씨름이나 사소한 잘못의 결과가 아니라 그들이 의도적으로 선택한 생활 방식인 것이다. 그들은 생명 대신 죽음을 선택했다. 그들이 마음을 완고하게 하지 않았더라면 자비롭고 은혜로우신 하나님께서 그들을 구원해 주셨을 것이다.

로마서 1:18-32을 보면 그 사실을 보다 분명하게 이해할 수 있을 것이다. 다음 구절을 읽으면서 하나님의 진노를 경험하게 될 경건치 않은 사람들과 불의를 행하는 사람들을 가리키는 말에 밑줄을 그어 보라. 대명사도 잊지 말고 포함시키라.

18 하나님의 진노가 불의로 진리를 막는 사람들의 모든 경건하
지 않음과 불의에 대하여 하늘로부터 나타나나니

19 이는 하나님을 알 만한 것이 그들 속에 보임이라 하나님께서
이를 그들에게 보이셨느니라
20 창세로부터 그의 보이지 아니하는 것들 곧 그의 영원하신 능
력과 신성이 그가 만드신 만물에 분명히 보여 알려졌나니 그
러므로 그들이 핑계하지 못할지니라
21 하나님을 알되 하나님을 영화롭게도 아니하며 감사하지도
아니하고 오히려 그 생각이 허망하여지며 미련한 마음이 어
두워졌나니
22 스스로 지혜 있다 하나 어리석게 되어
23 썩어지지 아니하는 하나님의 영광을 썩어질 사람과 새와 짐
승과 기어다니는 동물 모양의 우상으로 바꾸었느니라
24 그러므로 하나님께서 그들을 마음의 정욕대로 더러움에 내
버려 두사 그들의 몸을 서로 욕되게 하게 하셨으니
25 이는 그들이 하나님의 진리를 거짓 것으로 바꾸어 피조물을
조물주보다 더 경배하고 섬김이라 주는 곧 영원히 찬송할 이
시로다 아멘
26 이 때문에 하나님께서 그들을 부끄러운 욕심에 내버려 두셨
으니 곧 그들의 여자들도 순리대로 쓸 것을 바꾸어 역리로
쓰며
27 그와 같이 남자들도 순리대로 여자 쓰기를 버리고 서로 향하
여 음욕이 불 일듯 하매 남자가 남자와 더불어 부끄러운 일
을 행하여 그들의 그릇됨에 상당한 보응을 그들 자신이 받았
느니라

28 또한 그들이 마음에 하나님 두기를 싫어하매 하나님께서 그
들을 그 상실한 마음대로 내버려 두사 합당하지 못한 일을
하게 하셨으니
29 곧 모든 불의, 추악, 탐욕, 악의가 가득한 자요 시기, 살인,
분쟁, 사기, 악독이 가득한 자요 수군수군하는 자요
30 비방하는 자요 하나님께서 미워하시는 자요 능욕하는 자요
교만한 자요 자랑하는 자요 악을 도모하는 자요 부모를 거역
하는 자요
31 우매한 자요 배약하는 자요 무정한 자요 무자비한 자라
32 그들이 이같은 일을 행하는 자는 사형에 해당한다고 하나님
께서 정하심을 알고도 자기들만 행할 뿐 아니라 또한 그런
일을 행하는 자들을 옳다 하느니라

본문을 읽으면서 "하나님께서 그들을 내버려 두사"라고 한 구절이 반복해서 니오는 것을 보았을 것이다. 다시 본문으로 돌아가서 그 부분에 이렇게  구름 표시를 하라. 또 "바꾸다"라는 단어에 다른 색이나 다른 모양으로 표시를 하라. 그리고 누가 무엇을 위해 무엇을 바꾸었는지를 표시하라. 그런 다음 하나님께서 사람들을 내버려 두신 일과 사람들이 바꾼 일 중 어떤 일이 먼저 일어났는지를 살펴보라.

이제 그 사람들의(이 구절은 일반적인 남자와 여자를 언급하고 있다) 특징을 써 보라. 다음 페이지에 있는 공란에 그 특징들을 열거해 보라. 하나님께서 무슨 말씀을 하셨는지를 정확하게 알고 이해하는 것이 꼭 필요하므로 몇 가지 질문을 하지 않을 수 없다. 이 질문들에

대답하기 위해 다른 사람들의 해석까지 필요하지는 않다. 하나님께서 명료하고 분명하게 말씀하셨기 때문이다. 하나님께서 말씀하신 대로다. 그리고 하나님께서는 뜻하시는 것을 그대로 말씀하신다. 아무것도 가리지 않으신다.

이 구절에서 언급하고 있는 성행위는 어떤 것들인가(24절부터 시작하라)?

그런 성행위들은 하나님께서 인정하시는 것인가? 그것은 하나님의 뜻을 따르는 것들인가? 그것을 어떻게 알았는가?

하나님의 진노가 임하게 될 사람들의 특징을 보게 되면 그들이 의도적으로 하나님을 영화롭게 하려 하지 않는다는 것을21절 볼 수 있을 것이다. 누군가에게 하나님을 영화롭게 하는 일에 대해 이야기해야 한다면 어떻게 설명해 줄 것인가?

불의한 사람들의 특징

"그들이 핑계하지 못할지니라"고 한 20절을 찾아보라. 그들이 핑계를 댈 수 없는 이유는 무엇인가?

누가 먼저 등을 돌렸는가? 하나님인가, 아니면 인간인가? 어떻게 등을 돌렸는가?

로마서 1장에서 언급한 인간이 바꾼 모든 것에 대해 하나님께서는 반응을 보이셨다. 인간이 바꾼 것은 무엇이며 하나님께서는 그 바꾼 것에 대해 어떻게 반응하셨는가?

인간이 바꾼 것	하나님의 반응

32절을 보라. 그 사람들이 어떻게 그들 사회와 국가에 그렇게도 파괴적인 영향을 미치게 되었는가?

죄는 혼자 가만히 있질 않는다. 항상 동료를 원한다. 분명한 하나님의 명령에 의도적으로 불순종하는 사람들이 있다는 사실이 마치 부당한 일에 정당성을 부여해 주기라도 하는 것처럼 여긴다. 그래서 방자

한 사람들이 하나님을 거역하면서 이 세상을 오염시킨다. 그들은 자신들의 만족을 위해 다른 사람들을 이용하거나 자신들의 비정상적인 생활 방식으로 끌어들이며 하나님의 말씀이 금하고 있는 행동들을 합리화시킨다. 옛 언약 하에서는 하나님께서 그런 사람들에게 죽음을 선고하셨다. 하나님께서 그들을 사랑하지 않으시거나 그들이 구원되는 것을 바라지 않으셨기 때문이 아니다. 그들이 하나님의 명령을 어기고 다른 사람들을 망치는 행동을 했기 때문이다. 하나님은 백성을 구원하시고 보호하셔야 했기 때문에 그들을 죽이도록 명하셨던 것이다.

분노할 때

나에게 또는 프리셉트 국제 본부에서 일하고 있는 상담자들에게 편지를 보낸 사람들과 이야기하며 함께 걸을 수 있는 기회를 만들고 싶다. 그들의 이야기를 들어 줄 수만 있다면 좋을 것이라고 생각한다. 틀렸다고 간주하지 않고 정말 귀를 기울여 줄 수 있다면 좋을 것이다.

도리 밴 스톤과 함께 여행하면서 그녀가 감옥에서, 보육원에서, 대학 캠퍼스에서, 기독교 학교에서, 학생들이 모인 곳에서, 교회에서, 국내에서나 외국에서 이야기할 때 어떤 일들이 벌어지는지를 보여 줄 수 있다면 좋겠다. 사람들은 자신들을 이해해 주고 믿어 준다는 사실을 알고는 눈물을 글썽이며 그녀 주변에 모여든다. 도리의 연약한 모습 속에서 그들은 위로와 용기를 얻게 된다. 그들은 상처 입은 사람들이다. 성적으로 유린당하고 다른 사람들의 쾌락을 위해 이용당한 사람들이다. 부도덕과 자위와 포르노와 매춘과 동성애와 우울증과 자살하고 싶은 충동과 다중 인격과 술 중독과 마약 중독과 증오심과 어린이 학대 등으로 삶을 망친 사람들이다. 그리고 그런 일들은 성관계에 관한 하나님의 명령을 어긴 사람이 있었기 때문에 시작되었다. 많은 경우 사회는 무고한 사람들에 대한 공격을 관대하게 다룬다. 그런 일을 묵과하고 보호하고 조장하고 선전한다. 또는 도와주고 구해 주어야 할 사람들이 그저 등을 돌리고 외면해 버리기도 한다. 그들은 알고 싶어 하지도 관심을 가지지도 않는다.

나는 모든 사람이 하나님께서 보시기에 옳은 일이 아니라 스스로 보기에 옳은 일을 행하기 때문에 생겨나게 된 고통들을 이해하기 시작한다면, 어떤 일이 일어나게 될지를 종종 생각해 보곤 한다. 하나님께서가 아니라 그들이 다스리고 있다!

우리 시대는 사사들이 다스렸던 무관심과 배신과 무질서가 난무하던 거의 3세기 동안의 이스라엘 역사를 반영하고 있는 듯하다. 사사기의 마지막 다섯 장은 그런 도덕적 풍조를 잘 묘사하고 있다. “이스라엘에 왕이 없었던”1절 사사기 19장에서 우리는 베냐민 지파 사람의 집에서 밤을 보내게 된 한 레위인과 그의 첩에 관한 이야기를 읽게 된다. 아래 인용한 구절을 읽으면서 “그 성읍의 불량배들”을 지칭하는 모든 말에 밑줄을 그어 보라.

사사기 19:22-30

22 그들이 마음을 즐겁게 할 때에 그 성읍의 불량배들이 그 집을
에워싸고 문을 두들기며 집 주인 노인에게 말하여 이르되 네
집에 들어온 사람을 끌어내라 우리가 그와 관계하리라 하니

23 집 주인 그 사람이 그들에게로 나와서 이르되 아니라 내 형
제들아 청하노니 이같은 악행을 저지르지 말라 이 사람이 내
집에 들어왔으니 이런 망령된 일을 행하지 말라
24 보라 여기 내 처녀 딸과 이 사람의 첩이 있은즉 내가 그들을 끌
어내리니 너희가 그들을 욕보이든지 너희 눈에 좋은 대로 행하
되 오직 이 사람에게는 이런 망령된 일을 행하지 말라 하나
25 무리가 듣지 아니하므로 그 사람이 자기 첩을 붙잡아 그들에
게 밖으로 끌어내매 그들이 그 여자와 관계하였고 밤새도록
그 여자를 능욕하다가 새벽 미명에 놓은지라
26 동틀 때에 여인이 자기의 주인이 있는 그 사람의 집 문에 이
르러 엎드러져 밝기까지 거기 엎드러져 있더라
27 그의 주인이 일찍이 일어나 집 문을 열고 떠나고자 하더니
그 여인이 집 문에 엎드러져 있고 그의 두 손이 문지방에 있
는 것을 보고
28 그에게 이르되 일어나라 우리가 떠나가자 하나 아무 대답이
없는지라 이에 그의 시체를 나귀에 싣고 행하여 자기 곳에
돌아가서
29 그 집에 이르러서는 칼을 가지고 자기 첩의 시체를 거두어
그 마디를 찍어 열두 덩이에 나누고 그것을 이스라엘 사방에
두루 보내매
30 그것을 보는 자가 다 이르되 이스라엘 자손이 애굽 땅에서 올
라온 날부터 오늘까지 이런 일은 일어나지도 아니하였고 보지
도 못하였도다 이 일을 생각하고 상의한 후에 말하자 하니라

그림이 그려지는가? 현기증을 느끼게 만드는가? 분노가 치미는가? 그렇지 않다면 그 이유는 무엇인가? 당신에게 무엇이 잘못된 것인가? 몇 가지 이유 때문에 분개해야 마땅하다.

첫째, 유대인이 동성애를 허용하고 있었다는 사실은 생각할 수도 없는 일이었다. 그들은 하나님께서 선택하신 민족이었다. 그리고 베냐민 지파는 한때 고매한 지파였다. 하나님께서 동성애는 죽음이라는 형벌을 받아야 할 죄라고 말씀하셨다! 이 사실은 앞에서 공부한 율법서를 통해 이미 알고 있을 것이다. 하나님께서 마음을 바꾸셨는가? 시대가 변하면서 그분의 법도 달라진 것인가? 한때는 잘못이었던 것이 지금은 아무 이상 없이 받아들여질 수 있는 것인가? 물론 아니다! 레위인과 그의 첩을 집으로 들였던 사람은 그 성읍 사람들에게 그들이 원하는 것은 악한 일이며 망령된 일이라고 말했다.

둘째, 어떻게 그 집주인은 자기 딸의 순결을 잃게 만들 수 있는 일을 하라고 사람들에게 말할 수 있었던 것인가? 어떻게 아버지가 동네 사람들의 잘못된 쾌락을 채워 주기 위해 자기 딸을 범해도 좋다는 허락을 할 수 있단 말인가? 이 질문을 하면서도 나는 매일 그런 일을 하고 있는 아버지들이 이 세상에 있다는 사실을 인식하며 몸서리를 치게 된다. 그들은 자신들의 성적 만족을 위해 딸들을 이용하고 소중한 자녀들을 자신들의 친구들과 나누기도 한다.

어머니들도 마찬가지이다. 남편이 세상을 뜬 후 12살 된 아들을 통해 자신의 성적 욕구를 채우려고 했던 한 어머니가 생각난다. 그 소년은 자신을 이 세상에 태어나게 한 여자를 증오하며 자랐다. 그를 양육하고 보호해 주었어야 할 그녀가 오히려 그의 삶을 망쳐 놓았다. 또 이런 방식으로 아들을 이용하고 아들이 결혼한 후에도 계속 아들과 성관계를 가지려고 했던 어머니도 있었다. 비뚤어져 있다. 병들어 있다. 파괴적이다. 하나님께서 보시기에 가증스러운 일이다.

"하나님께서 그렇게 전능하시고 하나님 앞에서 숨길 수 있는 것이 하나도 없다면, 그렇다면 왜 하나님은 미리 막지 않으시는 것인가?" 라고 말하고 싶을지도 모르겠다. 솔직히 나도 모른다. 그것은 비밀로 남아 있다. 그러나 나는 하나님을 신뢰한다. 나는 하나님이 아니다. 나는 하나님을 설명할 수는 없지만 그분을 신뢰할 수는 있다.

그러나 곧 그 비밀을 이해하게 될 날이 오리라는 것은 알고 있다. 끝이 날 것이다. 이런 관점에서 요한계시록 10:7을 생각해 보는 것은 상당히 흥미로운 일이다.

그들에게 하나님의 진노가 임하게 될 것이다. 하나님께서 보복하실 것이다. 원수를 갚는 일은 하나님께 속한 일이다히 10:30.

불못은 영원한 것이다. 그곳에서 그저 분해되어 버릴 사람은 아무도 없다. 우리 각자 불못 속에서 또는 새 하늘과 새 땅에서 영원히 살게 될 것이다. 성경의 마지막 책인 요한계시록 19-21장을 읽어 보라. 하나님께서는 하나님께 나아오는 사람들을 위해 모든 것을 새롭게 하실 것이다. 슬픔과 고통과 죽음은 영원히 사라지게 될 것이다. 그리고 하나님께서 친히 그 눈물을 닦아 주실 것이다. 죄가 없는 세상에서 산다는 것이 어떤 것인지를 알게 될 것이다. 나는 더 이상 희미한 거울을 통해 보는 것 같지 않고 완전하고 완벽하게 알 수 있게 될 그 영광스러운 날을 기다리고 있다.

베냐민 지파 사람들의 이야기가 나를 화나게 만드는 세 번째 이유는 여자를 희생시키면서까지 자신은 보호를 받으려는 남자가 나오기 때문이다. 남자가 여자를 보호하도록 되어 있다. 그런데 어떻게 이 사람은 처녀인 자기 딸을 사람들에게 내어 주려고 할 수 있단 말인가? 또 이스라엘의 선생이 되었어야 할 레위인이 어떻게 악한 사람들의 손에 자기 첩을 내어 줄 수 있단 말인가? 어떻게 그 사람들에게 그 여자를 하고 싶은 대로 하라고 할 수 있단 말인가? 어떻게 첩의 안전은 확인해 보지도 않고 아침까지 잘 수 있단 말인가? 자신이 무사하기 위해 여자를 이용했다는 사실을 알면서도 어떻게 잠을 잘 수 있단 말인가?

현대 사회를 바라보면서도 같은 질문들을 할 수 있을 것이다. 하나님을 경외하는 신앙심과 하나님의 말씀을 기초로 세워진 미국이라는 나라에 살고 있는 남자들이 어떻게 여자들을 이용하고 학대하고 다양한 방법으로 욕되게 하고 제어되지 않은 남자의 정욕에 희생시킬 수 있단 말인가?

여자들을 보호해 주어야 할 남자들은 다 어디로 간 것인가? 여자들을 보호하고 여자들의 행복과 덕성을 지켜 주는 방패가 되기 위해 남자들이 일어설 수는 없는 것인가? 용감하게 "더 이상은 안 된다!"라고 말할 수 있는 사람들은 다 어디로 간 것인가?

레위인은 첩의 시신을 열두 조각 내어 이스라엘의 각 지파에 보내면서 그 악한 사람들을 어떻게 해야 할 것인지를 물으며 이스라엘 백성의 주의를 환기시켰다. 우리도 그와 같은 일을 해야 할 필요가 있는 것은 아닌가? 낙태된 태아와 이용당하고 학대받고 살해된 아이들과 여자들의 신체 일부를 포장해서 온 나라에 보내면서 어떻게 해야 할 것인지를 물어야 하는 것이 아닌가?

시체의 일부를 받은 이스라엘 지파들은 어떤 반응을 보였는가? 계속해서 읽어 보라.

사사기 20:1-7

1 이에 모든 이스라엘 자손이 단에서부터 브엘세바까지와 길르앗 땅에서 나와서 그 회중이 일제히 미스바에서 여호와 앞에 모였으니
2 온 백성의 어른 곧 이스라엘 모든 지파의 어른들은 하나님 백성의 총회에 섰고 칼을 빼는 보병은 사십만 명이었으며
3 이스라엘 자손이 미스바에 올라간 것을 베냐민 자손이 들었더라 이스라엘 자손이 이르되 이 악한 일이 어떻게 일어났는지 우리에게 말하라 하니
4 레위 사람 곧 죽임을 당한 여인의 남편이 대답하여 이르되 내가 내 첩과 더불어 베냐민에 속한 기브아에 유숙하러 갔더니
5 기브아 사람들이 나를 치러 일어나서 밤에 내가 묵고 있던 집을 에워싸고 나를 죽이려 하고 내 첩을 욕보여 그를 죽게 한지라
6 내가 내 첩의 시체를 거두어 쪼개서 이스라엘 기업의 온 땅에 보냈나니 이는 그들이 이스라엘 중에서 음행과 망령된 일을 행하였기 때문이라
7 이스라엘 자손들아 너희가 다 여기 있은즉 너희의 의견과 방책을 낼지니라 하니라

무슨 일이 일어났는가? 사사기 20장과 21장을 읽어 보라. 베냐민 지파 사람들은 그 여자를 강간하고 죽인 남자들을 처형하려는 이스라엘 백성에게 그들을 내어 주려고 하지 않았다! 결국 나라가 분열되고 내란이 일어났다. 그리고 그 사건으로 발발한 내전으로 인해 6만 5천 명 이상의 남자가 목숨을 잃게 되었다.

오늘날과 마찬가지로 사람들이 자신들의 눈으로 보기에 옳은 대로 행했기 때문이다. 그들은 하나님께 귀를 기울이지 않았다.

아, 이 모든 비극적인 일들을 생각해 보라. 얼마나 무시무시하고 얼빠진 비극인지 모른다! 이 모든 것은 하나님의 말씀대로 살지 않을 때 생기는 일이다. 이 나라, 이 세상에서 점점 더 심해지고 있다. 우리의 윤리관이 달라지지 않는 한 하나님께서는 우리가 전혀 생각지도 못한 방법으로 우리를 심판하실 것이다.

심판은 이미 이루어지고 있다. 로마서 1:27을 기억하는가? 바울 사도는 “남자들도 순리대로 여자 쓰기를 버리고 서로 향하여 음욕이 불 일듯 하매 남자가 남자와 더불어 부끄러운 일을 행하여 그들의 그릇됨에 상당한 보응을 그들 자신이 받았느니라”고 말했다. 성적인 부도덕은 우리 몸에 영향을 미치는 결과를 불러온다. 성병과 에이즈에 대해 어떻게 생각하는가? 무죄한 사람들도 에이즈에 걸린다는 것을 나도 알고 있다. 그러나 에이즈의 시발점은 과연 어디인가? 에이즈는 동성애를 하는 사람들로부터 시작되었고 그곳에서부터 사회 전반에 퍼지게 되었다. 심판이 우리에게 임했다. 우리가 성 윤리에 관한 생각을 바꾸지 않고 있기 때문에 더 큰 심판이 우리 사회에 임하고 있다.

어떻게 할 것인가? 이제 당신은 하나님께서 성관계에 대해 어떻게 말씀하시는지를 알게 되었다. 그 지식을 가지고 어떻게 할 것인가?

먼저 이 책의 메시지를 다른 사람들에게 알리는 일에서부터 시작할 수 있을 것이다. 친구들과 함께 이 책을 같이 공부하고 토론할 수 있게 되기를 기도해 보면 어떻겠는가? 함께 사용할 수 있는 교재도 있다. 친구들에게 하나님께서 성관계에 대해 어떻게 말씀하시는지를 직접 알아보고 그 메시지를 다른 사람들에게 전하도록 도전하라. 그 결과 어떤 일이 일어나게 될지에 대하여 생각해 보라. 사람들이 하나님의 음성에 귀를 기울이고 기도와 법률 제정을 통해 우리 문화를 되돌리는 일에 적극적으로 참여하게 될 때 구출되고 돌아서고 구조되고 구원받게 될 사람들을 생각해 보라.

아직 공부해야 할 부분이 많이 남아 있다. 그러나 지금 바로 기도하고 하나님께서 뭐라고 말씀하시는지를 확인해 보라. 자신이 이런 공부를 주도할 사람이 아니라고 생각한다면 누가 해야 하는지를 하나님께 여쭈어보고 그 사람을 돕기로 결심하라.

부디 무언가 할 것을 간곡히 부탁한다. 하나님께서 소돔과 고모라의 사악함 때문에 그들을 심판하셨다면 우리가 회개하지 않는 한 우리에게도 같은 일을 하실 것이다.

마음에 변화가 일어나려면 먼저 진리를 접해야 한다는 사실을 기억하라. 친구들과 함께 걸으며 마음으로부터 그들의 이야기에 귀를 기울이라. 놀랄 수도 있을 것이다. 그러나 그 충격 때문에 등을 돌리지는 말라. 그들을 믿어 주고 그들 스스로 진리를 찾을 수 있도록 도와주라. 예수님께서는 "진리를 알지니 진리가 너희를 자유롭게 하리라" 요 8:32고 말씀하셨다. 우리는 정말 자유롭게 될 수 있을 것이다.

8. 상처를 치료하라

이미 너무 늦어 버린 것은 아닐까?

해서는 안 될 일을 했기 때문에 또는 누군가가 부당한 성적 침해를 가했기 때문에 하나님께서 의도하신 것과 다른 성 경험을 하게 되었다면 어떻게 할 것인가? 정말 그 일을 극복하고 새로운 삶을 살아갈 수 있을까?

그렇다. 부당한 성 경험을 했을지라도 새로운 삶을 살아갈 수 있다. 이 장에서는 새로운 삶을 살아가기 위해서 어떻게 해야 할 것인지를 살펴보도록 할 것이다.

당신이 하나님의 뜻에 따라 지혜롭게 자신의 성을 관리해 왔다면 정말 잘한 일이다. 당신은 소수의 축복된 사람들 중의 하나이다. 그렇다 할지라도 이 장은 여전히 당신을 위한 장이기도 하다. 그냥 넘어가지 말라. 하나님께서는 당신을 통해 다른 사람들을 돕기 원하시기 때문이다.

먼저 모든 사람의 행복과 회복을 위해 매우 중요한 주제들과 우리가 앞으로 다루게 될 주제들을 간단하게 요약해 보도록 하자.

첫째, 하나님과 아무 문제가 없으려면 어떻게 해야 하는지를 살펴볼 것이다. 이 부분을 알게 되면 다른 모든 문제를 해결해 나갈 수 있게 된다. 그런 다음 간음이나 부정을 행했을 경우 어떻게 해야 하며 또 그런 일로 해를 입게 된 사람이나 해를 가한 사람을 어떻게 대해야 할 것인지를 살펴보게 될 것이다. 간음을 행한 후 어떻게 해야 하는가? 그리고 마지막으로 성적인 침해를 가한 사람을 용서하는 문제를 다루게 될 것이다. 어려운 일이지만 상처를 치유하고 증오심이나 분노나 혼란을 야기하는 패배 속에서 살아가지 않기 위해서는, 성범죄를 치유하는 과정 속에서 하나님의 용서가 얼마나 중요한 역할을 하는지 반드시 이해해야 한다.

이런 모든 일 속에서 하나님만이 하실 수 있는 치유를 보다 더 잘 이해하게 될 것이다.

이틀 전 프리셉트 국제 본부의 책임자인 아들 마크가 전화를 걸어 자신의 둘째 아들 라이언과 함께 참가했던 자동차 경주를 마치고 집으로 돌아왔다는 소식을 알려 주었다. 그 자동차 경주는 아버지와 아들이 해마다 하는 연중 행사와 같은 것이었다. 그러나 올해는 라이언의 두 친구도 동행했기 때문에 좀 더 특별했다. 그들이 경험한 신나는 이야기를 들으면서 나는 남편과 함께 그들이 안전하게 집으로 돌아올 수 있게 되기를 하루 종일 기도했다는 이야기를 해 주었다. 집으로 돌아오는 길에도 마치 경주를 하듯 차를 모는 일이 없기를 기도했다는 이야기도 해 주었다. 그러자 우리 아들은 "어머니, 드릴 말씀이 있어요" 라고 말했다.

마크가 이야기를 하는 동안 나는 내 가슴을 쓸어내려야 했다. 경주를 마치고 집으로 돌아오는 길에 아이들이 돌아가면서 지프차를 운전했는데 그중 한 아이가 운전을 하다가 졸았다고 한다. 마크는 지프차가 보조 난간을 들이박고 구르는 것을 보았다고 했다. 나는 하나님께서 기도하도록 우리를 자극하셨다는 생각이 들었다. 왜냐하면 지프차 뒷자리에 앉아서 자고 있던 라이언을 제외하고는 아무도 다친 사람이 없었기 때문이다. 라이언은 피투성이가 되었지만 눈 윗부분에 깊은 상처가 났을 뿐 다른 곳은 다친 데가 없었다.

응급실에서 의사는 급히 그의 상처를 꿰매 주었고, 라이언은 자기 학교의 럭비팀 선수들과 함께 주 대항 챔피언십 우승 메달을 받기로 되어 있는 특별 연회장에 가려는 생각으로 들떠 있었다. 그들이 응급실에서 나오자 간호사가 "너무 서둘러 상처를 꿰맸기 때문에 성형외과에서 다시 한번 꿰맨 자리를 확인해 보시는 게 좋을 거예요. 곧바로 확인하세요. 미루지 마세요"라고 말했다.

나중에 마크가 라이언을 데리고 성형외과를 찾아갔을 때 의사로부터 상처가 잘 꿰매지지 않았다는 이야기를 들었다. 겉으로 보기에는 아무 이상이 없었지만 살갗 아래에 커다란 구멍이 뚫려 있었다. 근육들이 제대로 봉합되지 않았던 것이다. 그리고 상처 자리를 깨끗하게 씻어 내지 않았기 때문에 이미 염증이 생긴 상태였다.

이 이야기를 하는 내 의도를 놓치지 말고 잘 들어 보라. 라이언이 상처를 치료하기 위해 전문가를 찾아가지 않았다면 치료를 하긴 했지만 제대로 낫지도 않고 심한 감염 때문에 평생 깊은 상처가 남게 되었을 것이다. 이것은 성범죄로 인해 생긴 상처를 제대로 치료할 수 있는 의사를 찾아가지 않을 때 생길 수 있는 일을 보여 주는 좋은 그림이었다. 깨끗하게 씻어 내지 않았기 때문에 감염이 되고, 상처를 제대로 치료하지 않았기 때문에 눈에 보이는 상처가 남게 될 것이다.

은혜라는 치료제

"여호와 라파"Jehovah-rapha는 하나님의 이름 가운데 하나로서 '치유하시는 하나님'이라는 뜻이다. 다윗 왕은 치유하시는 하나님을 경험했다. 앞 장에서도 보았듯이 그는 밧세바를 범하는 죄를 짓고 고통을 당했다. 그러나 다윗은 평생 동안 그 상처를 지니고 살고 싶지는 않았다. 그래서 그는 치유를 위해 하나님을 찾았다. 그 일이 우리를 위해 시편 51편으로 기록되어 남아 있다.

먼저 이 시편을 소개하고 있는 제목을 놓치지 말라. 놀랍게도 이 시편은 '합창단 지휘자를 위해'라고 기록되어 있다. 이 시편은 사람들이 노래로 부르도록 되어 있었다! 그리고 '다윗의 시, 다윗이 밧세바와 동침한 후 선지자 나단이 그에게 왔을 때' 지은 시라고 소개하고 있다. 개인적인 회개가 들어 있는 감정적인 시를 왜 사람들에게 노래로 부르게 한 것인가? 왜냐하면 시에 곡조를 붙여 반복해서 부르게 되면 그 메시지가 우리 마음속에 남아 쉽게 기억할 수 있기 때문이다.

하나님은 우리의 도덕적인 실패에 대한 기억이 우리의 사기를 꺾으려고 성가시게 그 머리를 쳐들 때, 이 시편을 기억할 수 있게 되기를 바라셨다.

이 시편에 붙여진 원 곡조는 나도 모른다. 그러나 시편의 가사만으로도 놀라운 치료가 이루어질 수 있다는 것은 알고 있다. 이 시편은 내게 위로와 치유를 가져다주었다.

이 시편을 한 구절씩 함께 살펴보기로 하자. 그러나 시작하기 전에 시편 전체를 먼저 한번 소리 내어 읽어 보는 것이 좋을 것이다. 이 시편은 모두 열아홉 구절로 되어 있다. 시편을 읽으면서 "죄, 죄인, 죄과, 악, 범죄" 등의 단어가 나올 때마다 갈색으로 표시를 하거나 동그라미를 치라.

시편 51편

1 하나님이여 주의 인자를 따라 내게 은혜를 베푸시며 주의 많은 긍휼을 따라 내 죄악을 지워 주소서

2 나의 죄악을 말갛게 씻으시며 나의 죄를 깨끗이 제하소서

3 무릇 나는 내 죄과를 아오니 내 죄가 항상 내 앞에 있나이다

4 내가 주께만 범죄하여 주의 목전에 악을 행하였사오니 주께서 말씀하실 때에 의로우시다 하고 주께서 심판하실 때에 순전하시다 하리이다

5 내가 죄악 중에서 출생하였음이여 어머니가 죄 중에서 나를 잉태하였나이다

6 보소서 주께서는 중심이 진실함을 원하시오니 내게 지혜를 은밀히 가르치시리이다

7 우슬초로 나를 정결하게 하소서 내가 정하리이다 나의 죄를 씻어 주소서 내가 눈보다 희리이다

8 내게 즐겁고 기쁜 소리를 들려 주시사 주께서 꺾으신 뼈들도 즐거워하게 하소서

9 주의 얼굴을 내 죄에서 돌이키시고 내 모든 죄악을 지워 주소서
10 하나님이여 내 속에 정한 마음을 창조하시고 내 안에 정직한
영을 새롭게 하소서
11 나를 주 앞에서 쫓아내지 마시며 주의 성령을 내게서 거두지
마소서
12 주의 구원의 즐거움을 내게 회복시켜 주시고 자원하는 심령
을 주사 나를 붙드소서
13 그리하면 내가 범죄자에게 주의 도를 가르치리니 죄인들이
주께 돌아오리이다
14 하나님이여 나의 구원의 하나님이여 피 흘린 죄에서 나를 건
지소서 내 혀가 주의 의를 높이 노래하리이다
15 주여 내 입술을 열어 주소서 내 입이 주를 찬송하여 전파하
리이다
16 주께서는 제사를 기뻐하지 아니하시나니 그렇지 아니하면
내가 드렸을 것이라 주는 번제를 기뻐하지 아니하시나이다
17 하나님께서 구하시는 제사는 상한 심령이라 하나님이여 상
하고 통회하는 마음을 주께서 멸시하지 아니하시리이다
18 주의 은택으로 시온에 선을 행하시고 예루살렘 성을 쌓으소서
19 그 때에 주께서 의로운 제사와 번제와 온전한 번제를 기뻐하
시리니 그 때에 그들이 수소를 주의 제단에 드리리이다

나는 당신의 죄가 얼마나 심각한지, 또 집요한 죄악의 손아귀에서 스스로 벗어나 보려고 애를 쓰면서 거듭하여 짓게 된 범죄로 뒤엉켜

짜여진 그물망이 얼마나 복잡한지 잘 모른다. 그러나 하나님은 은혜가 풍성하신 분이라는 사실은 잘 알고 있다. 그분 덕분에 우리는 용서를 경험할 수 있다. 이미 알고 있듯이 다윗이 밧세바를 범하는 간음죄를 지은 후 죄 위에 죄가 쌓이면서 그의 죄는 아주 복잡하게 되었다. 그러나 그는 하나님의 성품을 알고 있었기 때문에 모든 사람이 노래로 부를 수 있도록 이 시편을 지을 수 있었다.

이제 이 시편을 좀 더 천천히 살펴보도록 하자. 하나도 놓치지 않기 위해서이다. 다윗이 죄라는 흉가에서 사는 대신 새로운 삶을 살아가기 위해 잘못된 것을 어떻게 바로잡고 회복하게 되었는지 살펴보자.

다윗은 자신이 알고 있는 하나님을 찾고 하나님의 은혜를 구하는 일에서부터 시작했다.

> 1 하나님이여 주의 인자를 따라 내게 은혜를 베푸시며 주의 많은 긍휼을 따라 내 죄악을 지워 주소서

이 구절에 이어지는 모든 간구는 하나님께서 어떤 분이신지, 하나님을 하나님 되게 하는 하나님의 성품이 어떤 것인지를 알고 있는 다윗의 지식을 기초로 하고 있다. 하나님과 정상적인 관계를 맺지 못하면 그 누구와도 진정한 편안함을 느낄 수 없기 때문에 하나님을 바로 아는 것은 매우 중요하다. 무슨 일이 일어났건 하나님과의 바른 관계를 회복할 수 있다는 사실을 알고 있어야 한다. 그러나 우리는 쉽게 이 사실을 놓치게 된다. 하나님의 성품을 생각하며 하나님을 바라보기보다는 우리의 인간적인 안목을 가지고 하나님을 바라보기 때문이다.

다윗의 간청은 하나님의 인자와 하나님의 긍휼과 하나님의 자비를 바탕으로 한 것이었다.

히브리어로 이 부분을 볼 수 있다면 훨씬 더 선명하게 드러날 것이다. 예를 들면 시편 51편에 "긍휼"이라고 번역된 히브리 단어 '라캄'racham은 태아를 품고 있는 자궁과 관계가 있는 말이다. 거듭남을 통해 하나님을 알게 되고 하나님의 자비로운 용서를 경험하게 된다는 사실과 연결 지어 생각해 볼 때 상당히 흥미로운 일이라고 할 수 있을 것이다!

이 글을 쓰면서 나는 내가 쓴 책 『나의 나 된 것은 하나님의 은혜라』Lord, I Need Grace to Make It Today를 읽고 내게 편지를 보낸 한 사람을 생각하고 있다. 그 편지는 그녀가 어떻게 거듭하여 죄를 지으며 살다가 결국 무릎을 꿇게 되었는지를 보여 주는 내용이었다.

그녀는 결혼하기 전에 임신을 했고 결혼식을 올리기 하루 전날 그녀의 약혼자가 결혼 약속을 파기하면서 그녀의 삶은 내리막길로 접어들기 시작했다. 아이의 아버지가 자신과 아기를 생활 보호 대상자로 살아가게 만든 것을 보면서 그녀의 원망과 상처가 깊어져 갔다. 그는 아이를 인정하지도 않았고 그 어떤 지원도 해 주지 않았다. 그리고 그녀는 다른 남자를 만나 또 임신을 하게 되면서 그녀의 상태는 점점 더 악화되었다. 그리고 그 후 또 다른 남자를 만나 결국 결혼을 하게 되었다. 그러나 그 남편은 술을 마시고 아내를 때렸다. 그녀는 네 번에 걸친 이혼 소송 끝에 남편을 떠날 수 있게 되었다.

이혼 후 자살을 시도했지만 실패했다. 25살에 그녀는 어린 시절부터 알고 있던 사람과 다시 결혼을 했다. 그가 술에 중독된 사람이라는 것을 알았지만 자신이 그 사람이 꿈꾸던 여자가 될 수 있다면 그도 달라질 것이라고 생각했다. 그녀는 머리색, 코 모양, 가슴 모양을 바꾸었다. 그녀는 달라졌지만 그는 달라지지 않았다.

그 후 그녀는 다시 결혼한 남자와 정사를 벌이게 되었다. 그녀가 바라던 일은 아니었지만 그런 일이 벌어지게 되었다. 남편에게서 찾고 싶었던 친절과 사랑과 칭찬을 다른 사람의 남편에게서 받게 되었다. 그러나 결국 그녀는 그 사람과의 관계를 끊고 남편에게 자신의 죄를 고백했다. 남편은 그녀의 잘못된 선택에 대한 대가를 톡톡히 치르게 했다. 그러나 더 이상 숨길 일은 없어졌다.

다시 아이를 낳게 되었고 십 대 청소년이 된 아들이 목사의 딸과 부도덕한 관계를 맺은 것이 드러나게 되었다. 그러나 그녀가 그녀의 아들이 부도덕한 관계를 맺었던 여자아이의 아버지인 목사가 베푼 긍휼을 경험하면서 모든 일이 해결되었다! 그 목사는 엉망진창이 된 사태를 해결하면서 이해심과 용서하는 마음과 인내하는 모습을 보여 주었다. 그녀의 남편은 노발대발했고 그녀의 가정 생활은 지옥과도 같았다. 남편과 아들은 그 문제를 놓고 끊임없이 싸움을 벌였다. 하지만 그녀는 딸의 죄로 인해 심한 고통을 받아야 했던 사람에게서 하나님의 긍휼을 보게 되었다.

그녀는 목요일 예배에 참석하기로 결심했다. 그리고 긍휼을 보여 주었던 목사가 강단에 서서 예수 그리스도의 죽음과 부활을 통해 죄를 용서하신 하나님의 은혜를 선포하는 설교에 귀를 기울였다.

목사님이 복음을 선포했을 때 눈물이 쏟아졌어요. 강단 앞에서 두 시간을 울었어요. 그날 밤 저는 용서받기 위해 예수 그리스도와 십자가에 달려 돌아가신 그분의 죽음을 받아들이기로 했어요. 예수님을 신뢰하기 위해 모든 것을 다 포기하고 어떤 대가라도 지불하기로 다짐했어요.

모든 잘못된 결정들과 실패와 실수들 속에서 하나님께서는 모든 것을 합력하여 선을 이루셨어요. 하나님께서 절 위해 무슨 계획을 가지고 계신지 아직은 모르지만 하나님께서 원하시는 것이라면 무엇이든 기꺼이 할 거예요. 고통받는 사람들의 이야기를 들을 때 전 그들이 왜 그 자리에 서게 되었는지 정확하게 알고 있어요. 그들은 하나님 아버지의 사랑과 자비를 이해하지 못하고 있어요. 저는 하나님께서 제 모든 죄를 용서하실 수 있다는 사실을 생각할 때 놀라움을 금할 수가 없어요. 이 사실을 오랫동안 숨겨 왔어요. 수치심을 느꼈기 때문이었어요. 제 이야기를 들으면 저와 다시는 이야기하려 하지 않거나 제 이야기를 믿지 않을 사람들이 있다는 것을 알고 있어요. 전 이제 "내가 지금의 나 된 것은 하나님의 은혜였다"라고 한 바울의 말을 이해할 수 있어요.

은혜다. 이는 분에 넘치는 풍성하고 놀라운 은혜다. 구하는 사람들을 위해 마련되어 있는 은혜이다.

영혼을 깨끗이 함

하나님의 은혜 때문에 다윗은 깨끗하게 해 주시기를 간청할 수 있었고 아무런 이의 없이 그 간청이 응답받게 될 것을 알고 있었다. 다윗의 말을 들어 보라.

2 나의 죄악을 말갛게 씻으시며 나의 죄를 깨끗이 제하소서
3 무릇 나는 내 죄과를 아오니 내 죄가 항상 내 앞에 있나이다
4 내가 주께만 범죄하여 주의 목전에 악을 행하였사오니 주께서 말씀하실 때에 의로우시다 하고 주께서 심판하실 때에 순전하시다 하리이다

아, 모든 죄가 결국은 하나님께 범죄하는 것이라는 사실을 볼 수 있어야 한다. 지옥에서 나오는 죄의 화살은 우리에게 상처를 주고 우리의 가치를 손상시키고 죄의 길에 서 있는 사람들을 관통한 것에 만족하면서 그냥 땅에 가서 박히지 않는다. 니므롯*의 반란처럼 사람들을 찌르고 그들의 상처 난 몸을 통과한 다음 하늘을 향해 날아 올라가 하나님의 심장에 가서 꽂히기 전까지는 멈추지 않는다. 모든 죄는 결국 하나님께 범죄하는 것으로서 우리가 상상할 수 있는 것보다 훨씬 더 하나님을 슬프게 한다.

우리가 범하는 것은 하나님의 법, 곧 하나님의 계명이다. 때로는 부지중에 또 때로는 의도적이고 노골적으로 뻔뻔스럽게 하나님의 계명을 거스른다. 어떤 경우이든 거룩하신 하나님을 모독하는 것이다.

*니므롯은 창세기에 하나님을 거역한, 문자 그대로 하면 "여호와 앞에서 특이한"(창 10:9; 개역한글) 힘센 사냥꾼으로 언급되어 있다. 니므롯 왕조의 시초는 끊임없이 반역을 일삼은 바벨(창 10:10)이었다.

다윗의 죄를 심판하기로 하신 하나님의 선택에 어떤 의미가 있든 우리의 죄는 정당하고 의롭게 처벌될 것이다. 하나님은 비난받지 않으실 것이다.

다윗은 자신의 죄를 알고 있었다. 그는 자신의 범죄를 인정했다. 그는 그의 죄가 그 앞에 있었으나 숨기려고 하지 않았다. 변명하거나 더 이상 덮으려고 하지도 않았다. 하나님께서 무슨 말씀을 하시든지 다윗은 그 말씀에 동의했다.

당신의 경우는 어떠한가? 당신의 죄를 알고 있는가? 당신이 하나님께 범죄하고 하나님께 상처를 주었다는 사실을 알고 있는가? 다윗처럼 하나님께 범죄한 것을 고백하고 당신의 죄를 다루시는 하나님은 의로우신 분이라는 사실을 인정하지 않는 한 회복과 치유는 이루어지지 않는다. 당신을 옹호한다고 해서 될 문제가 아니다. 하나님 앞에 무릎을 꿇고 엎드려 긍휼을 구하고 깨끗하게 해 주시기를 간청하는 것이 중요하다.

다윗은 자신이 누구를 슬프게 했는지를 알고 있었다. 다윗은 불결해진 모습으로 하나님 앞에 서서 하나님께서 그를 깨끗이 씻어 주시기를 간청했다. 그는 완전히 깨끗해지기를 간절히 원했다.

이런 간절한 마음을 가지게 된다면 당신도 하나님께서 용서하시는 범주 안에 들어서 있다는 것을 알 수 있을 것이다. 당신의 죄가 무엇인지 보고 고백하고 당신이 한 행동에 대해 전적인 책임을 지면서 핑계 대지 않고 하나님 앞에 서 있어야 한다.

5 내가 죄악 중에서 출생하였음이여 어머니가 죄 중에서 나를

잉태하였나이다

6 보소서 주께서는 중심이 진실함을 원하시오니 내게 지혜를 은
밀히 가르치시리이다

당신이 죄인이라는 사실을 당신은 알고 있다. 이 세상을 살아가는 우리 모두는 다 죄인이다. "만일 우리가 죄가 없다고 말하면 스스로 속이고 또 진리가 우리 속에 있지 아니할 것이요… 만일 우리가 범죄하지 아니하였다 하면 하나님을 거짓말하는 이로 만드는 것이니 또한 그의 말씀이 우리 속에 있지 아니하니라"요일 1:8, 10. 하나님께 동의할 때 우리는 진리를 받아들이는 것이며 그 진리를 통해서 지혜를 얻게 된다. 우리가 실체를 인정할 때 죄가 없으신 하나님, 실제로 깨끗게 하시고 용서하실 수 있는 유일하신 그 하나님의 긍휼을 구하는 지혜를 가질 수 있게 될 것이다.

7 우슬초로 나를 정결하게 하소서 내가 정하리이다 나의 죄를
씻어 주소서 내가 눈보다 희리이다

우리가 깨끗해질 수 있다는 사실을 아는 것은 하나님께는 매우 기쁜 일이며 우리에게는 회복과 치유의 길이 된다. 죄의 흔적은 영원한 것이 아니며 우리의 옷은 아주 못 쓰게 되지 않았다.

당신을 스스로 용서하라고 요구하고 있지 않다는 사실에 주목하라. 내게 "절 위해 기도해 주세요. 하나님께 절 용서해 주시길 간구했지만 저는 제 자신을 용서할 수 없어요"라고 말하는 사람들이 많이 있다.

치유는 자신을 용서한다고 되는 것이 아니다. 사람들이 그렇게 말하는 것을 들었을 수는 있지만 하나님께서 그렇게 말씀하시는 것을 들어 보지는 못했을 것이다. 그런 말은 인간 중심적인 생각에서 나온 것이다. 그러므로 성경적인 개념이 아니다. 모든 죄는 하나님께 범죄한 것이다. 그러므로 용서도 하나님께로부터 와야 한다. 전능하신 분께서 이미 당신을 용서했다고 선언하셨는데도 자신을 용서하지 못한다면, 당신이 하나님보다 더 위대한 사람이라는 말인가? 억측이다. 안 그런가? 그것은 믿음이 없다는 것을 보여 주는 것이다. 하나님께서 용서하신다. 이 사실을 알고 받아들일 때 당신은 당신을 깨끗게 하시는 물결을 경험하게 될 것이다.

다윗의 말을 들어 보라.

8 내게 즐겁고 기쁜 소리를 들려 주시사 주께서 꺾으신 뼈들도 즐거워하게 하소서

용서 — 깨끗함 — 기쁨. 무거운 짐이 사라지고 하나님께서 의로운 판단으로 꺾으신 뼈가 기뻐하며 뛰게 된다.

9 주의 얼굴을 내 죄에서 돌이키시고 내 모든 죄악을 지워 주소서
10 하나님이여 내 속에 정한 마음을 창조하시고 내 안에 정직한 영을 새롭게 하소서
11 나를 주 앞에서 쫓아내지 마시며 주의 성령을 내게서 거두지 마소서

하나님께서는 당신의 죄를 다시 기억하지 않으실 것이다. 다른 사람들은 당신의 죄를 상기시키며 당신 앞에 집어 던지고 당신을 거부하고 피할 수도 있다. 그러나 하나님은 그렇게 하지 않으실 것이다. 전능하신 하나님께서는 하나님의 어린 양의 성체로 당신의 죄를 완전히 없애시고 당신을 정결케 하셨다. 당신은 하나님 아버지의 보좌 앞에서 절대로 쫓겨나지 않을 것이다. 하나님의 성령께서는 당신의 죄 때문에 더 이상 근심하지 않으실 것이다. 대신 당신의 결의를 굳게 지켜주실 것이다. 왜냐하면 다시 깨끗해지기 위해 당신이 할 수 있는 일을 정확하게 했기 때문이다. 다시 말해서, 회개하고 하나님의 용서를 구했기 때문이다.

되찾은 기쁨

아마 당신은 다시 희망을 가질 수 있게 될지를 의아하게 생각하다가 회복되고 새롭게 된 자신을 보게 될 것이다.

> 12 주의 구원의 즐거움을 내게 회복시켜 주시고 자원하는 심령을 주사 나를 붙드소서
> 13 그리하면 내가 범죄자에게 주의 도를 가르치리니 죄인들이 주께 돌아오리이다

하나님으로부터 받은 용서를 통해 회복되고 새롭게 된 후 당신은 다른 사람들에게도 같은 기쁨을 경험할 수 있는 길을 보여 줄 수 있다.

14 하나님이여 나의 구원의 하나님이여 피 흘린 죄에서 나를 건지소서 내 혀가 주의 의를 높이 노래하리이다

다윗은 무고한 사람의 생명을 잃게 만들었다. 그 후 그가 느꼈을 고통은 아마도 이해할 수 있을 것이다. 당신은 낙태를 통해 무고한 한 아기의 생명을 빼앗아 버렸을지도 모르겠다. 다윗은 우리아를 죽게 했고 당신은 한 아기를 죽였다. 낙태는 살인을 불러오는 엄청난 죄이다. 그러나 용서받을 수 있다. 그리고 회복을 경험할 수 있다.

"그러나 나는 너무 큰 죄를 지었어요"라고 말할지도 모르겠다. 나도 이해할 수 있다. 그러나 하나님은 하나님이시기 때문에 그렇게 짓눌려 있을 필요가 없다. 당신의 죄를 위해 돌아가신 예수님의 죽음을 통해 당신의 죄는 제거되었다. 하나님께서 당신을 포기하지 않고 당신에게서 손을 떼지 않으셨기 때문에 당신은 여전히 살아 있는 것이다. 하나님께서는 여전히 당신을 위해 목적을 가지고 계신다. 그러므로 당신은 앞으로 나아가야 한다.

당신은 결코 죽은 사람을 다시 살릴 수 없다. 오직 하나님만이 다시 살리실 수 있다. 그리고 그날이 올 것이다. 그러므로 당신은 하나님을 하나님으로 신뢰해야 한다. 하나님의 말씀을 듣지 않고 하나님을 믿지 않고 순종하지 않음으로써 죄를 더 복잡하게 만들지 말라. 우리는 믿음을 가지고 하나님의 말씀을 받아들이며, 구원의 기쁨을 가지고 힘차게 앞으로 나아가야 한다. 새롭게 하고 회복시키시는 하나님 은혜의 능력을 드러내라. 과거에 지은 죄 때문에 고문당하며 그 고통 속에서 살아가지 말라.

하나님의 풍성하신 은혜를 증거하는 삶을 살아가라. 다윗이 기도했던 것처럼 다음과 같이 기도하라.

15 주여 내 입술을 열어 주소서 내 입이 주를 찬송하여 전파하리이다
16 주께서는 제사를 기뻐하지 아니하시나니 그렇지 아니하면 내가 드렸을 것이라 주는 번제를 기뻐하지 아니하시나이다
17 하나님께서 구하시는 제사는 상한 심령이라 하나님이여 상하고 통회하는 마음을 주께서 멸시하지 아니하시리이다

하나님의 마음을 상하게 한 것 때문에 고통스러워하고 하나님과 한마음이 되는 것이 하나님께서 원하시는 것이다. 고린도후서 7:9-10을 보면, 순수한 회개를 불러오는 경건한 슬픔을 보시며 하나님은 모든 것이 회복될 것을 아신다. 상한 심령과 통회하는 마음은 하나님께서 싫어하시고 금하신 일을 멀리하게 한다. 그래서 하나님은 상하고 통회하는 마음을 멸시하지 않으신다. 하나님은 하나님을 소중하게 생각하는 사람들을 소중하게 여기신다.

죄 때문에 영향을 받은 사람들

이 시편의 마지막 두 구절은 매우 흥미롭다. 먼저, 이 두 구절이 하나님의 용서를 구하는 것과 무슨 관계가 있을까라는 생각이 들 것이다. 그러나 죄는 가만히 있지 않는다는 사실을 인식하게 되면 이해가

된다. 죄는 절대로 혼자 격리되어 가만히 있지 않는다. 그래서 다윗은 시온을 위해, 예루살렘 성을 위해 기도했다. 죄는 가정과 교회와 사회와 나라에 영향을 미친다.

18 주의 은택으로 시온에 선을 행하시고 예루살렘 성을 쌓으소서
19 그 때에 주께서 의로운 제사와 번제와 온전한 번제를 기뻐하
시리니 그 때에 그들이 수소를 주의 제단에 드리리이다

다윗이 예루살렘 성을 위해 기도했듯이 당신도 당신의 죄 때문에 영향을 받은 사람들을 위해 기도해야 한다. 하나님께서 그들에게 선을 행하시고 죄 때문에 무너진 성벽을 다시 쌓아 주시기를 기도하라.

앞에서 언급했듯이 일단 당신의 죄를 하나님 앞에서 다루게 되면 다른 사람들과의 관계도 바르게 이루어져야 한다. 간음을 행했다면 먼저 하나님께 가야 한다. 그런 다음 배우자와의 관계를 다루어야 한다. 그리고 그 일에는 하나님의 지혜가 필요하다.

간음은 중대한 죄이므로 중대하게 다루어야 한다.

그것은 하나님의 계명을 어긴 것이다.

언약으로 동의한 것을 깨뜨린 것이다.

결혼 생활을 위기에 몰아넣고 최선의 해결 방법은 아닐지라도

이혼을 허용하게 된다.

배우자에게 에이즈나 성병에 걸릴 위험을 초래했다.

아이들을 위험에 처하게 하고 그들의 장래를 위태롭게 했다.

본보기가 되어야 하는 책임을 감당하지 못하게 했다.

자신의 몸에 죄를 범했다.

다른 사람을 속이고 빼앗고 하나님의 심판 아래 놓이게 했다.

그리스도의 몸인 교회에 죄를 범했다.

사회에 죄를 범했다. 나라를 부정하게 만들었다.

구약 성경에 의하면 이는 죽어 마땅하다. 결코 가볍게 다룰 수 있는 것이 아니다. 그저 "미안하다"라는 말로 얼버무릴 수 있는 일이 아니다. 성범죄를 엄중하게 따지고 그에 합당한 처벌을 받아야 한다.

어떻게 할 것인가? 죄를 고백하고 하나님의 용서를 받았다면 이제 배우자에게 용서를 구해야 한다. 그리고 그 대가를 지불할 각오를 해야 한다. 잠언은 투기가 남자를 분노케 한다고 말하고 있다. 그리고 그것은 여자에게도 마찬가지이다. 질투하시는 하나님이라는 뜻의 '콴나'Qanna라는 이름을 가지신 하나님도 투기가 분노를 일으킨다는 사실을 알고 계신다. 우리가 영적인 매춘을 하게 되면, 그것은 하나님 대신 다른 대상을 선택하는 것이므로 하나님을 근심케 만든다.

잠언 6장의 말을 들어 보라.

잠언 6:32-35

32 여인과 간음하는 자는 무지한 자라 이것을 행하는 자는 자기의 영혼을 망하게 하며

33 상함과 능욕을 받고 부끄러움을 씻을 수 없게 되나니

34 남편이 투기로 분노하여 원수 갚는 날에 용서하지 아니하고

35 어떤 보상도 받지 아니하며 많은 선물을 줄지라도 듣지 아니하리라

당신은 내가 모든 죄를 언제나 하나님께 고백해야 한다고 조언하고 있다고 생각하는가? 맞다. 그렇다. 그렇게 하기 전까지는 그 어떤 것도 제대로 돌아가지 않는다. 그럼 배우자에게도 언제나 고백해야 하는 것인가? 언제나 고백해야 하는 것은 아니다. 의도하지 않았던 단 한 번의 실수였고 드러나지 않게 될 범죄라면 그런 일을 알려서 배우자에게 심한 고통을 주는 것은 그리 바람직한 일은 아닐 것이다. 이런 나의 의견에 동의하지 않을 수도 있다. 그리고 당연히 그래도 된다. 내가 하나님의 교훈을 다 알고 있으며 또 모든 답을 다 알고 있다고 주장하는 것은 아니기 때문이다.

내가 고백하지 말라고 한 것은 해를 당한 사람을 위해서이다. 잠언 6장이 말하고 있듯이 간음은 분노와 투기를 불러일으킬 수 있다. 그런 배신적인 행동을 알게 되는 것은 치유될 수 없는 상처를 만드는 일이 될 수도 있다. 특히 그런 일을 계속해서 쑤셔대는 사람의 경우에는 더욱 그렇다. 그리고 하나님을 모르는 사람이거나 불안하고 질투심이 많은 사람의 경우, 그런 일을 알게 되면 오히려 더 문제가 악화될 수 있다. 그저 안도감을 얻기 위해 그런 일을 고백해야 할 것처럼 느끼는 수많은 사람을 보아 왔다. 그러나 그 고백으로 배우자에게 해를 입히게 될 수 있다. 그래도 고백해야 할 것인가? 배우자의 상처가 적절하게 치유되지 않을 경우에는 어떻게 할 것인가?

고백하기로 선택할 경우, 당신이 지은 죄의 심각성을 분명하게 인정하라. 시편 51편에서 읽었듯이 상하고 통회하는 마음을 가져야 한다. 그런 다음 어떤 일이 있었는지, 왜 그랬는지를 고백하고 죽어 마땅하다고 하신 하나님의 말씀에 동의하라. 자세히 설명하지 말라. 핑계를 대려고 하지도 말라. 다른 사람 탓을 하려고 하지 말라. 진정으로 슬퍼하고 순전하게 회개하고 성경 범위 안에서 문제를 해결하기 위해 필요한 일이라면 무엇이든지 하고자 하는 자세와 열의를 가지라.

그렇게 하면서 관계가 달라질 것을 기대해야 한다. 호세아 3장에서 선지자가 창기가 된 그의 아내를 사서 집으로 데려온 후 곧바로 그녀를 아내처럼 대하지 않았다. 치료받아야 할 시간을 주고 성관계 이외의 방법으로 사랑을 보여 주고 표현하는 기회를 가졌다. 배신으로 인한 참혹한 결과들을 인식하고 그것들을 친절하게 다루는 것이 중요하다. 나중에 다시 서로에 대한 정절을 약속하고 한 몸으로 연합하게 될 시간이 올 것이다.

배우자가 다시 받아들이려고 하지 않을 경우에는 어떻게 할 것인가? 배우자가 용서를 하건 하지 않건 간에 당신은 하나님으로 충만한 삶을 살아야 한다. 그렇게 하면 결혼 생활이 회복되기 위한 튼튼한 기초와 회복을 기대할 수 있는 희망을 가질 수 있다.

당신이 성적으로 어떤 사람을 범했을 경우 그 사람에게는 어떻게 할 것인가? 당신이 한 일을 고백해야 한다. 다른 사람들에게는 말하지 말고 그 사람을 찾아가 그에게 당신의 죄를 알리라. 당신이 한 일을 가볍게 여기려고 하지 말라. 죄를 숨기려고 하면 형통할 수 없지만 죄를 고백하고 버리면 하나님으로부터, 그리고 바라기는 해를 당한 사람으로부터 긍휼을 받게 될 것이며, 거기서 힘을 찾게 될 것이라고 하나님께서 말씀하셨다잠 28:13.

시편 51편에서 보았듯이 하나님께 죄를 고백하게 되면 죄의 결과도 다룰 수 있게 된다. 그러나 고백을 통해 하나님의 용서를 구하지 않는다면 요한일서 1:9에서 말하고 있는 것처럼 다른 관계를 회복할 수 있는 기초가 없어지게 된다. "내가 주께만 범죄하여…"라고 한 말을 기억하라.

어린 아이에게 죄를 범했거나 강간을 한 경우, 폭력을 행하거나 양쪽의 동의 없이 행한 범죄의 경우에는 그 결과를 감수하고 대가를 지불해야 한다. 그저 자유롭게 될 것이라고는 기대할 수 없을 뿐만 아니라 기대해서도 안 된다. 처벌을 하나님께로부터 온 것으로 받아들이고 앞으로 하나님께서 원하시는 사람이 되기 위한 것으로 활용하라. 하나님께서는 기꺼이 용서를 베푸신다. 그러나 앞에서도 보았듯이 죄로 인한 결과까지 무효화되는 것은 아니다.

희생자가 된 경우

희생자가 된 경우에는 어떻게 해야 하는가? 성적으로 부당한 대우를 — 학대, 강간, 배신 등 — 받았을 수도 있을 것이다. 또 배우자가 간음을 했을 경우에는 어떻게 해야 할 것인가? 성범죄의 피해자가 되었다면 어떻게 해야 하는가?

선택은 당신에게 있다.

증오하고 화를 내고 분노하고 미워하고 복수를 생각할 수도 있다. 그러나 그런 반응으로는 당신에게 해를 가한 상대방의 죄를 다룰 수 없다. 가해자를 처벌하는 대신 당신 자신에게 벌을 가하면서 한 번 더 그 사람의 희생자가 되는 결과를 초래하고 만다.

그러나 하나님의 방법으로 그런 문제를 다루기로 한다면, 다시 경험할 수 있게 되리라고는 생각조차 못 했던 치유와 자유를 찾게 될 것이다.

이런 주제를 다룬 다른 사람들처럼 — 마리 채피언Marie Chapian, 댄 알랜더Dan Allender, 도리 밴 스톤 등 — 나 역시 내가 쓴 책『영적 치유』Lord, Heal My Hurts를 공부하고 치유를 경험하게 된 사람들로부터 놀라운 편지들을 받았다. 치유는 내가 쓴 글에서 나오는 것이 아니다. 하나님 말씀의 능력에서부터 나오는 것이다. 그 능력은 우리가 진리를 알고 그 진리에 따라 행동할 때 힘을 발휘하게 된다.

어린 시절 아버지로부터 성적으로 괴롭힘을 당한 한 여자의 이야기는 하나님의 말씀을 공부하고 순종했을 때 나타나게 되는 하나님 말씀의 능력을 너무나 아름답게 보여 주었다.

> 프리셉트 교재로 처음 공부하게 된 날부터 성령님께서 제 삶 속에 있는 잘못된 것들을 지적해 주기 시작하셨습니다. 그런 잘못들 중에는 제가 무지했기 때문에 제 삶 속에 남아 있는 것들도 있었습니다. 또 제가 용서하지 않고, 증오하고, 분노하고, 미워했기 때문에 떠나지 않고 남아 있는 것들도 있었습니다.
>
> 저는 어렸을 때 아버지에게 성적인 괴롭힘을 당했고 저는 아버지가 제게 한 일들을 되갚아 주기로 했습니다. 제가 아버지를 미워하고 아버지를 아버지로서 존경하지 않는다는 사실을 아버지에게 확실히 알려 주려고 했습니다. 저는 사랑과 친절을 받아야 할 권리가 있다고 느꼈습니다. 그래서 아버지가 한 잘못을 바로잡는 것을 제 일로 여겼습니다. 그러나 제게는 하나님을 섬겨야 할 권리 외에는 다른

아무런 권리도 없다는 것을 알게 되었고, 하나님을 섬기는 것은 단순한 권리가 아니라 특권이라는 사실을 알게 되었습니다.

제가 다른 사람들을 용서한 그만큼만 저도 용서받을 수 있다는 것을 알게 되었습니다마 6:12-15, 18:21-35.

하나님께서 절 사랑하신 것처럼 다른 사람들을 조건 없이 이타적으로 사랑해야 한다는 것을 깨달았습니다. 사랑은 저의 의지적인 행동이었습니다. 저는 사랑하기로 그리고 아무것도 기대하지 않기로 결심했습니다. 복수는 결코 즐거운 일이 아닙니다. 복수하고 나면 만족할 수 있을 것 같지만 그 만족은 그저 기껏해야 잠깐뿐입니다.

저는 아버지에게 제 잘못된 태도와 행동에 대한 용서를 구하고 아버지에게 존경을 표하며 아버지가 영원히 지옥에서 고통받는 것을 원치 않았기 때문에 아버지에게 복음을 소개했습니다. 어느 날 우리가 이야기하고 있는 동안 하나님께서 아버지의 마음을 제게 보여 주셨습니다. 하나님만이 제게 알려 주실 수 있는 것들을 아버지에게 이야기해 드리면서 하나님만이 주실 수 있는 아버지에 대한 사랑과 연민으로 가슴이 벅차올랐습니다.

그날 아버지는 “나를 용서해 준 너와 같은 사람들 때문에 하나님께서 계시다는 것을 알게 되었다”라고 말씀하셨고 전 그 말을 지금까지 기억하고 있습니다. 통화를 하면서 아버지는 소리내어 흐느끼셨고 저는 아버지와 저 사이를 가로막고 있던 벽이 무너져 내리는 것을 느낄 수 있었습니다. 나중에 아버지는 하나님께서 아버지가 어떤 일을 겪게 될지를 알려 주셨고 그때 아버지가 어떤 느낌을 받았는지를 이야기하셨습니다.

누가 정말 사람의 마음을 알 수 있을까요? 유일하신 참 하나님 한 분뿐이십니다. 저는 계속해서 장거리 통화를 하면서 아버지와 이야기를 나누고 있습니다. 하나님께서 아버지를 씻기시고 하나님의 품으로 이끄시는 것을 보고 있습니다. 지난주에는 아버지가 전화를 하셔서 거의 3주 동안 맑은 정신으로 지낼 수 있었다고 하셨습니다. 아버지는 20년 이상 매일 마리화나를 피워왔지만 이제는 더 이상 마리화나를 찾지 않게 된 것을 하나님께 감사드리며 하나님을 찬양하게 되었습니다. 아버지도 하나님만이 그런 일을 하실 수 있다는 사실을 알게 되었습니다. 저는 하나님께서 하신 모든 일에 계속 감사하며 저와 저의 온 집을 구원하실 것이라고 하신 하나님의 약속 위에 굳게 서 있을 것입니다.

나는 하나님의 말씀이 완전하고 순전한 치유를 이루신다고 믿고 있다. 그리고 하나님께서 그 말씀을 보내어 저희를 고치시고 구원하시고 위험한 지경에서 건지신다고 말하고 있는 시편 107:20을 좋아한다. 또 "여호와여 주는 나의 찬송이시오니 나를 고치소서 그리하시면 내가 낫겠나이다 나를 구원하소서 그리하시면 내가 구원을 얻으리이다"렘 17:14라고 우리를 영원히 지켜 줄 믿음의 고백을 하고 있는 예레미야의 고백은 내 마음을 잘 반영해 주고 있다.

치유를 목적으로 이 책을 쓴 것은 아니지만, 하나님께 용서를 받을 뿐 아니라 당신이 성적으로 해를 가한 사람들에게 그 하나님의 사랑이 연장되는 것이 중요하다는 이야기를 하지 않을 수 없다.

당신에게 고통을 준 가해자를 용서해야 한다는 말을 듣고 "수천 년

이 지나도 절대로 그렇게는 못 해!"라고 말하며 고개를 가로저을 사람들도 있을 것이다. 나는 그런 당신을 이해할 수 있다. 그러나 내가 말하는 용서는 가해자를 자유롭게 해 주고 하나님의 의로운 심판에서 벗어나게 해 주는 것을 의미하는 것이 아니다. 하나님께서 예수 그리스도 안에서 당신을 용서하신 것처럼 당신이 다른 사람들을 용서할 때, 그것은 당신에게 맡겨지지 않은 재판관과 형 집행인의 역할에서 그저 물러서는 것이다.

그 역할은 하나님께 무릎을 꿇지 않는 사람들이나 하나님께서 삶의 주인이 되는 것을 거부한 사람들을 향해 하나님께서 맡으실 역할이다. 하나님께서는 하나님의 일을 하실 것이다. 당신이 그들을 절대로 용서할 수 없다고 말할 때, 하나님은 그들이 영원한 고통을 받게 될 것이라고 말씀하신다. 요한계시록을 읽어 보라. 믿지 않는 사람들과 회개하지 않는 사람들에게 하나님의 진노가 임하는 날에 대한 기록을 읽어 보라.

성적으로 부도덕한 사람들은 지옥에 그들의 자리를 펴게 될 것이다. 죄에서 돌아서지 않는 사람들의 운명을 이야기하는 내용을 귀담아 들어 보라. "두려워하는 자들과 믿지 아니하는 자들과 흉악한 자들과 살인자들과 음행하는 자들과 점술가들과 우상 숭배자들과 거짓말하는 모든 자들은 불과 유황으로 타는 못에 던져지리니 이것이 둘째 사망이라"계 21:8. 그들은 고통에서 벗어날 수 없게 될 것이다. 한편, 하나님의 용서를 받은 당신은 결코 죽지 않을 것이다. 하나님께서 당신의 눈물을 닦아 주실 것이다. 그러나 반대로 그들은 "왜? 왜 내가 믿지 않은 거지?"라며 울부짖기를 멈추지 않게 될 것이다.

용서는 보복할 수 있는 권리를 포기하는 것이다. 그렇게 할 때 죄에 대한 모든 핑곗거리를 제거하게 된다. 용서한다고 말할 때 그들이 범한 죄를 분명히 밝히라. 알려 주고 밝혀 줄 필요가 있다. 그런 다음 용서한다고 말하라. 즉 그들의 죄를 하나님께 맡기는 것이다. 왜냐하면 궁극적으로 모든 죄는 하나님께 범죄한 것이기 때문이다. 그렇게 함으로 그런 사람들을 하나님과 마주 대하게 만드는 것이다. 왜냐하면 당신이 용서한 사람에게 하나님을 보여 주었기 때문이다. 그리고 당신은 그 자리에서 벗어나게 되고 하나님께서 그 사람을 직접 다루실 것이다!

이것이 구원, 즉 하나님의 나라와 죄 사함이다. 용서하지 않으면 우리도 용서받지 못한다마 18:23-35. 용서하기를 거부하고 앙심을 품고 해를 가한 사람은 속박 속에 자신을 가두어 놓게 된다.

용서한다는 것은 해를 가한 사람이 마치 해를 가하지 않은 것처럼 행동한다는 뜻이 아니다. 그 사람이 구원받게 되기를 바라는 마음으로 하나님의 아가페 사랑을 가지고 그 사람을 사랑해야 한다. 그러나 그 사람과 함께 시간을 같이 보내거나 애정을 표현하지 않고 아가페 사랑을 보일 수 있어야 한다. 하나님은 세상을 사랑하시고 모든 사람을 위해 하나님의 아들을 희생시키셨다. 그러나 그렇다고 해서 모든 사람이 다 하나님과 관계를 맺게 되리라는 보장을 해 주신 것은 아니다. 예수님은 부자 청년을 사랑하셨다. 그러나 그는 하나님의 나라보다 자신의 재물을 더 원했기 때문에 예수님을 떠났고 예수님은 떠나는 그를 만류하지 않으셨다.

당신에게 해를 가하거나 약속을 어긴 가해자가 자신의 죄를 고백하고 용서를 구하지 않는다면 관계는 회복될 수 없고, 회복될 수 있는 정당한 근거도 없게 된다. 성경에서도 마찬가지이다. 자신의 죄를 시인하고 잘못을 인정할 때까지는 하나님과 아무것도 공유할 수 없고 하나님과 아무 상관도 없는 상태로 머물게 된다.

이 사실을 요한일서에서 잘 보여 주고 있다. 4-10절을 읽으면서 "죄"라는 단어에는 동그라미를 치고 "사귐"이라는 단어에는 와 같이 배 그림을 그려 넣으라(사귐이란 한 배를 타고 있는 두 사람처럼 '함께 나누는' 것을 뜻한다!).

요한일서 1:4-10

4 우리가 이것을 씀은 우리의 기쁨이 충만하게 하려 함이라

5 우리가 그에게서 듣고 너희에게 전하는 소식은 이것이니 곧 하나님은 빛이시라 그에게는 어둠이 조금도 없으시다는 것이니라

6 만일 우리가 하나님과 사귐이 있다 하고 어둠에 행하면 거짓말을 하고 진리를 행하지 아니함이거니와

7 그가 빛 가운데 계신 것 같이 우리도 빛 가운데 행하면 우리가 서로 사귐이 있고 그 아들 예수의 피가 우리를 모든 죄에서 깨끗하게 하실 것이요

8 만일 우리가 죄가 없다고 말하면 스스로 속이고 또 진리가 우리 속에 있지 아니할 것이요

9 만일 우리가 우리 죄를 자백하면 그는 미쁘시고 의로우사 우리 죄를 사하시며 우리를 모든 불의에서 깨끗하게 하실 것이요

10 만일 우리가 범죄하지 아니하였다 하면 하나님을 거짓말하는 이로 만드는 것이니 또한 그의 말씀이 우리 속에 있지 아니하니라

죄를 인정하고 고백하는 것이 얼마나 중요하며 또 피할 수 없는 일인지를 볼 수 있겠는가? 자신의 죄를 가리는 사람은 형통할 수 없다고 하나님께서 말씀하셨다. 죄를 고백하지 않으면 치유받을 수도 없다. 그러므로 죄를 드러내는 것은 매우 중요하다. 죄는 공개적으로 드러내고 엄중하게 다루어야 할 필요가 있다.

부도덕한 일을 행하는 사람들은 하나님께서 선물로 주신 성을 남용하면서 다른 사람들도 악을 행하도록 유인한다. 이제 혼외정사가 죄라는 것을 분명히 알게 되었을 것이다. 그리고 죄는 악한 것이고 악은 어둠의 나라에 속한 것이다. 에베소서 5장이 말하고 있는 것처럼 모든 것이 공개될 때 빛 가운데로 나오게 된다.

하나님의 말씀을 공부하면서 이런 것들을 스스로 알게 될 것이다. 그리고 한 개인인 당신에게 주시는 하나님의 교훈도 발견하게 될 것이다.

만일 성적인 부도덕 때문에 고통당하고 있다면, 바로 오늘 하나님의 용서를 구하라. 가장 뜻깊은 날이 될 것이다! 그런 다음 하나님께서 당신을 용서하신 것처럼 용서하는 과정을 밟기 시작하라. 그렇게 하면 상처가 치유되고 흔적도 남지 않게 될 것이다. 그동안 느껴보지 못한 깊은 평안을 느끼며 진심으로 기뻐하게 될 것이다. 그리고 이 세상 죄를 제거하시는 하나님의 어린 양 외에는 그 무엇으로도 살 수 없

는 귀중한 것을 얻게 될 것이다.

미쁘다 모든 사람이 받을 만한 이 말이여 그리스도 예수께서 죄인을 구원하시려고 세상에 임하셨다 하였도다 죄인 중에 내가 괴수니라 딤전 1:15.

9. 순간적인 정욕으로

어디까지 갈 수 있을까?

"아아! 기다리게 하지 마. 날 사랑한다면 제발… 제발 기다리게 하지 마…."

"우린 서로 사랑하잖아. 그러니까 괜찮아… 그렇잖아!"

"못 참겠어. 터져 버릴 것 같다구!"

"그냥 애정을 표현하는 건 괜찮잖아. 갈 데까지 다 가자는 것도 아니고. 안 그래?"

날이면 날마다, 밤이면 밤마다, 데이트를 할 때마다 남자들과 여자들은 이런 일로 씨름을 하고 논쟁을 벌인다.

"우린 아직 미혼이거든요. 이런 요구를 받을 때 어떻게 해야 하는 거예요?"

"아직 결혼할 수 없는 형편이에요. 그치만 우린 서로 사랑해요. 그리고 성관계는 사랑을 표현하는 거잖아요. 안 그런가요?"

"어디까지 나가고도 순결을 지킬 수 있는 건가요?"

"결혼을 잘못했어요. 그리고 이제야 영혼의 짝을 찾았어요. 우리

두 사람이 서로에 대한 사랑을 표현하면서도 간음을 행하지 않으려면 어떻게 해야 하는 건가요?"

"제가 바라는 것은 성관계가 아니라 사람이에요."

앞에서 우리는 하나님께서 성관계에 대해 어떻게 말씀하시는지를, 어떤 것들을 허용하시고 어떤 것들을 금하셨는지, 하나님께 가증한 일이 어떤 것들인지, 하나님께서 성도착이라고 여기시는 것들은 무엇인지를 포괄적으로 살펴보았다. 그리고 하나님께서 어떤 것들을 심판하시게 될지에 대해서도 알아보았다. 어떻게 용서를 받고 또 용서해야 하는지에 대해서도 배웠다. 우리는 하나님께서 의도하신 성관계에 대한 진리를 알게 되었다.

그러나 이 모든 지식을 가지게 되었다고 할지라도 유혹을 받게 되었을 때 어떻게 해야 할 것인가? 우리 생각을 조롱하고 우리 몸을 불타게 하는 정욕을 어떻게 해야 할 것인가? 육체의 욕망을 거부할 수 없다고 주장하는 우리 내면의 소리에 대해서는 어떻게 해야 하는 것인가? 그런 타고난 욕망을 정말 거부하며 맞서 싸울 수 있을 것인가? 접촉하고 표현하고 만족하고 싶은 이 자연스러운 열망에 정말 굴복하지 않을 수 있는 것인가?

자극

우리가 감각적인 존재라는 사실을 우리에게 말해 주는 사람은 아무도 없다. 하나님께서 우리를 감각적인 존재로 만드셨으므로 모든 사람은 성적인 자극에 반응하도록 되어 있다. 우리 호르몬은 우리가 결혼할 준비가 되기 훨씬 이전부터 최대한으로 분비된다. 이런 감각적이고 성적인 세상에 살면서 어떻게 보고 듣는 것에 자극을 받지 않을 수 있겠는가? 냄새와 광경들과 소리들과 우리 귀를 채우는 노래들과 우리 눈을 감질나게 하는 그림들을 어떻게 거부할 수 있겠는가?

그리고 결혼을 했건 미혼이건 어리건 그저 바라기만 하건 언제나 본능적 욕구가 대기하고 있다.

어떻게 해야 하는가? 하나님께서는 무엇을 기대하시는가? 그분은 이 문제를 어떻게 다루고 있는가?

이 모든 것이 암논의 문제였다. 사무엘하 13장에 나오는 그의 이야기를 같이 살펴보기로 하자.

1 그 후에 이 일이 있으니라 다윗의 아들 압살롬에게 아름다운
누이가 있으니 이름은 다말이라 다윗의 다른 아들 암논이 그
를 사랑하나

이 구절에서 잠시 멈추어 "그 후에"라고 한 말 위에 이렇게 시계 표시를 하라. 왜냐하면 언제 이 사건이 일어났는지를 보여 주기 때문이다. 또 하나님께서 '언제'라는 말을 하실 때는 주의를 기울여야 할 필요가 있기 때문이다. 모든 하나님의 말씀에는 그 목적이 있다. 하나님께서는 단 한마디도 그냥 낭비하지 않으신다.

그렇다면 이 장면은 어떤 일이 있은 후에 펼쳐지게 된 것인가? 암논과 압살롬과 다말의 이야기는 다윗이 밧세바를 범한 일이 있은 후 곧 이어진다. 우리가 살펴보기 원하는 사건들은 나단이 다윗을 찾아

가 그의 죄의 결과들을 선언한 사건 바로 뒤에 등장하고 있다.

다윗이 밧세바를 범했을 때 그에게는 이미 적어도 여섯 명의 아내가 있었던 것으로 보인다. 그리고 그 자식들이 낳은 일곱 아들들이 있었다. 뿐만 아니라 나중에 밧세바를 통해 네 명의 자식들을 더 얻게 되었고, 또 어머니를 알 수 없는 아홉 명의 자녀를 더 두었다. 이보다 더 복잡한 가정도 아마 찾아보기 힘들 것이다! 그리고 한 가정이 이렇게 복잡해지면 성적인 영역에서 온갖 종류의 복잡한 문제들이 생겨나게 된다.

압살롬과 다말은 다윗의 네 번째 아내인 마아가가 낳은 자녀들이었다. 암논은 다윗의 두 번째 아내인 아히노암이 낳은 아들이었다. 성경 본문은 암논이 그의 이복 여동생 다말을 사랑했다고 말하고 있다. 1절에 나오는 "사랑"이라는 말에 하트 표시를 하라.

2 그는 처녀이므로 어찌할 수 없는 줄을 알고 암논이 그의 누이 다말 때문에 울화로 말미암아 병이 되니라

암논이라는 이 젊은이는 정욕에 불타고 있었던 것이 분명하다. 그는 마음속에서 다말을 떨쳐낼 수가 없었다. 그녀에 대한 생각이 그를 갈가리 찢어 놓았다. 그러나 그는 그녀가 처녀이기 때문에 자신이 취할 수 없다는 사실을 알고 있었다. 그의 양심이 그를 제어하고 뒤로 물러나게 만들었거나, 아니면 처녀들이 젊은 남자들로부터 격리되어 있어 그가 그녀에게 다가간다는 것이 불가능한 일이었기 때문에 그의 정욕이 가로막혔을 것이다. 어떤 이유에서건 다말에 대한 생각은 그

를 점점 죽이고 있었다. 그는 다말을 성적으로 알고 싶다는 욕망에 완전히 사로잡혀 있었다.

3 암논에게 요나답이라 하는 친구가 있으니 그는 다윗의 형 시므아의 아들이요 심히 간교한 자라
4 그가 암논에게 이르되 왕자여 당신은 어찌하여 나날이 이렇게 파리하여 가느냐 내게 말해 주지 아니하겠느냐 하니 암논이 말하되 내가 아우 압살롬의 누이 다말을 사랑함이니라 하니라

암논의 욕구와 그로 인한 고통은 그 고뇌를 숨길 수 없을 정도로 심각한 것이었다! 이해할 수 있다고 생각하는가? 욕망을 떨쳐 버리지 못하여 마음속에서 한 사람을 지워 버릴 수 없는 그런 경험을 해 본 적이 있는가? 다른 그 누구도 생각할 수 없고 그 사람과 함께 있고 싶은 마음 외에는 어떤 다른 생각도 할 수 없는 그런 경험을 해 본 적이 있는가?

여자라면 실제적인 성관계보다는 친밀감과 사랑하고 사랑받고 함께 시간을 보내며 소중하게 여기고 입을 맞추고 서로 어루만지는 교제가 주는 낭만을 생각할 것이다. 이런 소망들은 감정에 호소하는 영화나 연애 소설에서 본 장면들로부터 나온 것들이다.

그러나 남자들의 경우는 일반적으로 좀 더 나아가게 된다. 결혼하게 될 때까지 욕망을 행동으로 옮길 계획을 실제로 세우지는 않을지라도 머릿속으로 상상하며 꿈을 꾸게 된다. 마음속으로 이미 여자의 옷을 벗기거나 그녀가 자신을 내어 주고 그런 그녀를 자신의 여자로 받아들이는 그런 상상을 할 수도 있다.

그러므로 다말을 마음속에 품고 있는 암논을 아마도 이해할 수 있을 것이다. 암논의 고민에 대한 요나답의 해결책을 살펴보기 전에 3절과 4절로 돌아가서 "사랑"이라는 단어에 하트 표시를 하라.

> 5 요나답이 그에게 이르되 침상에 누워 병든 체하다가 네 아버지가 너를 보러 오거든 너는 그에게 말하기를 원하건대 내 누이 다말이 와서 내게 떡을 먹이되 내가 보는 데에서 떡을 차려 그의 손으로 먹여 주게 하옵소서 하라 하니

암논의 친구이자 사촌이며 약삭빠른 요나답은 암논의 상태를 이해하고 있었던 것으로 보인다. 그러고서는 사악한 해결책을 모색하도록 암논을 부추겼다. 우리는 암논에게 치명적인 조언을 해 준 것 외에는 요나답에 대해 아는 바가 없다. 그러나 그 조언은 그가 어떤 사람인지를 보여 준다.

잠언의 첫 장부터 솔로몬은 그의 아들에게 요나답과 같은 사람에 대해 경고했다. "내 아들아 악한 자가 너를 꾈지라도 따르지 말라"잠 1:10. 후에 바울 사도는 고린도 성도들에게 악한 사람들이 선한 도리를 타락시킨다고 말했다. 어떤 조언을 따를지 조심하라. 일단 말하고 행하게 되면 아무도 탓할 수 없으므로 우리 각자가 우리 행동에 대한 책임을 져야 한다. 하나님 앞에서 다른 사람을 가리키며 "저 사람이 괜찮다고 했어요… 저 사람이 그렇게 만들었어요… 저 사람이 제안해서… 저 사람이 해 보라고 해서…"라고 말할 수 없다. 하나님의 법정에서 그런 핑계들은 아무 소용이 없다.

6 암논이 곧 누워 병든 체하다가 왕이 와서 그를 볼 때에 암논이
왕께 아뢰되 원하건대 내 누이 다말이 와서 내가 보는 데에서
과자 두어 개를 만들어 그의 손으로 내게 먹여 주게 하옵소서
하니
7 다윗이 사람을 그의 집으로 보내 다말에게 이르되 이제 네 오
라버니 암논의 집으로 가서 그를 위하여 음식을 차리라 한지라

아버지 다윗은 별다른 생각을 하지 않았다. 그러나 밧세바와의 일을 경험한 그는 달리 생각해야 했다. 다윗은 암논이 특별히 다말을 보내달라고 한 이유가 무엇인지를 알아보아야 했다.

부모들이여, 자녀들에게 기습 공격을 당하지 말라. 당신이 청소년이었던 때와 대학 다니던 시절을 기억할 것이다. 잠시 멈추어 아이들이 자동차 열쇠를 빌려 달라는 이유가 무엇인지 확인하고, 집에 없는 이유를 알아 보고 친구들에 대한 당신의 경고를 피해 가려는 의도가 무엇인지를 알아보아야 한다. 자녀들의 마음속에서 어떤 일이 벌어지고 있는지 생각해 보라!

자녀들을 넘어지게 하지 말라. 집 안에서, 그들의 방에서 순결을 잃어버리는 십 대 청소년들이 얼마나 많은지 알고 있는가? 가정은 피난처가 되어야 한다. 가정은 세상과 세상의 정욕으로부터 보호받을 수 있는 안전한 곳이어야 한다. 세상에서의 삶을 감당할 수 있도록 자녀들을 가르치고 양육하고 키우는 곳이어야 한다. 침실에는 이성의 출입을 제한시켜야 한다. 기숙사 방이나 공동생활을 하는 집의 개인 침실도 마찬가지이다. 분명한 규칙을 정하여 아이들에게 집 안에서

가족이 아닌 이성과 단둘이 따로 있어서는 안 된다고 말해 주어야 한다. 가족이라고 할지라도 조심해야 하며 특히 언니나 오빠의 친구들이 집에 와 있을 경우에는 더욱 조심해야 한다는 경고를 해 주는 것이 중요하다. 부모가 집에 없을 때 아이들끼리만 모여 파티를 하게 해서는 안 된다. 또 정기적으로 불시에 수색하는 일도 해야 한다!

나는 한 어머니가 방 옆을 지나가다 16살짜리 조카가 10살짜리 자기 딸과 함께 침대 속에 있는 것을 보고도 아무 말도 하지 않았다고 쓴 글을 보았다. 그녀는 그냥 지나쳐 갔다. 그리고 며칠 후 별 준비 없이 그저 딸에게 "침대에서는 아무것도 하지 않는 게 좋을 거야"라고 말했다. 이것이 무슨 자녀 양육이란 말인가? 본 즉시 당장 이불을 낚아채고 아이들을 끌어냈어야 한다.

이성인 두 사람을 '집에 단둘이' 있게 해서는 안 된다. 그것은 문제를 낳을 수 있기 때문이다. 내가 좀 지나쳐 보일 수도 있을 것이다. 나도 알고 있다. 요즘이 어떤 세상인지 내가 모르고 있다고 생각하는 사람들도 많이 있을 것이다. 어떤 세상인지는 나도 알고 있다. 멋진 한 남자가 단둘이서만 있을 기회를 엿보기 위해 요염한 여자에게 버터를 빌리러 가는 TV 광고를 보았다. 데이트를 한 남자가 여자의 집 현관 앞에서 "내가 저녁을 샀으니까 넌 그 보답을 해야 하는 거 아냐?"라는 눈빛으로 꾸물거리고 있는 장면들도 알고 있다. 여자는 망설이면서 집 안으로 들어간다. 카메라는 잠시 동안 육감적인 그녀의 눈과 미소 짓는 그녀의 입술을 크게 부각시킨다. 한편 실망한 남자가 어깨는 축 늘어뜨리고 돌아서려는데 "들어와서 커피 한잔하고 갈래요?"라고 여자가 묻는다.

더 이상 이야기할 필요도 없는 장면을 보여 주지 않아도 된다. 무슨 일이 일어나게 될지 모두 다 알고 있다.

8 다말이 그 오라버니 암논의 집에 이르매 그가 누웠더라 다말이 밀가루를 가지고 반죽하여 그가 보는 데서 과자를 만들고 그 과자를 굽고

암논은 어떻게 했는가? 그는 음식을 준비하고 있는 다말의 늘어진 옷자락을 바라보며… 그녀를 침대로 끌어들일 꿈을 꾸며… 그녀가 어떻게 보일지 상상하고 있었다.

9 그 냄비를 가져다가 그 앞에 쏟아 놓아도 암논이 먹기를 거절하고 암논이 이르되 모든 사람을 내게서 나가게 하라 하니 다 그를 떠나 나가니라

바울은 주 안에서 아들 된 디모데에게 "청년의 정욕을 피하라"고 권면했고, 데살로니가 성도들에게는 악은 어떤 모양이라도 버리라고 가르쳤다딤후 2:22; 살전 5:22.

사형수 감방에 — 암논이 자기도 모르는 사이에 가고 있던 — 갇혀 있던 한 남자는 그의 안목의 정욕을 이렇게 말했다. "내게 포르노를 보는 것은 다이너마이트에 달려 있는 퓨즈에 불을 붙이는 것과 같다. 나는 흥분했고 내 충동을 만족시켜 주어야 한다. 그렇지 않으면 터져

버린다."

10 암논이 다말에게 이르되 음식물을 가지고 침실로 들어오라
내가 네 손에서 먹으리라 하니 다말이 자기가 만든 과자를 가
지고 침실에 들어가 그의 오라버니 암논에게 이르러

다말은 자신에게 무슨 일이 일어나고 있는지 모르고 있었던 것인가? 여자를 바라보면서 자신을 취할 꿈을 꾸는 남자의 정욕이 그를 사로잡을 수 있다는 사실을 몰랐던 것인가?

본문에 의하면 다말에게는 아무런 죄가 없었던 것으로 보여진다. 다른 많은 여자처럼 그녀도 자신을 잡기 위해 놓여진 덫을 미처 보지 못했던 것이다.

어제 읽은 편지가 생각난다. 얼마 전에 수술을 한 우리 직원에게 음식을 가져다주는 길에 읽었던 그 편지는 이혼을 하게 된 여자가 보낸 것이었다. 그녀와 같은 교회에 다니는 사람이 그녀의 결혼 생활이 반드시 회복될 수 있을 것이라는 예언을 했음에도 불구하고 결국 그녀는 남편과 이혼을 하게 되었다. 그녀는 13년에 걸친 남편의 배신과 무시와 잔인함과 마약과 술과 같은 것들을 더 이상 참을 수 없었다. 그 13년 동안 그녀는 몇 달씩 별거를 했다가 돌아오기를 반복했지만 변화는 일어나지 않았고, 아이들을 데리고 임시 수용소를 들락날락하며 살고 있었다.

그런데 그때 이혼한 한 남자가 교회를 찾아왔다. 그는 가족도 없이 혼자였고 친절하고 매력적인 사람이었다. 그는 그녀가 수용소에서 나

와 집으로 돌아갈 수 있도록 도와주었고, 차를 살 수 있게 도와주었고, 이혼에 필요한 돈까지 주었다. 그에게도 짐은 많았지만 늘 그녀를 도와주었다.

그러나 그는 늘 그녀를 도와주면서 자기 덫으로 유인한 것이었다. 마침내 안전하게 되었다고 느낀 그는 자신의 정체를 드러냈다. 그는 너무나 많은 상처를 받았으며 여자들에게 환멸을 느끼고 있기 때문에 자신이 만족할 수 있는 유일한 방법은 자신이 여자가 되는 길뿐이라고 했다. 그는 그녀가 자신과 결혼하지 않는다면 진짜 여자처럼 보이고 행동하기 위해 수술을 받을 것이라고 했다.

그녀는 그녀의 잠옷을 입은 남자와 결혼을 했고, 상태는 더 악화되었다는 사실을 쉽게 짐작할 수 있을 것이다. 그녀는 그 사람이 5살 때 포르노라는 함정에 빠졌고 그 이후 늘 그런 공상 속에서 살아왔다는 사실을 알게 되었다. 너무나 혐오스러웠지만 그와 함께 살았다. 왜냐하면 "제가 만일 누군가에게 말한다면 그 사람은 교회를 떠나 사라질 것이라고 밀했어요. 그리고 교회에 도움을 칭하고 싶었지만 그렇게 한다면 7년 동안 교회를 다니며 성가대에서 찬양을 부르고 모든 사람의 공개적인 인정을 받기 위해 노력해 온 그 사람은 보호를 받겠지만, 사람들이 오히려 절 피하게 될 것 같았어요."

거미는 파리에게 "우리 집 거실로 들어갈래?"라고 물었다.
그러고는 파리를 데리고 나선식 계단을 올라가 그의 음침한 동굴 속으로 들어갔다. 그러나 그 작은 거실 속으로 들어간 파리는 결코 다시 나올 수 없었다!

자신을 그리스도인이라고 말하지만 하나님의 말씀에 의하면 하나님의 나라를 유업으로 받지 못할고전 6:9-10 그 고약하고 교묘한 남자의 덫에 걸린 그녀를 생각하면 내 마음이 너무 아프다. 내 말이 너무 가혹하게 들리고 내가 다른 사람을 판단하고 있는 것처럼 보일지도 모르겠다. 그러나 지휘하는 사람은 내가 아니다. 한계를 정하신 분은 하나님이시다. 그리고 그 한계선은 절대로 움직이지 않을 것이다. 사람이 움직여야 한다. 우리가 하나님 편으로 움직여 가면 하나님께서 죄의 올무에서 벗어날 수 있는 힘과 은혜를 베풀어 주신다. 그러나 하나님께서는 하나님의 방법으로, 예수 그리스도와 예수 그리스도에 대한 믿음의 반응만을 통해 하실 것이다.

이 고통받는 여자가 보낸 편지에 답하면서 내가 말한 것 중의 하나가 선을 그어야 한다는 것이었다. 우리는 다른 사람들에게 죄를 짓게 해서는 안 된다. 하나님께서는 "너희는 열매 없는 어둠의 일에 참여하지 말고 도리어 책망하라 그들이 은밀히 행하는 것들은 말하기도 부끄러운 것들이라 그러나 책망을 받는 모든 것은 빛으로 말미암아 드러나나니 드러나는 것마다 빛이니라"엡 5:11-13고 말씀하신다.

죄로는 결코 만족을 얻을 수 없다

다말의 비극적인 이야기로 돌아가 보자. 그 사건이 하나님의 말씀에 포함될 만큼 중요하게 생각되었다는 점을 감안해 볼 때, 그 사건을 통해 하나님께서 우리에게 가르치고 싶어 하시는 교훈이 분명히 있을 것이다.

11 그에게 먹이려고 가까이 가지고 갈 때에 암논이 그를 붙잡고
그에게 이르되 나의 누이야 와서 나와 동침하자 하는지라
12 그가 그에게 대답하되 아니라 내 오라버니여 나를 욕되게 하
지 말라 이런 일은 이스라엘에서 마땅히 행하지 못할 것이니
이 어리석은 일을 행하지 말라
13 내가 이 수치를 지니고 어디로 가겠느냐 너도 이스라엘에서
어리석은 자 중의 하나가 되리라 이제 청하건대 왕께 말하라
그가 나를 네게 주기를 거절하지 아니하시리라 하되

흥미로운 이야기이다. 그렇지 않은가? 다말은 암논을 거부하지 않았다. 그러나 그녀는 그가 자신을 범하게 되는 것을, 그리고 그의 평판에 흠이 가해지는 것을 원치 않았다. 그런 행동은 수치스러운 일이었다. 그녀는 혼외정사가 하나님께 인정받을 수 없는 것이라는 사실을 알고 있었고, 그도 알고 있었다. 그들의 아버지는 정욕에 굴복했고 그 일이 불러온 수치를 보았다. 하나님의 원수가 어떻게 하나님의 이름을 훼방하는지를 보았다.

그래서 그녀는 기다리자는 제안을 했다. "우리 아버지인 왕께 말해요. 그분은 나를 당신에게 주기를 거절치 아니하실 거예요. 나는 당신의 것이 될 것이고 나도 당신을 거절하지 않을 거예요. 그저 기다리면서 바른 일을 하고 나를 존중하고 내 체면을 손상시키지 마세요."

"아아! 기다리게 하지 마. 날 사랑한다면 제발… 제발 기다리게 하지 마…."

야고보서 1:14은 "오직 각 사람이 시험을 받는 것은 자기 욕심에

끌려 미혹됨이니"라고 말하고 있다.

14 암논이 그 말을 듣지 아니하고 다말보다 힘이 세므로 억지로 그와 동침하니라

암논은 이미 마음으로 다말을 범했다. 그리고 이제 육체적으로도 그녀를 범하고 싶었다. 그는 기다릴 수 없었다. 그는 그 자리에서 바로 그녀를 원했다. 그는 그녀가 어떠한 희생을 치르더라도 자신의 정욕을 만족시키려고 했다. 그것은 다말의 순결과 평판을 희생시키는 것이며 그녀의 정신적, 육체적, 감정적 행복을 빼앗는 것이었다.

암논은 그녀를 범했다. 이 구절에서 "억지로"라고 번역된 히브리 단어는 '기를 꺾고 파멸시킨다'라는 뜻의 '아나'anah이다.

암논은 억지로 다말과 동침을 했다. "마음에서 나오는 것은 악한 생각과 살인과 간음과 음란과 도둑질과 거짓 증언과 비방이니 이런 것들이 사람을 더럽게 하는 것이요 씻지 않은 손으로 먹는 것은 사람을 더럽게 하지 못하느니라"마 15:19-20.

15 그리하고 암논이 그를 심히 미워하니 이제 미워하는 미움이 전에 사랑하던 사랑보다 더한지라 암논이 그에게 이르되 일어나 가라 하니

암논은 다말을 사랑했다. 적어도 그렇다고 생각했다. 그리고 그의 사촌 요나답에게 그녀를 사랑한다고 말하기도 했다. 그런데 왜 달라

진 것인가?

한순간에 사랑이 미움으로 변했다. "사랑하다"라는 단어에 하트 모양 표시를 했는가? 그렇다면 "미워하다"라는 단어에는 이렇게 하트 모양에 선을 그어서 표시해 보라.

사랑이 미움으로 변했다. 그 이유가 무엇인가? 암논은 갑자기 자신의 정욕을 의식하게 되었고 자신의 그 정욕과 자신에게 혐오감을 느꼈기 때문일 것이라고 나는 생각한다. 암논은 자신의 행동에 따르는 결과를 받아들이고 용서를 구하고 자신이 해를 가한 사람을 치유할 수 있는 방법을 찾으려 하는 대신, 그는 다말을 보고 자신의 행동을 그녀의 탓으로 돌렸다.

"일어나 가라!"

다말은 막 강간을 당했다. 상처를 입었다. 순결을 잃은 것을 보여주는 핏자국이 그의 침상에 남아 있었다. 그런데 그는 그녀에게 일어나서 방을 나가라고, 자기 집에서 나가라고 명했다!

16 다말이 그에게 이르되 옳지 아니하다 나를 쫓아보내는 이 큰
악은 아까 내게 행한 그 악보다 더하다 하되 암논이 그를 듣
지 아니하고
17 그가 부리는 종을 불러 이르되 이 계집을 내게서 이제 내보
내고 곧 문빗장을 지르라 하니

고동치는 자신의 정욕을 만족시킨 후 암논은 자신이 꿈꿔 왔던 다말을 집에서 끌어내게 했다. 남자와 여자를 사로잡는 부드러운 사랑과

감사하는 마음과 기쁨과 깊은 만족이 성관계를 가진 후에는 어디로 사라진 것인가? 혼외정사에서는 결코 이런 것들을 찾아볼 수 없다. 욕망이 아무리 강해도 혼외정사는 마음속 깊은 곳에 성가신 죄책감과 설명할 수 없는 불만과 여전히 채워지지 않는 공허만을 남겨 놓는다.

하나님께서는 그 이유를 아신다. 그분이 성을 만드신 분이라는 사실을 기억하라. 그분은 자신이 만든 제품을 잘 알고 계신다. 무엇이 완전한 만족을 가져다주는지도 아신다. 그리고 그분이 만드신 것을 오용하면 후회와 혐오감만 남게 된다는 것도 알고 계신다.

> 18 암논의 하인이 그를 끌어내고 곧 문빗장을 지르니라 다말이
> 채색옷을 입었으니 출가하지 아니한 공주는 이런 옷으로 단
> 장하는 법이라

앓고 있는 오빠를 위해 음식을 만들어 주려고 온 어린 처녀에게 암논은 엄청난 수치심을 느끼게 했다. 암논은 병들어 있었다. 그는 정욕으로 인해 병들어 있었고 그 정욕이 그를 사로잡았기 때문에 그 병은 점점 더 심해져 갔다.

남자이건 여자이건 자신의 성적인 욕구를 다스릴 수 없는 사람은 위대한 의사이신 하나님을 만나지 않는 한 죽음을 불러오는 악성 질병을 앓게 된다.

> 19 다말이 재를 자기의 머리에 덮어쓰고 그의 채색옷을 찢고 손
> 을 머리 위에 얹고 가서 크게 울부짖으니라

머리에 재를 뿌린 것은 슬픔과 상실감을 보여 주는 표시였다. 그녀는 순결을 빼앗겼고 다시 되돌릴 수 없게 되었다.

20 그의 오라버니 압살롬이 그에게 이르되 네 오라버니 암논이
너와 함께 있었느냐 그러나 그는 네 오라버니이니 누이야 지
금은 잠잠히 있고 이것으로 말미암아 근심하지 말라 하니라
이에 다말이 그의 오라버니 압살롬의 집에 있어 처량하게 지
내니라

다말의 상태를 묘사하기 위해 하나님께서 선택하신 "처량하게"라는 말의 히브리 단어는 '망가진'이라는 뜻을 어근으로 하는 '샤멤'shamem이라는 단어이다. 암논이 다스리지 못한 정욕은 자기 여동생의 삶을 망가뜨려 놓았다.

그리스도인이라고 말하면서 예수 그리스도를 믿는 신자들에게서 자연스럽게 볼 수 있는 친밀한 교제를 이용해 '자매들'의 삶을 망가뜨려 놓는 형제들이 상당히 많이 있음을 짐작해 볼 수 있다.

혼외정사는 사람이 할 수 있는 가장 이기적인 행동이다. 이런 일을 행하는 사람들을 하나님께서는 어떻게 보시는가? 이런 일을 행하고도 아무 일이 없을 것이라고 생각하는가? 하나님의 의로우신 심판을 피할 수 있다고 생각하는가? 하나님의 책에 의하면 그렇지 않다! "너희 죄가 반드시 너희를 찾아낼 줄 알라"고 한 민수기 32:23의 말씀을 잊지 말라.

아무도 모르게 했다고 생각할지 모르지만 당신의 죄는 거룩하신 삼

위일체 하나님, 즉 당신을 지으신 아버지 하나님, 당신을 위해 목숨을 희생한 아들 하나님, 당신 안에 거하며 육체의 모든 정욕을 다스리고 모든 유혹을 물리칠 수 있는 힘을 주고 싶어 하시는 성령 하나님 앞에서 행한 것이다.

21 다윗 왕이 이 모든 일을 듣고 심히 노하니라

당연하다! 그러나 다윗은 어떤 조처를 취했는가? 성경은 침묵을 통해서 말해 주고 있다. 다윗은 아버지의 역할을 분명히 제대로 하지 못했다. 그는 자녀들을 불러 문제를 지적하고 벌을 내리고 정당한 해결책을 제시해 주어야 했다. 다윗은 나단을 통해 아무것도 배우지 못한 것인가?

이런 다윗의 실패는 자신의 잘못에 대한 죄책감 때문이었는가? 양심의 가책 때문이었는가? "내가 무슨 말을 할 수 있겠어! 나도 죄인인 걸."

죄를 지었다고 해서, 하나님을 거역했다고 해서, 다시는 입을 열 수 없다거나 죄를 지적하고 적법하게 다룰 수 없는 것은 아니다. 죄는 언제나 우리의 의가 아니라 하나님의 말씀을 근거로 다루어져야 한다! 죄를 다루는 대신 덮어 둔다면 상처는 점점 더 곪게 되고 그 과정 속에서 더 큰 해를 입게 될 것이다.

그래서 아이들에게 가한 치한의 범죄는 밝혀지고 그 죄에 대한 대가를 지불토록 해야 한다. 그렇지 않으면 죄는 계속될 것이며 다른 사람들도 고통을 받게 될 것이다. 교회 지도자들의 도덕적 실패 역시 지적되어야 한다. 그런 일들이 다시는 반복되지 않도록 그 일을 숨기거나 외면하려고 해서는 안 된다. 또 강간범 역시 정당하게 다루어야 한다.

다윗은 우리가 신명기 22장에서 공부한 내용, 즉 부도덕한 행동을 다루기 위한 하나님의 지시 사항을 준수했어야 했다. 암논은 다말과 결혼했어야 했다. 그리고 의롭고 선하고 훌륭한 일을 통해 다말을 향한 그의 사랑을 회복할 수 있어야 했다.

그러나 우리가 알고 있는 한 그 상황은 성경적으로 다루어지지 않았다.

22 압살롬은 암논이 그의 누이 다말을 욕되게 하였으므로 그를 미워하여 암논에 대하여 잘잘못을 압살롬이 말하지 아니하니라

2년 후 다말의 오빠 압살롬은 암논을 죽였다. 죄에는 언제나 죽음이 따른다. 이 사건에서 실제로 암논이 죽임을 당했다. 그러나 영적인 죽음 역시 피할 수 없는 죄의 결과로 나타나게 된다. 야고보서 1장은 이 원리를 질 설명해 주고 있다. 본문을 읽으면서 "시험" 또는 "미혹"이라는 단어에 밑줄을 그어 보라. 그리고 본문을 소리내어 읽기 바란다. 필요할 때마다 마음의 스크린에 이 구절을 떠올릴 수 있도록 기억장치 속에 잘 보관해두기 바란다.

야고보서 1:13–17

13 사람이 시험을 받을 때에 내가 하나님께 시험을 받는다 하지 말지니 하나님은 악에게 시험을 받지도 아니하시고 친히 아무도 시험하지 아니하시느니라

14 오직 각 사람이 시험을 받는 것은 자기 욕심에 끌려 미혹됨이니
15 욕심이 잉태한즉 죄를 낳고 죄가 장성한즉 사망을 낳느니라
16 내 사랑하는 형제들아 속지 말라
17 온갖 좋은 은사와 온전한 선물이 다 위로부터 빛들의 아버지
께로부터 내려오나니 그는 변함도 없으시고 회전하는 그림
자도 없으시니라

다시 한번 더 읽어 보라. 이번에는 "사망"이라는 단어에 무덤 표시를 해 보라. "죄"라는 단어에는 검은색이나 빨간색으로 표시하라.

성적인 죄를 범할 때는 핑계를 도리어 하기가 쉬운 듯하다. "어쩔 수가 없었어! 너무 강한 욕망을 가눌 수가 없었어. 하나님도 이해하실 거야. 어쨌거나 나를 이렇게 만드신 분은 바로 하나님이시거든!" 그러나 이런 핑계가 정당한 것으로 인정받을 수 있을 것인가?

"시험 또는 미혹"이라는 단어에 밑줄을 그으면서 배우게 된 것들을 아래 공란에 적어 보라.

죄에 대해 배운 것들을 적어 보라.

죽음에 대해 배운 것들도 적어 보라.

이 구절에 의하면 유혹을 받는 것도 죄인가?

암논은 언제 죄를 지었는가? 앞에서 살펴본 사무엘하와 야고보서 1장 기록을 근거로 대답해 보라. 암논의 마음을 읽으려 하거나 당신 자신의 의견을 이야기 속에 투사하려고 하지 말라.

절제하지 못하고 성적인 유혹에 굴복한 암논의 정욕 때문에 죽게 된 것은 누구인가?

사탄의 계획, 그리고 우리의 해결책

야고보서 1:14에서 "미혹되다"라는 말로 번역된 헬라어 단어는 상당히 생생한 표현이다. 이는 덫을 놓거나 바위 아래 있는 물고기를 유인하기 위해서 미끼를 다는 모습을 묘사할 때 사용하는 용어이다.

나는 낚시를 즐기는 사람과 결혼을 했다. 그리고 남편을 위해 낚시 잡지를 고르면서 알게 된 한 가지 사실은 물고기들이 바위 아래에서 살기 좋아한다는 것이다.

우리가 숨을 수 있는 그늘을 만들어 주는 우리의 반석은 누구이신가? 그 대답은 당신도 알고 있을 것이다. 반석을 뜻하는 "커"cur라는 이름을 가진 하나님이시다! 우리는 바위틈 사이에, 우리 하나님이시라는 피난처에 숨도록 되어 있다. 그곳이 우리가 안전하게 거하며 보호받을 수 있는 곳이다.

그래서 사탄이 물고기를 잡으려고 하는 것일지도 모르겠다는 생각이 드는가? 다시는 우리를 자기편으로 만들 수 없다는 것을 알면서도 사탄은 우리에게 죄를 짓도록 유인하고 하나님의 징계를 받아야 하는 자리에 서도록 만든다.

사탄의 전략은 우리를 반석에서 끌어내어 그의 미끼를 물도록 얕은 물가로 나오게 하는 것이다. 그의 연장통 속에 있는 가장 강력하고 성공률이 높은 미끼 중 하나가 성관계이다. 그는 낚싯대에 성관계라는 미끼를 끼워 우리의 주의를 끌 수 있을 만큼 살살 꼬리를 흔드는 데 전문가이다.

성관계는 다윗 왕의 가정을 성공적으로 유인했다!

다윗은 밧세바와 동침했고,

암논은 다말을 범했고,

압살롬은 온 이스라엘 백성이 보는 앞에서 아버지의 첩들과 동침을 했다.

다윗, 암논, 압살롬.

그들은 자신 외에는 그 누구도 탓할 수 없었다. 우리 역시 우리 죄를 다른 사람의 탓으로 돌릴 수 없다. 왜냐하면 우리의 정욕을 모든 생각과 모든 보는 것으로 점점 더 키워 만족시킨 결과이기 때문이다.

닷새 전에 나는 무디 성경 학교와 라디오 방송국에서 주관한 수련회에서 여성들을 위해 강의하려고 오하이오주 클리블랜드를 다녀왔다. 나는 공항에 있는 잡지 판매대에서 이 책을 쓰는 데 도움이 될 만한 성병이나 에이즈에 관해 새로 나온 뉴스가 있는지 찾아보았다. 온갖 요염한 자세를 취하며 신체의 일부를 드러내고 있는 여자들의 사진으로 뒤덮인 '가장 새로 나온' 잡지들이 진열된 곳을 지나며, 나는 키가 큰 한 젊은 남자가 잡지 진열대 옆에 아주 가까이 서 있는 것을 보게 되었다. 그는 잡지를 한 권 들고 조심스럽게 잡지 가장자리를 들추더니 자신의 눈길을 끄는 장면이 있는 페이지를 반쯤 열고서는 자세히 들여다보았다. 그 옆을 지나가면서 나는 그의 관심을 끈 것이 무엇이었는지를 언뜻 볼 수 있었다. 그림의 반 정도밖에는 볼 수 없었지만 그것만으로도 충분히 알 수 있었다. 나는 '주님, 이래서 제가 이 책을 쓸 수밖에 없습니다'라고 중얼거렸다.

내가 다가가 그의 어깨에 손을 얹자 우리 두 사람의 눈이 딱 마주쳤다. 나는 "젊은이, 이런 걸 들여다봐서는 안 돼요. 점점 더 보고 싶어질 거예요. 중독성이 있거든요"라고 말했다.

그 불쌍한 청년은 넋을 잃고 나를 바라보며 "저도 알고 있어요"라고 대답했다.

그의 어깨에서 손을 떼고 돌아서면서 내가 할 수 있는 말은 "하나님을 기쁘시게 하는 일이 아니에요"라는 것이 전부였다.

지금은 그때 내가 그 청년에게 좀 더 이야기를 해 주었더라면 좋았을 텐데라는 생각이 많이 든다. 나는 사랑하는 마음으로 친절하게 이야기하면서도 긴장하고 있었고, 그 청년과 좀 더 길게 이야기할 수 있을 만큼의 재치가 없었다. 내가 할 수 있는 전부는 하나님께서 그의 삶에 중요한 영향을 미칠 수 있도록 내가 한 말을 사용해 주시기를 기도하는 것뿐이었다.

어쨌거나 내가 눈 주위가 멍이 든 상태로 텔레비전 화면에 나타난다면, 누군가에게 그의 도덕성에 관해 이야기하다가 한 대 얻어맞은 것이라고 생각하면 될 것이다! 그러나 나는 '주님, 누군가는 말을 해야 하잖아요! 다른 사람의 최선을 바라는 것이 하나님의 사랑이 아닌가요?'라는 생각을 한다. 그 젊은이가 내 말을 귀담아들었다면 무슨 일이 일어났을 것인가? 즉각적인 효력이 나타나지는 않았을지라도 잡지 판매대에 기대어 '여자들을 응시하게' 될 때마다 우리가 나눈 대화를 기억할 것이다. 하나님의 성령님께서 그를 지치게 만드실 수도 있을 것이다.

잡지를 들여다보고 싶은 그 자체는 그 젊은이의 죄가 아니다. 그것은 그저 유혹일 뿐이다. 죄는 그 유혹에 굴복하고 그 잡지를 실제로 들여다보는 것이다.

유혹과 싸우기 위해서는 다음의 성경 구절을 암송해 두기 바란다. 나는 구원받은 직후 이 구절을 외웠고 큰 도움을 받을 수 있었다.

고린도전서 10:13

13 사람이 감당할 시험 밖에는 너희가 당한 것이 없나니 오직 하나님은 미쁘사 너희가 감당하지 못할 시험 당함을 허락하지 아니하시고 시험 당할 즈음에 또한 피할 길을 내사 너희로 능히 감당하게 하시느니라

이것은 잡지 판매대 앞에서 암송하기에 좋은 구절이다. 그리고 당신이 암송하는 것을 듣게 될 사람들에게 미칠 유익을 생각해 보라! 다시 한번 더 소리를 내어 읽어 보라. 읽으면서 "시험"이라는 단어가 나올 때마다 표시하라. 그런 다음 그 단어에 표시를 하면서 배운 것들을

아래 공란에 적어 보라.

놀랍지 않은가? 하나님께서는 우리에게 감당할 수 없는 유혹은 허락하지 않으실 것이라고 약속하셨다. 언제나 피할 길이 있다.

이 사실은 다말과 암논의 이야기 속에서도 잘 나타나 있다. 다말은 암논에게 그의 아버지인 왕에게 청하면 아버지가 그녀를 그에게 줄 것이라고 말했다. 그것이 암논이 유혹을 피할 수 있는 길이었다. 그의 열망을 충족시킬 수 있는 약속이었다. 그가 그 말을 따르기만 했더라면 비극적인 결말을 맞이하지는 않았을 것이다.

그러나 "암논도 어쩔 수 없었을 거예요. 기다릴 수가 없었던 그 사람을 나는 이해할 수 있어요. 그 순간 그 욕망을 채우지 못하면 터져 버리고 말거든요"이라고 말하는 사람들도 있을 것이다.

그러나 피할 길이 있다. 언제나 하나님께 간구하라. 필요하다면 목소리를 높여 소리를 질러도 된다. "주님, 터져 버릴 것 같습니다. 어떻게 해야 합니까? 도와주세요!"

하나님께서 도와주실 것이다. 하나님께서는 도와주시기로 약속하셨기 때문에 도와주신다. 하나님은 거짓말을 할 수 없는 분이시다. 그리고 약속을 어길 수도 없는 분이시다. 하나님을 의지하는 대신 정욕에 사로잡혀 결정하고 행동할 때 문제가 생기게 된다.

하나님께서 정욕에 대해 어떻게 말씀하시는지를 요한일서 2:15-17에서 살펴보라. "정욕"이라는 단어가 나올 때마다 동그라미를 쳐 보라.

요한일서 2:15-17

15 이 세상이나 세상에 있는 것들을 사랑하지 말라 누구든지 세
상을 사랑하면 아버지의 사랑이 그 안에 있지 아니하니
16 이는 세상에 있는 모든 것이 육신의 정욕과 안목의 정욕과
이생의 자랑이니 다 아버지께로부터 온 것이 아니요 세상으
로부터 온 것이라
17 이 세상도, 그 정욕도 지나가되 오직 하나님의 뜻을 행하는
자는 영원히 거하느니라

이 구절에 언급된 정욕은 어떤 것들인가?

그런 정욕들은 어디에서 오는가?

결국 지나가게 될 것은 어떤 것들인가?

본문을 소리내어 다시 읽어 보라. 이번에는 "사랑"이라는 단어가 나올 때마다 하트 표시를 하라. 그런 다음 멈추어 다음 질문을 해 보라.

"내가 정말 사랑하는 것은 무엇인가?"

육신의 정욕은 강력한 것이다. 금지된 무언가를 가지고 취하고 먹으려고 하면서 "나도 어쩔 수가 없어요. 이렇게 하지 않으면 견딜 수가 없거든요!"라고 말하는 사람들이 있다.

정말 그런가? 에베소서는 어떻게 말하고 있는지 알아보자. 다음 성경 구절들을 읽으면서 "육체의 욕심"이라는 말에 동그라미 표시를 하라.

에베소서 2:1-6

1 그는 허물과 죄로 죽었던 너희를 살리셨도다
2 그 때에 너희는 그 가운데서 행하여 이 세상 풍조를 따르고 공
중의 권세 잡은 자를 따랐으니 곧 지금 불순종의 아들들 가운
데서 역사하는 영이라
3 전에는 우리도 다 그 가운데서 우리 육체의 욕심을 따라 지내
며 육체와 마음의 원하는 것을 하여 다른 이들과 같이 본질상
진노의 자녀이었더니
4 긍휼이 풍성하신 하나님이 우리를 사랑하신 그 큰 사랑을 인
하여
5 허물로 죽은 우리를 그리스도와 함께 살리셨고 (너희는 은혜
로 구원을 받은 것이라)
6 또 함께 일으키사 그리스도 예수 안에서 함께 하늘에 앉히시니

본문을 다시 소리내어 읽어 보라. 그리고 "전에는"이라는 말이 나올 때마다 네모 표시를 하고 "따르고"라는 말에는 밑줄을 그어 보라.

"전에는"이라는 단어에 표시하면서 알게 된 것은 무엇인가? 하나님께서 사랑 안에서 은혜로 구원하시고 분에 넘치는 호의를 베푸시기 전에 우리는 어떤 사람들이었는가? 이 중요한 사실을 잘 기억해 두라.

이 본문의 1-3절과 4-6절은 상당히 대조적이다. 1-3절에는 "진노의 자녀"라고 표현된 악의 자녀가 설명되어 있다. 그리고 4-6절에서는 하나님의 사랑과 은혜로 예수 그리스도의 죽음과 부활을 통해 악의 진영에서 구원된 사람들을 묘사하고 있다. 그리고 놀라운 것은 하나님께서 허물로 죽은 우리를, 하나님의 뜻을 의도적으로 거역하며 살았던 우리를 위해 그렇게 하셨다는 사실이다.

정말 놀라운 것은 우리가 힘없이 죄를 짓도록 하나님께서 우리를 그저 내버려 두지 않으신다는 점이다. 예수 그리스도를 영접하고 그분과 연합하고 그분이 거하시는 처소가 되어 드릴 때, 그리스도께서 우리 안에 거하시고 우리가 그분 안에 거할 때, 우리는 권세 있는 자리에 앉게 된다. 그때 죄와 사탄을 다스릴 수 있는 힘을 발휘할 수 있게 된다. 왜냐하면 에베소서 1:18-23에서 말씀하고 있듯이 그리스도와 연합한 우리는 실제로 사탄과 그가 지배하는 악한 무리들 위에 있기 때문이다! 이 사실을 이해하게 되면 "할렐루야!"라고 외치게 될 것이다.

우리에게 주어진 이 능력이 있기 때문에 하나님께서는 우리에게 다음과 같은 지시를 하셨다. 성령님을 통해 순종할 수 있는 힘이 우리에게 있다는 것을 하나님께서는 알고 계신다.

에베소서 5:3-12

3 음행과 온갖 더러운 것과 탐욕은 너희 중에서 그 이름조차도
부르지 말라 이는 성도에게 마땅한 바니라

4 누추함과 어리석은 말이나 희롱의 말이 마땅치 아니하니 오히
려 감사하는 말을 하라

5 너희도 정녕 이것을 알거니와 음행하는 자나 더러운 자나 탐
하는 자 곧 우상 숭배자는 다 그리스도와 하나님의 나라에서
기업을 얻지 못하리니

6 누구든지 헛된 말로 너희를 속이지 못하게 하라 이로 말미암
아 하나님의 진노가 불순종의 아들들에게 임하나니

7 그러므로 그들과 함께 하는 자가 되지 말라

8 너희가 전에는 어둠이더니 이제는 주 안에서 빛이라 빛의 자
녀들처럼 행하라

9 빛의 열매는 모든 착함과 의로움과 진실함에 있느니라

10 주를 기쁘시게 할 것이 무엇인가 시험하여 보라

11 너희는 열매 없는 어둠의 일에 참여하지 말고 도리어 책망
하라

12 그들이 은밀히 행하는 것들은 말하기도 부끄러운 것들이라

주의해서 잘 읽어 보았는가? 여기에는 교훈들로 가득 차 있다. 그 이유는 무엇인가? 이것은 더 이상 진노의 자녀가 아닌 사람들, 사탄 곧 공중 권세 잡은 자를 따르지 않는 사람들에게 하는 말이기 때문이다. 이 교훈을 받는 사람들은 더 이상 사탄의 권세 아래 놓여 있는 세

상의 요구나 기준에 얽매여 살지 않는다.

이제 에베소서 5:3-12에 기록된 권면들이 얼마나 중요한지를 알게 되었으므로 좀 더 자세하게 관찰하기 위해 초점을 맞추어 보도록 하자. 이 구절에는 두 부류의 사람들이 언급되어 있다. 불순종의 아들들과 성도라 불리는 빛의 자녀들이다. 사탄의 지배를 받고 있는 "불순종의 아들들"을 지시하는 말에는  와 같이 쇠스랑 표시를 하고 "빛의 자녀들"을 지시하는 말에는  와 같이 태양 표시를 하라. 각각에 해당하는 대명사에도 모두 표시하라. 그리고 "전에는"이라는 말이 나올 때도 주의를 기울이고 네모 표시를 하라. "전에는"이라는 말은 에베소서에 나오는 중요한 단어 중의 하나이다.

이제 아래 공란에 배운 것들을 적어 보라.

성도, 빛의 자녀들	불순종의 아들들

활동 계획

이제 어둠이 아니라 빛 속에 거하는 당신이 유혹을 어떻게 다루어야 하는지 알아보도록 하자. 데살로니가전서 4:4은 우리에게 각각 존귀함과 거룩함으로 우리 몸을 관리할 줄 알아야 한다고 말하고 있다. 그렇다면 그렇게 하기 위해서는 유혹을 받을 때나 정욕이 일어날 때마다 어떻게 해야 하는가? 활동 계획을 짜 보도록 하자.

첫째, 아침에 자리에서 일어나기 전에 먼저 "하나님 아버지, 시험에 들게 하지 마시고 악에서 구해주시옵소서"라고 기도해야 한다. 악을 선택하지 않을 것이며 악의 길에는 서지도 않을 것이라는 당신의 의지를 하나님께 알려 드리라. 아마 당신은 악에서 벗어나고 싶을 것이다. 그렇다면 악에서 벗어난다는 것이 실제로 어떤 것을 말하는 것인가?

이 책에서 이야기한 내용들을 잘 생각해 보라. 이미 앞에서 그 문제를 다루었기 때문이다. 당신은 쉽게 유혹받는 부분이 있다는 것을 잘 알고 있을 것이다. 그러나 그것이 어떤 것이든 멀리 해야 한다. 디모데후서 2:22은 "청년의 정욕을 피하라"고 말씀하고 있다. 우리가 아무리 나이가 들어도 정욕의 공격을 받을 수 있다. 내 말을 믿으라. 이것은 영적인 거장들도 인정하는 바이다!

특정한 사람에게 느끼는 매력 때문에 죄를 지을 가능성이 있다면 그 사람이 있는 곳에 가는 일을 피하라. 그 사람의 집이나 사무실 옆을 지나가야 할 때는 그쪽을 바라보지 말라. 그 주위를 배회하지 말라. 치과의사나 의사나 변호사나 목사나 비서나 사무원이나 누구든지 당신의 마음을 사로잡는 사람이 있으면, 그 사람을 피하기 위해 다른 사람으로 바꾸라. 필요하다면 직장을 옮기라. 결혼한 경우 직장에서 매혹적으로 보이는 사람이 있다면 그것은 하나님께서 집으로 돌아가 더 적은 수입으로 살아가라고 말씀하시는 것일 수도 있다!

당신이 피하려고만 한다면 하나님께서 피할 길을 보여 주실 것이다. 이 책에서 그 구체적인 이야기들을 다 할 수는 없다. 그러나 하나님의 도우심을 구하고 하나님께서 말씀하시는 것은 무엇이든지 하겠다고 말씀드리면 하나님께서 분명하게 길을 열어 주실 것이라는 사실을 기억해라. 하나님께서는 하나님의 말씀과 어긋나는 일은 절대로 하지 않으신다는 사실을 기억하라.

그러므로 첫 번째 단계는 당신을 잡기 위해 미끼를 매달아 둔 낚시바늘을 피하는 것이다!

둘째, 당신은 혼외정사는 절대적으로 금지되어 있다는 사실을 알고 있을 것이다. 그러므로 불을 지피지 말라. 즉 눈과 생각을 관리해야 할 뿐만 아니라 손도 다스려야 한다.

당신과 결혼한 당신의 배우자가 아닌 사람을 애무하지 말라. 자신을 또는 다른 사람들을 흥분시키기 위해 다른 사람의 몸을 더듬거나 만지는 일을 하면서 그 이상 나아가지 않게 될 것이라 생각하는가?

그 대답을 고린도전서에서 찾아보기로 하자. "몸"이라는 단어가 나올 때마다 표시를 하라. 대명사와 동의어에도 모두 표시하라. 또 몸의 다양한 부분을 언급하고 있는 "지체"라는 부분에도 같은 표시를 하라.

고린도전서 6:13-20

13 음식은 배를 위하여 있고 배는 음식을 위하여 있으나 하나님
은 이것 저것을 다 폐하시리라 몸은 음란을 위하여 있지 않
고 오직 주를 위하여 있으며 주는 몸을 위하여 계시느니라
14 하나님이 주를 다시 살리셨고 또한 그의 권능으로 우리를 다
시 살리시리라
15 너희 몸이 그리스도의 지체인 줄을 알지 못하느냐 내가 그리

스도의 지체를 가지고 창녀의 지체를 만들겠느냐 결코 그럴
수 없느니라
16 창녀와 합하는 자는 그와 한 몸인 줄을 알지 못하느냐 일렀
으되 둘이 한 육체가 된다 하셨나니
17 주와 합하는 자는 한 영이니라
18 음행을 피하라 사람이 범하는 죄마다 몸 밖에 있거니와 음행
하는 자는 자기 몸에 죄를 범하느니라
19 너희 몸은 너희가 하나님께로부터 받은 바 너희 가운데 계신
성령의 전인 줄을 알지 못하느냐 너희는 너희 자신의 것이
아니라
20 값으로 산 것이 되었으니 그런즉 너희 몸으로 하나님께 영광
을 돌리라

"몸"이라는 단어에 표시하면서 무엇을 알게 되었는가? 당신이 배운 것을 아래 공린에 적이 보라.

이제 같이 생각해 보자. 이 구절에 따르면 하나님께서 당신에게 주신 손이나 신체의 일부를 당신의 배우자가 아닌 사람이나 당신 자신을 자극하기 위해 사용해도 되는 것인가? 그리고 당신이 다른 사람을 자극했다면 당신이 붙인 불을 성관계를 가지지 않고 어떻게 끌 수 있겠는가? 성적 쾌감의 절정에 이르지 않고도 멈출 수 있도록 몸을 단련할

것인가? 그렇다면 결혼하게 될 경우 어떤 일이 벌어질 것인가? 그렇게 단련한 상태로 만족할 수 있을 것인가? 당신을 자극한 사람과 결혼하지 않는다면 어떻게 될 것인가? 당신이 배운 행동이 당신의 배우자가 누려야 하는 기쁨에 영향을 미치고 그 기쁨을 곡해하거나 망쳐 버리게 되지 않겠는가?

18절을 기억하는가? 다시 소리내어 읽어 보라. 음행하는 사람은 자기 몸에 죄를 범하는 것이다! 이것은 그저 성병을 얻게 되는 결과만을 뜻하는 것은 아닐 것이다. 나는 당신에게 해가 되는 방법으로 성관계를 가지도록 당신의 몸에 영향을 미치게 된다는 뜻도 포함되어 있다고 생각한다.

다른 사람의 몸을 만지는 것이 성범죄에 속하는 것이고 그래서 결혼하기 전까지 다른 사람의 몸에 손을 댈 수 없다면, 자위 행위는 어떤가? 대답하기 어려운 질문이다. 이것은 보통 잘 이야기하지 않는 문제이다. 그러나 이런 습관에 젖어 있는 사람들이 아주 많기 때문에 이 문제를 짚고 넘어가는 것이 필요하다. 자위 행위는 많은 사람에게, 특히 남자들에게서 볼 수 있는 문제이다.

이 문제는 신속하게 해결할 수 있는 문제라고 생각한다. 물론 그 습관을 끊는 것은 별개의 문제이다. 우리가 이해해야 할 필요가 있는 것은 사람들이 자위 행위를 하는 이유이다. 자위 행위를 하도록 자극하는 것들에는 여러 가지가 있지만 그 결과는 언제나 똑같다. 성적인 만족을 얻기 위해서이다. 그러므로 자위 행위는 금지되어야 한다.

"그렇지만 전 미혼이에요!"

"그렇지만 내 아내(또는 남편)가 원하질 않아요. 가까이할 수도 없어요!"

"그렇지만 안 하면 미쳐 버릴 거예요. 저도 어쩔 수가 없어요!"

잘 들어 보라. 자위 행위는 성적으로 몸을 자극하는 것이다. 그러므로 하면 할수록 더 원하게 된다. 그리고 자위 행위를 하는 방법으로 성관계를 가지고 싶어 하는 것이 보통이다. 눈으로 보는 것과 귀로 듣는 것과 생각하는 것이 합해져서 만족을 준다는 사실을 이해할 것이다. 그리고 그것은 결혼한 사람들의 침실에서 이루어져야 하는 것이다. 파블로프의 개를 기억하는가? 종을 울린 다음 먹이 주는 일을 계속해서 반복하게 되면 나중에는 종만 울려도 개가 침을 흘리기 시작한다! 음식이 없어도 침이 흘러나온다.

성 문제를 다루는 상담가들 중에는(기독교 상담가들 중에서도) 자위 행위는 잘못된 것이 아니며 상당히 자연스런 일이라고 말하는 사람들도 있다. 성경이 이 문제에 대해 침묵하고 있기 때문에 각 개인의 선택에 달린 문제라고 말하는 사람들도 있다.

그러나 자위 행위는 자연스런 행동이 아니다. 이것은 자극에 반응하면서 배우게 된 행동이다. 그리고 성경이 이 문제에 대해 침묵하고 있는 것도 아니다. 우리는 앞에서 고린도전서 7:1과 7:9에 있는 하나님의 지시를 살펴보았다. 그 메시지는 분명했다. 성적으로 절제할 수 없다면 결혼을 해야 한다. 이것이 하나님의 말씀이다. 나나 심리학자들이 한 말이 아니다. 하나님께서는 "절제할 수 없거든 정욕이 불같이 타는 것보다 자위 행위를 하는 것이 낫다"라고 말씀하지 않으셨다. 혼인을 하는 것이 낫다고 말씀하셨다.

좀 더 생각해 보자. 자위 행위를 하는 것은 성적인 공상에 빠지는 것이다. 예수님께서는 마태복음 5장에서 그것은 간음과 같은 것이라고 말씀하셨다. 그렇다면 어떻게 해야 하는가? "손을 잘라내라." 하나님께서 정말로 손목을 자르라고 하신 것인가? 그렇지 않다. 과장법을 사용하신 것이다. 간음하는 자는 하나님의 나라를 유업으로 받을 수 없기 때문에 그 일을 단호하게 멈추어야 한다는 것을 강조하신 것이다. 지옥에서 온몸이 고통을 당하는 것보다 그만두어야 하는 것이라면 그만두기 위해 지금 손목을 자르는 것이 훨씬 낫다. 예수님께서 설득력 있는 예를 들어 강조하셨다. 문제는 우리가 그 말씀을 이해하고 있는가라는 점이다. 이해하지 못하고 있다면 하나님 앞에 무릎을 꿇고 마태복음 5:29-30을 읽고 그 말씀을 철저하게 이해할 수 있도록 도와주시기 원한다고 기도하라.

마지막으로 당신의 배우자가 아닌 다른 사람이나 당신 자신을 자극하기 위해 당신의 손을 사용하면서 "또 무엇을 하든지 말에나 일에나 다 주 예수의 이름으로 하고 그를 힘입어 하나님 아버지께 감사하라"고 말씀하고 있는 골로새서 3:17을 따르고 있다고 말할 수 있겠는가? 그렇게 하는 것이 정말 하나님께 영광을 돌리고 하나님을 높이는 일이 될 수 있다고 생각하는가?

"그렇지만 남자로서 이삼일 만에 한 번씩 필요한 육체적인 요구는 어떻게 합니까?"라고 말하는 사람도 있을 것이다. 하나님께서는 우리가 감당할 수 없는 유혹은 허락하지 않는다고 말씀하신 것을 기억하라. 남자와 그 정액에 대해서 보통 '몽정'이라고 부르는 방출을 통해 그 길을 마련해 주셨다.

이제 하나님의 말씀에 있는 모든 것을 본 지금도 구강성교에 대해 이야기할 필요가 있겠는가? 결혼할 때까지 처녀로 남아 있을 수 있는 임시변통으로 그렇게 하는 것이 옳은지 아닌지를 이야기할 필요가 있겠는가? 나는 그럴 필요가 없다고 생각한다. 하나님의 말씀을 통해 배운 모든 것을 생각해 볼 때 그것이 잘못된 일이라는 것을 이미 알고 있을 것이다. 50년 전까지만 해도 미국 법률에는 결혼한 사람에게나 결혼하지 않은 사람에게 남색(구강성교를 포함한)은 범죄 행위로 선언하고 있었다. 구강성교는 남자와 여자가 한 몸이 되어 하나로 연합하는 아름다운 그림을 일그러뜨리는 부자연스러운 일이며, 하나님께서 계획하신 자연스러운 방법을 저버리는 행위인 것이 분명하다. 그렇게 생각하지 않는가?

결혼할 때까지 기다리라. 하나님을 기쁘시게 하는 삶을 살아라. 모든 사람으로 더불어 화평함과 거룩함을 좇으라. 그렇지 않으면 아무도 주를 보지 못하게 될 것이다히 12:14.

결혼하지 않고 살 것이라면 순결한 삶을 살라. 정욕 때문에 하나님의 상속자와 예수 그리스도와 함께할 후사로서의 생득권을 에서처럼 팥죽 한 그릇에 팔아넘기지 말라. 에서는 자신의 배가 요구하는 음식을 먹지 않으면 죽을 것이라고 생각했다. 그래서 자신의 것이 될 수 있었던 모든 것을 팥죽 한 그릇에 다 팔아넘겼다! 에서의 식욕은 만족을 얻을 수 있었지만, 그 순간 그는 장자권을 잃어버리게 되었다. 그 후 그는 울며 애원했지만 되돌릴 수 없었다창 25:27-34; 히 12:16-17.

그러자 에서는 증오심을 품고 화를 내는 사람이 되었고 그럼에도 결코 만족을 얻을 수 없었다.

혼외정사는 이런 일을 불러올 것이다. 당신을 비통함과 후회 속에서 뒹굴게 만들 것이다. 그렇다면 이제 어떻게 해야 순결한 삶을 살 수 있겠는가? 갈라디아서 5:16은 성령을 좇아 행하면 육체의 욕심을 이루지 않게 된다고 말씀한다. 하나님께서는 우리가 육체의 정욕과 씨름하지 않게 될 것이라고 말씀하지 않으셨다. 정욕은 그 식욕을 드러낼 것이다. 그러나 지속적으로 그리고 습관적으로 매 순간 성령을 좇아 행하기로 선택할 때 그 식욕을 눌러 이길 수 있다. 성령의 아홉 가지 열매 중에는 양선과 절제가 포함되어 있다. 하나님께서 말씀하신 것은 선한 것이며 하나님께서는 우리가 선한 삶을 살 수 있도록 해 주실 것이다. 또 성령으로 우리에게 육체의 정욕을 다스릴 수 있는 하나님의 능력을 공급해 주실 것이다. 그러므로 선한 삶은 우리의 선택에 달려 있다.

성적인 욕구는 우리가 그 욕구를 일깨우고 키우고 자극할 때 더 심해진다. 반대로 우리가 매 순간 성령을 좇으며 육체의 정욕을 거부하게 되면 유혹의 힘은 느슨해지게 된다. 우리의 지체를 하나님께 의의 무기로롬 6:12-13 드릴 때 우리의 눈과 마음과 손이 성령님의 통제를 받게 될 것이다.

세상이 말하는 정상적인 또는 자연스러운 기준이 아니라 하나님께서 말씀하시는 거룩한 수준의 삶을 살기로 선택할 때, “영의 생각은 생명과 평안이니라”롬 8:6고 하신 말씀을 경험하게 될 것이다. 그리고 우리는 하나님께서 기뻐하시는 것을 느낄 수 있기 때문에 기쁨을 누리게 될 것이다.

10. 모두 우리 머릿속에 있다

정욕이 일어날 때는 어떻게 해야 하는가?

다음 이야기는 수많은 남자의 경험을 반영해 준다.

우리는 계획안을 살펴보았지만 숫자를 맞출 수가 없었다. 나는 회의실에 앉아 숫자 계산에 몰두하다가 달콤한 향내에 이끌려 하던 일을 멈추고 다른 생각에 빠지게 되었다. 대기 중에 퍼지는 향수 냄새와는 너무나 다르게 보이는 숫자를 여전히 응시하고 있었다. 향내는 점점 강해졌고 나는 순간적인 공상을 털어 버리기 위해 회의실 책상에 펼쳐져 있는 서류들로부터 고개를 들었다. 그러자 내 앞에 레이스 안에 부드럽게 놓여 있는 여자 동료의 가슴이 눈에 들어왔다. 그녀가 책상 위로 몸을 숙여 어디서 실수가 생긴 것인지를 설명하려는 동안 그녀에게서 퍼지는 향수 냄새가 내 모든 감각을 사로잡았다.
그 이후 나는 집으로 돌아가서 아이들을 일찍 재우고 아내와 성관계하려는 생각 외에는 다른 아무 생각도 할 수 없었다.

시도 때도 없이 하는 생각!

이 말은 여자들이 자기 남편을 묘사할 때 자주 사용하는 말이다. 그리고 남편들 역시 그 묘사를 부인하지 않는다. 남자들의 경우 마음으로 먼저 성관계에 관한 생각을 한다. 성적인 자극이 눈을 통해 두뇌를 거쳐 성기로 옮겨가는 듯하다. 눈으로 보고 마음으로 생각하고 몸으로 행동에 옮기게 된다. 남자라면 내가 무슨 말을 하고 있는지 이해할 것이다. 그리고 아마 숨을 죽이며 그렇다고 동의할 것이다. 여자들도 이해할 것이다!

나는 하나님도 이해하신다고 믿는다. 하나님은 마음이 신체 중에서 가장 강력한 성적인 기관이라는 사실을 알고 계신다. 눈은 마음을 자극하기 위한 촉매제의 역할을 한다. 남자들에게 이것은 분명한 사실이다. 그리고 방법이 다르고 정도가 좀 약하긴 하지만 여자들에게도 마찬가지이다. 그러므로 남자건 여자건 우리는 배우자가 아닌 사람과 성관계를 가지게 되는 일이 벌어지기 전에 머릿속에서 일어나는 성에 관한 생각들을 어떻게 해야 할 것인지를 알아봐야 할 필요가 있다.

원수에게 속은 상태

잠시 복습해 보자. 죄가 이 세상에 들어왔을 때 하나님께서 아름답게 만드신 것을 사탄이 일그러뜨려 놓았다는 것을 이미 보았다. 결과적으로 성관계는 우리를 성적인 부도덕으로 유인하기 위한 사탄의 중요한 미끼 중 하나가 되었다. 그러므로 우리는 하나님의 의로운 심판

아래 놓이게 되었고 사탄은 상당히 기뻐할 수 있게 되었다.

예를 들면, 이스라엘 백성을 패배시키기 위해 저주를 내리고 싶었던 모압 왕 발락이 악명 높은 선지자 발람을 고용했다. 발람은 말하는 당나귀로부터 책망을 받은 바로 그 선지자이다. 민수기 22-24장에서 그의 이야기 중 일부를 볼 수 있다. 발람은 발락이 제시한 돈을 받고 싶었지만 하나님의 백성에게 저주를 내릴 수는 없었다. 그가 입을 열 때마다 하나님께서는 이스라엘 백성을 저주하는 대신 축복하게 만드셨다. 그 일을 통해 발람은 이스라엘을 위한 놀라운 예언을 하게 되었다. 하나님은 그런 분이시다. 하나님께서는 사람들이 하나님의 사랑하는 백성을 저주하며 돌아다니는 일을 허락지 않으신다.

그러나 발람은 자신이 받을 수 있는 돈을 포기하려고 하지 않았다. 이스라엘을 저주할 수는 없었지만 그는 목적을 이루기 위해 다른 방법을 궁리했다. 민수기 31:16과 다른 구절들에 의하면 그는 모압의 딸들에게 이스라엘의 아들들을 잔치에 초대하여 그들의 신에게 절하도록 유인하라는 조언을 했다민 25:1-3; 계 2:14.

그는 곧 세속적인 잔치를 벌였고 잔치는 함께 동침하는 일로 이어졌다. 이 세상의 신들에게는 도덕 관념이 없다는 사실을 기억하라! 부도덕은 언제나 간음으로 이어진다(로마서 1장에서 확인할 수 있다).

민수기 25장에서 우리는 하나님께서 이방인들과 함께 우상 숭배와 성범죄에 동참한 하나님의 백성에게 진노하시는 것을 볼 수 있다. 의분에 찬 하나님은 이스라엘의 지도자들에게 바알브올에게 절한 남자들을 모두 죽이라는 명령을 하셨다.

그 명령이 집행된 직후 이스라엘 남자가 미디안 여자를 데리고 장막으로 들어갔다. 곧 염병이 이스라엘 백성에게 임했고 2만 4천 명이나 되는 사람들을 죽음으로 내몬 그 염병을 막을 수 있었던 유일한 길은 제사장 아론의 손자 엘르아살의 아들 비느하스가 취한 행동이었다. 주변에서 일어나고 있는 무서운 범죄를 보고 혐오감을 느낀 그는 이스라엘 남자가 미디안 여자를 데리고 들어간 그 장막으로 들어가 창으로 그들을 찔러 죽였다. 그러자 하나님께서 그와 그의 자손들에게 평화의 언약을 주셨다. 왜냐하면 비느하스가 "하나님의 질투심으로 질투하여 이스라엘 자손 중에서 하나님의 노를 돌이켜서 하나님의 질투심으로 그들을 소멸하지 않게 하셨기" 때문이다민 25:11.

이스라엘 백성이 그렇게 신속하게 다시 죄를 짓게 된 사실을 보면서 아마도 섬뜩하게 느껴질 것이다. 그러나 역사는 그렇게 되풀이되어 오지 않았는가? 원수는 성적인 부도덕을 통해 하나님의 백성을 약하게 만들고 있다. 도덕적으로 거의 죽어 있는 현대 교회들에서 나타나는 통계들을 보라. 부도덕과 간음과 간통과 낙태와 이혼을 보라. 그리스도인들의 부패가 세상 사람들의 수준과 거의 다를 바가 없다. 그러나 그래서는 안 된다.

그렇다면 왜 그런 것인가? 왜 사탄에게 속아 넘어가서 성적인 범죄를 짓도록 우리 자신을 방치하고 있는 것인가?

개인적으로 나는 우리가 하나님의 말씀에서 눈을 돌려 인간의 정욕에 시선을 맞추고 있기 때문이라고 생각한다. 우리는 이 세상의 향내에 헛된 기대를 가지면서 예수님과 친밀한 교제를 나눌 시간을 가지지 않고 있다. 너무 바빠 개인적으로 성경을 읽거나 진지하게 공부할 시간이 없다. 대신 TV와 인터넷과 영화와 잡지와 신문과 소설 속에서

이 세상이 어떻게 돌아가고 있는지를 알아내는 일에는 어쩐 일인지 시간을 잘 내고 있다. 세상이 뽐내며 걸을 때 어떤 옷을 입고 있는지 잘 보라. 매춘부의 옷을 입고 있다. 그리고 성욕을 자극하는 향기를 뿜어낸다.

테네시주 채터누가에 있는 프리셉트 국제 본부에서는 해마다 여름철이면 청소년들과 대학생들을 위해 열흘과 닷새로 진행되는 캠프를 운영한다. 그 캠프에는 미국과 캐나다 각지에서 그리고 외국에서 온 청소년들과 대학생들이 참여한다. 거의 매일 성경 말씀을 가지고 각 책별로 귀납적 성경 공부 방법을 배운다. 명철하고 헌신된 젊은 그리스도인들이 기독교를 진지하게 받아들이는 모습은 정말 멋있다.

캠프에 참석했던 애리조나에서 온 한 여학생이 보낸 편지가 있다. 그녀의 이야기는 세상에서 눈을 떼어 책 중의 책인 성경에 초점을 맞추게 될 때 어떤 일이 일어날 수 있는지를 잘 보여 준다.

> 하나님께서는 제가 어떻게 행동하고 제 시간의 대부분을 누구와 함께 보내야 하는지에 대하여 많은 것을 가르쳐 주셨습니다. 제가 죄를 짓고 하나님을 기쁘시게 하지 못하는 삶을 살았다는 사실을 인정하고 받아들이기란 쉽지 않았습니다. 그렇게 살았던 것에 대해 한동안 후회했지만 결국 그 사실을 받아들이고 도움을 구하기 위해 상담 선생님과 이야기를 나누었습니다. 선생님께서는 하나님께서 절 사랑하실 뿐만 아니라 제 공허감이 채워지기를 원하신다는 이야기를 해 주었습니다. 또 예수님과 친밀한 교제를 나누게 되면 남자아이들의 관심을 끌고 싶은 제 마음이 만족을 얻을 수 있을 것이라고 했습

니다. 너무나 놀라운 일이었지만 정말 효과가 있었습니다! 예수님과 가까이하고 있자 더 이상 그런 마음을 가지지 않게 되었습니다.

그래서 집으로 돌아와 새로 발견한 이 진리를 실천하면서 『결혼, 그 이후』A Marriage Without Regrets라는 책을 읽으며 혼자 공부하는 시간을 가졌습니다. 어떨 때는 세 시간씩 책상에 앉아 있기도 했고 하룻밤에 일주일 동안 해야 할 공부를 마친 적도 있었습니다. 너무나 많은 것을 배울 수 있었습니다.

이 어린 아가씨는 그녀의 눈을 멀게 하는 사람들을 멀리하기 위해 철책을 쌓았다. 그녀는 정말 지혜로웠다. 우리도 그렇게 한다면 그녀처럼 지혜롭게 대처할 수 있을 것이다잠 23:7.

그래서 성경은 우리에게 생명의 근원이 나오는 마음을 지켜야 한다고 말하고 있는 것이다잠 4:23.

마음과 눈을 지켜라

몇 분 동안 함께 생각해 보자. 오늘날 남자들에게 ― 특히 교회 안의 형제들과 목회자들 사이에서도 ― 중요한 문제가 되고 있는 것은 무엇인가? 하나님의 사람들에게는 결코 문제가 되어서는 안 되는 포르노가 심각한 문제가 되고 있다. 내가 왜 이런 말을 하는 것인가? 왜냐하면 이 문제를 방지하고 해결할 수 있는 방법이 하나님의 말씀 안에 분명히 나타나 있기 때문이다. 앞 장에서 보았듯이 이런 유혹을 거부할 수 있는 힘은 우리 안에 거하시는 성령님께로부터 온다. 그렇다면 어째서 그리스도인이라고 말하는 사람들의 40-60퍼센트가 이 문제로 씨름하고 있는 것인가? 많은 사람이 어린 소년 시절이나 청년기에 그런 책자들을 접하게 된 이후 그 죄의 뿌리를 뽑아 버리지 못하고 있기 때문이다.

포르노가 어떻게 사람들의 삶에 그렇게 다양한 영향을 미치며 널리 퍼지게 되었는지를 이해하기 위해 먼저 포르노에 대해 살펴보기로 하자.

포르노는 우리가 일반적으로 생식기라고 전혀 생각하지 않는, 그러나 우리 신체의 가장 예민한 두 부분인 마음과 눈을 자극한다. 그렇다면 이 두 전달 도구를 통해 포르노가 불러오는 것은 무엇인가? 자위행위, 흉내, 간음, 간통, 근친상간, 수간, 동성애, 난교, 자기 학대, 변태 성욕, 어린 아이를 상대로 한 이상 성욕 등이다.

하나님의 사랑을 받은 사람으로서(어떤 죄의 유혹을 받고 있다 할지라도) 육체적으로나 정신적으로 이런 부도덕한 악행에 빠져 본 적이 있는가, 아니면 이런 악행에 빠져 있는 사람들과 이야기해 본 적이 있는가? 그렇다면 이런 악행이 얼마나 파괴적인지를 잘 알고 있을 것이다. 희망을 가질 수 있는 것인가? 그렇다! 왜냐하면 하나님은 모든 희망의 하나님이시기 때문이다.

사람들이 어떻게 이런 죄를 짓게 되고 또 어떻게 이런 죄에서 벗어날 수 있는지를 알아보면서 이 희망을 찾아보도록 하자. 예수님께서 마태복음 15:10-20에서 하신 말씀부터 보기로 하자. 이 구절을 읽으면서 "더럽게 하는"이라는 말이 나올 때마다 이렇게 ↓ 화살표 표시를 하라. 그리고 "마음"이라는 단어가 나올 때마다 그 위에 이렇게 ♡ 하트 표시를 하라.

마태복음 15:10-20

10 무리를 불러 이르시되 듣고 깨달으라
11 입으로 들어가는 것이 사람을 더럽게 하는 것이 아니라 입에
서 나오는 그것이 사람을 더럽게 하는 것이니라
12 이에 제자들이 나아와 이르되 바리새인들이 이 말씀을 듣고
걸림이 된 줄 아시나이까
13 예수께서 대답하여 이르시되 심은 것마다 내 하늘 아버지께
서 심으시지 않은 것은 뽑힐 것이니
14 그냥 두라 그들은 맹인이 되어 맹인을 인도하는 자로다 만일
맹인이 맹인을 인도하면 둘이 다 구덩이에 빠지리라 하시니
15 베드로가 대답하여 이르되 이 비유를 우리에게 설명하여 주
옵소서
16 예수께서 이르시되 너희도 아직까지 깨달음이 없느냐
17 입으로 들어가는 모든 것은 배로 들어가서 뒤로 내버려지는
줄 알지 못하느냐
18 입에서 나오는 것들은 마음에서 나오나니 이것이야말로 사
람을 더럽게 하느니라
19 마음에서 나오는 것은 악한 생각과 살인과 간음과 음란과 도
둑질과 거짓 증언과 비방이니
20 이런 것들이 사람을 더럽게 하는 것이요 씻지 않은 손으로
먹는 것은 사람을 더럽게 하지 못하느니라

유대인들에게 있어 마음과 심장은 같은 것이다. 이 점을 생각하면

서 "더럽게 하다"라는 말과 "마음"이라는 말에 표시하면서 배운 것들을 다음 공란에 적어 보라.

예수님 당시의 종교적인 유대인들은 그들이 무슨 생각을 하는지보다 그들이 무엇을 먹는지에 더 많은 주의를 기울였다. 그러나 먹는 것은 그저 몸속에 들어갔다가 소화된 후 배설물로 다시 나오게 된다. 몸속을 통과하기는 하지만 결코 사람의 인격을 변화시키지는 못한다. 반면에 마음속에 들어 있다가 입을 통해 나오는 생각은 실제로 사람을 더럽게 할 수 있다. 19절에 기록된 구체적인 죄목들인 간음과 음란을 보았는가? 음란은 하나님께서 금하신 성행위들, 곧 내가 앞에서 언급한 부도덕한 성행위들을 모두 뜻하는 말이다. 그런 행동들은 몸이 아니라 생각으로부터 시작된다는 사실을 알고 있는가? 먼저 마음속에 자리를 잡은 다음 몸을 통해 행동으로 나타난다.

그렇다면 이런 것들이 어떻게 마음속에 자리를 잡게 되는 것인가? 잠시 멈추어 하와의 이야기와 아간의 이야기와 다윗 왕의 이야기를 통해 우리가 앞에서 살펴보았던 것들을 생각해 보라. 눈으로 본 것을 통해 그들의 정욕은 자극을 받았다. 하와와 아간과 다윗은 보고 원하고, 원하는 것을 취했다. 각각의 경우 모두 그들의 죄에 연루된 사람들이 있었다. 아담이 하와를 따랐고 아간의 가족은 그가 훔친 것을 감출 수 있도록 도왔고 밧세바는 다윗과 동침했다. 그리고 각각의 경우 모두 죽음이 따랐다. 보는 것이 정욕을 불러일으켰고 제어하지 않은 정욕이 행동으로 나타났다.

앞에서 살펴보았듯이 마음은 신체 중에서 — 여자의 경우에도 — 가장 예민한 성적인 기관 중의 하나이다. 여자들이 호색적인 소설을 읽거나 야한 드라마를 보거나 남자들을 응시할 때 어떤 일이 일어나는가? 남자에게 일어나는 것과 같은 일이 일어난다. 생각이 정욕을 불러일으킨다. 다만 남자들이 그들의 신체적인 특성 때문에 좀 더 빠르게 집중하고 보다 쉽게 자극을 받는 것뿐이다.

그러나 어떤 사람이 그저 속옷을 광고하고 있는 신문이나 잡지를 본다거나 일광욕을 하고 있는 이웃집 사람을 본다거나 모르는 사람의 나체 사진을 보게 되었다면 어떻게 되는 것인가? 죄가 될 수는 없을 것이다. 안 그런가? 아무도 아무것도 하지 않았다. 성관계를 가진 것도 아니고 두 사람이 한 몸이 되는 일도 없었다.

이런 질문을 하는 사람이 당신 한 사람만이 아니다. 많은 사람이 같은 질문을 하고 있다. 남자나 여자가 '보고 상상하고' 부도덕을 보여주는 측정기에 그 생각이 기록으로 남아 있는데 하나님의 심판을 피할 수 있을 것인가?

마태복음 5:27-30을 보자. 이 구절은 잘 알려진 산상수훈의 일부이다. 소리를 내어 본문을 읽으면서 "보다" 또는 "눈"이라는 단어에 표시를 하라. 이렇게 눈의 모양을 그려 넣을 수도 있을 것이다.

27 또 간음하지 말라 하였다는 것을 너희가 들었으나
28 나는 너희에게 이르노니 음욕을 품고 여자를 보는 자마다 마
음에 이미 간음하였느니라

29 만일 네 오른 눈이 너로 실족하게 하거든 빼어 내버리라 네
백체 중 하나가 없어지고 온 몸이 지옥에 던져지지 않는 것
이 유익하며
30 또한 만일 네 오른손이 너로 실족하게 하거든 찍어 내버리라
네 백체 중 하나가 없어지고 온 몸이 지옥에 던져지지 않는
것이 유익하니라

위 구절을 한 번 더 읽어 보라. 이번에는 "간음"이라는 단어와 "음욕"이라는 단어에 각각 다른 색으로 표시해 보라. 그런 다음 표시가 된 중요한 단어들을 보면서 배운 내용들을 아래 공란에 적어 보라.

간음	눈과 눈으로 보는 것

이제 보고 상상하는 것과 실제로 간음을 행하는 것을 비교하면서 살펴보도록 하자. 몸으로 성적인 행위를 실제로 하지만 않는다면, 성적인 모습을 분명하게 드러내고 있는 것들을 바라보거나 누군가를 바라보면서 성관계와 관련된 상상들을 해도 괜찮은 것인가? 이제 이 질문에 어떻게 대답하겠는가?

28절에 "보는"이라고 번역된 헬라어 단어 시제는 지속적이고 습관적인 행동을 암시해 준다. 즉 '계속 바라보다'라는 뜻이다. 이것은 예수님께서 우리의 마음속에 침투해 들어온 생각을 경계하라고 경고하신 것이 아니다. 어떤 것을 보고 그냥 지나치거나 순간적인 행동으로 생긴 어떤 일을 언급하신 것이 아니다. 그보다 이 동사의 시제는 상대방과 성관계를 가지는 장면을 생각하게 될 때까지 의도적으로 그리고 지속적으로 바라보는 행동에 대해 예수님께서 말씀하시는 것이라는 사실을 우리에게 알려준다. 두 팔을 벌리고 탐심을 부리며 초대하고 같이 앉아 한참 동안 잡담하는 행동에 대해 언급하신 것이다. 결국 어떤 생각을 마음속에 새기는 것을 뜻한다.

예수님께서는 누군가를 마음속에 품을 목적으로 탐심을 가지고 누군가를 계속해서 바라보는 것에 대해, 하나님께서는 간음으로 여기신다는 사실을 분명하게 보여 주셨다. 간음은 이미 살펴보았듯이 하나님의 율법을 어긴 죄이다. 그리고 예수님에 의하면 여자를 바라보고 음욕을 품는 것도 간음이다. 마음속으로만 생각했다고 해서 그리고 육체적으로나 정신적으로 한 사람만 참여한 사건이라고 해서 문제가 되지 않는 것은 아니다. 여전히 마음으로 간음을 행한 죄이며 심판을 받게 될 것이다.

마음속에서 일어나는 일들은 이렇게 강력하다! 마음으로 간음을 하게 되면 상당히 위험한 일이 벌어질 수 있는 가능성이 도사리고 있기 때문에 예수님께서는 우리에게 그 일을 멈추기 위해 필요한 일이라면 무엇이든지 하라고 말씀하셨다. 눈을 빼 버리든지 손을 잘라내라고 말씀하셨다. 마음의 생각을 제어하지 못하면 지옥을 향해 가게 될 것이다. 이렇듯 아주 심각한 것이다.

오늘날 우리는 죄와 육체의 나약함에 너무나 관대하기 때문에 "괜찮아. 하나님도 이해하실 거야. 우리가 원래 그렇잖아. 예수님도 '죄 없는 자가 먼저 돌로 치라'고 말씀하셨는데 뭐"라며 우리 자신과 다른 사람들의 죄를 무마하려고 한다요 8:7.

우리는 이렇게 핑계를 대려고 하지만 하나님께는 이런 핑계가 통하지 않는다는 사실을 알고 있는 것이 좋을 것이다! 그래서 하나님께서 우리의 눈과 마음을 지키는 일의 중요성을 하나님의 말씀 속에서 강조하고 계시는 것이다. 성행위는 생각 속에서 시작된다. 이것은 마음의 문제이다. 눈으로 보는 것과 마음이 향하는 곳에 주의를 기울이지 않는다면, 성행위를 머리로 상상하다가 손으로 무언가를 더듬는 행위나 자위 행위를 하게 되고 다음에는 생각이 원하는 곳으로 몸을 끌어가게 된다.

그래서 예수님께서는 먼저 마음의 창인 눈과 손을 조심하라고 말씀하셨다. 눈과 마음을 통해 음욕을 품는다면 그것도 하나님을 거스르는 일이다. 그러므로 그 일을 멈추어야 한다. 그렇게 하지 않으면 결국엔 지옥을 피할 수 없게 될 것이다. 신체적으로 손과 몸을 사용하는 것도 똑같은 결과를 불러올 것이다. 성이라는 영역에서 하나님의 율법을 거역하는 것이다.

상당히 가혹하게 들릴 수도 있다. 하나님께서 우리의 생각을 순수하게 지키는 일에 대해 왜 이렇게 단호하신 것인지 이상하다고 생각하는가? 왜냐하면 우리가 생각하는 것들은 우리 두뇌에 새겨지기 때문이다. 그리고 그림이 추가되게 되면 더 강력한 인상을 남기게 된다.

캘리포니아 어빈 대학의 심리학자 제임스 맥가우James L. McGaugh는 인간이 감정적인 자극을 받게 되면 그 인상이 아드레날린 호르몬과 에피네프린에 의해 '두뇌에 각인 되면서' 기억이 형성되는데, 그렇게 형성된 기억은 잘 지워지지 않는다는 연구 자료를 발표했다. 과거의 경험으로 생긴 성관계에 대한 강한 기억은 마음속에 저장된 스크린에 계속해서 떠오르면서 성욕을 자극하는 역할을 한다. 자위 행위를 하면서 상상하는 사람은 성욕과 성기를 연결시키거나 아니면 마음속에서 계속 성행위를 반복한다.

이 원리는 포르노에 중독될 수 있는 이유와 포르노가 파괴적인 것이 될 수 있는 것임을 보여 준다.

빅토 클라인Victor B. Cline 박사는 가정과 결혼에 대한 상담과 성 중독을 전문으로 다루는 정신 치료 의사이다. 그는 학문적인 연구와 경험을 통해 그의 환자들 대부분에게, 특히 포르노를 일찍 접하게 된 사람들에게 공통적으로 나타나는 네 가지 증상들을 찾아냈다. 그들에게서 나타나는 첫 번째 증상은 하나님께서 마음에 대해 말씀하신 것과 매우 밀접한 관계가 있는 것으로 중독 효과이다. "포르노 소비자들은 중독된다. 일단 포르노를 접하게 되면 점점 더 포르노에 빠져들게 된다. 포르노는 아주 강렬하게 성적인 자극을 받게 하거나 정욕을 일으키게 하고 대부분의 경우 자위 행위를 통해 그 자극이나 정욕을 해소하게 하는 효과가 있는 듯하다. 또 자주 마음속에 떠올리고 상상을 통해 더 확대되는 매우 강렬하고 흥분하게 만드는 형상들을 제공해 준다."

여기서 잠시 멈추고 마태복음 5장에서 "음욕을 품고 여자를 보는" 것에 대해 살펴본 것을 다시 생각해 보라. 포르노와 상당히 비슷하게 보이지 않는가? 이 구절에서 예수님께서 언급하신 사람은 여자를 보고 음욕을 품고 마음속으로 그 일을 생각한다.

매일 약 5백만 명에 달하는 사람들이 플레이보이지의 웹사이트를 방문하고 있다. 사람들의 마음속에서 벌어지고 있는 전쟁을 생각해 보라. 포르노라는 전쟁터에서 부상을 당하고 죽은 채 쓰러져 흩어져 있는 사람들을 생각해 보라. 예수 그리스도를 알게 되지 않는 한 그들 중 많은 사람이 쓸모없는 삶을 살다가 지옥과 불못의 영원한 고문을 받게 될 것이다. 클라인 박사는 욕망의 파도가 성 중독자들을 덮치게 되면 "자위 행위이건 매춘이건 강간이건 어린이를 희롱하는 일이건 어떤 것이건 간에 그들이 원하는 것을 얻지 못하게 막을 수 있는 방법은 도무지 없다"라고 말했다. 그리고 그런 일은 눈으로 보는 일로부터 시작된다!

성 중독의 두 번째 증세는 단계적 확대이다. 그들은 만족을 얻기 위해 점점 더 많은 것을 요구한다. 이것은 마치 마약 중독과도 같다. "시간이 지남에 따라 처음에 경험한 만족과 같은 정도의 효과를 얻기 위해서는 언제나 더 강렬한 자극이 필요하게 된다. 중독과 단계적 확대는 주로 포르노를 접하면서 마음속에 그리게 된 강렬한 성적 이미지 때문이다." 포르노는 거의 언제나 친밀한 관계를 나누어야 할 배우자에 대한 애정을 표현하고 사랑할 수 있는 능력을 잃게 만든다. 한 여자는 눈물을 흘리며 클라인 박사에게 그녀의 남편이 그녀와 사랑을 나누는 것보다 자위 행위와 포르노를 더 선호한다는 이야기를 했다.

세 번째 증세는 무감각이다. 포르노에 묘사된 성행위가(아무리 반사회적이거나 비정상적인 것이라 할지라도) 점점 합법적인 것으로 받아들여지고 있다. 비록 그런 행동들이 이전의 도덕적 신념이나 개인적인 기준과 다르고 불법적인 것이라고 할지라도 '누구나 다 하는 것'이라는 생각이 점점 더 보편화되고 있다.

1960년대 이전에 태어난 사람들은 우리 시대의 문화적 관습 속에서 일어나는 이런 추세들을 목도해 왔다. 한때는 숨기고 절대로 허용될 수 없었던 일들이 지금은 공개적으로 행해지고 있다. 그들은 이제 책망받게 되리라는 두려움조차 없다. 그리고 이 모든 것은 우리의 사고방식이 달라지면서 함께 일어난 현상들이다. 우리 마음은 전투가 벌어지고 패배한 사람들에게 가장 무자비한 주인의 노예로 사로잡히게 되는 격전지이다.

중독과 단계적 확대와 무감각에 이어 네 번째 증세가 나타난다. 즉 강박관념에 사로잡혀 상대를 가리지 않고 하는 성행위와 노출증과 집단 성관계와 훔쳐보는 취미를 가진 성적 이상 증세와 안마 시술소를 자주 찾는 일과 어린 아이들을 대상으로 한 성행위와 강간과 성행위를 통해 자신과 상대방에게 고통을 주는 일 등을 포함해 포르노 소비자들이 반복해서 접하면서 보게 된 비정상적인 행동들을 실행에 옮기는 성향이 나타나고 점점 심해지게 된다. 이런 행동들은 어떤 부정적인 영향을 미치든지 스스로가 갇혀 빠져나올 수 없고 돌이킬 수도 바꿀 수도 없는 성적인 중독으로 발전하게 된다. 국가 인권 위원회는 미국에서 매 46초당 적어도 한 사람 이상의 여자들이 강간을 당하는 것으로 추정하고 있다.

성인들의 성범죄를 조사한 한 연구 조사를 통해 유죄 선고를 받은 강간범들의 86퍼센트가 포르노를 정기적으로 보았고 그중 57퍼센트가 강간을 범하면서 포르노에서 보았던 것들을 직접 흉내 낸 것이라는 사실이 드러났다. 클라인 박사는 "대부분의 또는 모든 성적 탈선은 배워서 하게 된 행동들이며 보통 우연히 또는 별 의도 없이 접하게 된 환경을 통해 배우게 된다. 강간이나 근친상간이나 어린 아이를 대상으로 한 성범죄나 노출증이나 상대를 가리지 않는 성행위와 같은 병적인 행동들이 유전된다는 사실을 입증해 줄 만한 증거는 없다"라는 결론을 내렸다.

"배워서 하게 된 행동." 이 말이 하나님의 말씀에 귀를 기울이고 삶에 대한 하나님의 생각과 기준과 한계를 이해하고 그에 맞게 살아가는 것이 얼마나 중요한지를 확신시켜 주는가? 시편 기자는 "주의 법도들로 말미암아 내가 명철하게 되었으므로 모든 거짓 행위를 미워하나이다"시 119:104라고 말했다.

승리의 비결

성에 관련된 우리 마음을 공부하면서 알게 된 것은 무엇인가? 하나님의 뜻은 우리가 거룩해지는 것이며 성적으로 부도덕한 일을 삼가는 것이다. 그러므로 우리는 우리 눈이 하나님께서 금하신 것에 머물게 해서는 안 된다. 또한 우리의 육체가 아무리 열망한다고 할지라도 마음으로 그런 것들을 생각해서도 안 된다.

그렇다면 어떻게 해야 하는가? 성범죄라는 올무에 걸리지 않고 자유롭고 성공적으로 살아가려면 어떻게 해야 할 것인가? 포르노에 중독되어 있다면 내가 이 책에서 도와줄 수 있는 것 이상의 도움이 아마도 필요할 것이다. 책임 의식을 가지고 그 문제를 함께 해결해 나갈 수 있는 믿을 만한 사람이 필요할 것이다. 또는 이 문제를 좀 더 구체적으로 공부하고 싶을 것이다. 그러나 승리하기 위한 성경적인 원리는 다 똑같다.

먼저, 혼자 힘으로 싸운다면 마음을 지키기 위한 전투에서 승리를 거둘 수 없다는 사실을 알고 있어야 한다. 로마서 13:12-14을 보자. 소리내어 읽어 보라.

> 12 밤이 깊고 낮이 가까웠으니 그러므로 우리가 어둠의 일을 벗고 빛의 갑옷을 입자
> 13 낮에와 같이 단정히 행하고 방탕하거나 술 취하지 말며 음란하거나 호색하지 말며 다투거나 시기하지 말고
> 14 오직 주 예수 그리스도로 옷 입고 정욕을 위하여 육신의 일을 도모하지 말라

위 구절을 소리내어 다시 읽어 보라. 그리고 이번에는 "우리"라는 단어에는 밑줄을 치고 성적인 부도덕을 뜻하는 말에는 세모 표시를 하라.

마지막으로 한 번 더 소리내어 읽으면서 "정욕"이라는 단어에 동그라미를 치라.

지금까지 이 구절을 읽고 표시하면서 배운 것은 무엇인가? 이 세

구절이 훈계하는 내용을 모두 적어 보라. 그 훈계들은 하나님께로부터 온 명령이기 때문에, 그리고 순종하면 승리를 가져다줄 것이기 때문에 매우 중요한 것들이다.

마음과 눈을 확실히 다스리고 유혹과 죄를 멀리할 수 있는 유일한 방법은 예수 그리스도로 옷 입는 것이라는 사실이 보이는가? 이 구절은 바울이 방탕의 수도이며 우리가 상상할 수 있는 모든 성적 타락의 본거지라고 할 수 있는 로마에 살고 있는 그리스도인들에게 한 말이다. 사람들은 일상생활 속에서 모든 형태의 악행을 행할 수 있었다. 앞 장에서 1세기 당시의 사회가 지금 우리 사회와 거의 흡사했다는 이야기를 이미 했다.

바울은 그 당시의 문화적 정황 속에서 구원에 대해 이야기하며 하나님과의 관계를 옷을 갈아입는 것과 연결 지어 설명했다. 옛 사람(그리스도인이 되기 전 상태)을 벗고 그리스도를 입는 것이라고 설명했다. 바울은 로마서 6장(구원을 받을 때 어떤 일이 일어나게 되는지를 말해 주고 있는)과 "너희는 유혹의 욕심을 따라 썩어져 가는 구습을 따르는 옛 사람을 벗어 버리고… 하나님을 따라 의와 진리의 거룩함으로 지으심을 받은 새 사람을 입으라"엡 4:22, 24고 말하고 있는 에베소서 4장과 골로새서 3장에서도 같은 말을 하고 있다.

이 개념이 익숙치 않다면 잠시 멈추어 이해할 수 있도록 하나님께서 도와주시기를 기도하라. 하나님께서 도와주실 것이다! 그분은 흔쾌히 기뻐하시며 도와주실 것이다. 내가 앞으로 이야기할 모든 내용은 구체적으로 성경구절을 언급하지는 않을지라도 모두 성경에서 나온 것들이다. 팝콘을 실에 꿰어 화환을 만들 듯이 성경의 진리들을 이어나갈 것이다. 그러므로 읽으면서 하나님께서 말씀하시는 것을 듣고 이해하고 싶다고 하나님께 말씀드리라.

예수님을 우리와 같은 사람으로 보내신 하나님은 예수님께서 우리 죄를 대신해 돌아가시도록 십자가를 지게 하실 계획을 가지고 계셨다. 예수님은 모든 사람을 위해 죽음을 맛보시기 위해 오셨다. 그렇게 하셔야 했다. 왜냐하면 우리가 영적인 죽음에서 생명으로 옮겨가고 하나님께서 사탄과 그의 천사들을 위해 마련하신 불못이라는 영원한 고통에 넘겨지지 않기 위해서는 누군가 우리 죄에 대한 형벌을 대신 받아야만 했기 때문이다.

만일 예수님께서 죄인으로 오셨다면 우리 대신 돌아가실 수 없었을 것이다. 우리처럼 아담의 자손으로 오셨다면 예수님 자신의 죄 때문에 돌아가셔야 했을 것이다. 그러나 예수님은 하나님께서 마리아라는 동정녀의 자궁에 심으신 하나님의 씨로 탄생하셨다.

예수님은 사람이셨지만 지금까지 태어난 모든 사람과 다른 분이셨다. 그분은 죄가 없으셨다.

이 땅에 사시는 동안 내내 예수님은 언제나 하나님 아버지를 기쁘시게 하는 삶을 사셨다. 우리가 받는 것과 같은 모든 유혹을 다 받으셨지만 결코 죄는 짓지 않으셨다. 그러나 예수님은 우리 대신 돌아가심으로써 우리 죄를 대신 지불하기로 하셨다.

예수님께서는 십자가에 달려 돌아가셨다. 그 십자가에 달려 있는 동안 예수님의 아버지인 하나님께서 우리의 죄와 온 세상의 죄를 알지도 못하는 예수님께 전가시키셨다. 그리고 죄의 삯은 사망이었기 때문에 우리 죄를 담당하신 예수님은 돌아가셔야만 했다. 예수님께서 우리를 자유롭게 해 주시려고 우리를 대신해 전기 의자에 앉아 돌아가신 것과 같다.

예수님은 죄를 지은 적이 없기 때문에 단번에 드리신 예수 그리스도의 희생을 통해 하나님의 거룩하심이 충족되었다. 그 후 하나님께서 예수님을 다시 살리시고 다시는 죽음에 이르지 않게 하셨다.

예수님은 죄와 죽음을 정복하셨고 하나님께서는 그분을 통해 구원의 선물, 즉 죄 사함과 영원한 삶에 대한 약속을 바라는 모든 사람에게 주신다. 그러나 죄 사함과 영원한 삶에 대한 약속은 오직 예수님을 통해서만 가능하다. 지옥과 불못을 피할 수 있는 다른 방법은 전혀 없다. 그리고 이 사실을 믿지 않는다면 당신은 거짓의 아비인 사탄에게 속고 있는 것이다. 사람들은 모든 종교가 다 똑같다고 말하지만 예수님은 "내가 곧 길이요 진리요 생명이니 나로 말미암지 않고는 아버지께로 올 자가 없느니라"요 14:6고 분명하게 말씀하셨다.

회개하고 죄를 고백하고 구원의 필요를 깨닫게 되고 하나님께서 예수님을 다시 살리신 것을 마음에 믿는 사람은 구원에 이르게 된다. 그런 다음 예수님께서 영적으로 그 사람 안에 거하시게 되고 그는 예수님으로 옷을 입게 된다. 이것이 '그리스도로 옷 입는다'라는 뜻이며 '예수 그리스도 안에서 새로운 피조물이 되었다'라는 뜻이다. "우리 안에 계신 그리스도 곧 영광의 소망"골 1:27이 곧 기독교이다.

결과적으로 하나님의 자녀들은 죄를 용서받을 뿐만 아니라 죄를 거부할 수 있는 능력과 옳지 않은 생각과 욕망을 거부할 수 있는 능력이 있다. 죄의 힘은 완전히 무너졌다. 이것은 언제나 실제적인 구원과 함께 오는 것이므로 모두 믿는 사람에게 해당된다. 그러나 그 능력은 우리가 그 능력을 인식하고 사용할 때만 나타나게 된다.

육신이 죄인이었던 과거로 돌아가 그 욕망을 채우고 싶어 할 때, 우리는 이미 옛 사람을 벗고 그리스도로 옷 입게 되었다는 사실을 기억하고 그 욕망에 굴복하지 않을 수 있다. 단 한 번의 굴복이 나중에 큰 후회를 불러온다는 사실을 알기 때문에 굴복하지 않을 수 있다. 대신 우리 안에 거하시는 그리스도께서 이 세상에 있는 원수보다 강하시다는 사실을 기억하며 원수에게 저항한다. 예수님 안에 있는 능력으로 언제나 원수를 다루게 된다.

그러나 예수 그리스도를 주님으로, 하나님으로, 구세주로 영접하지 않고서는 결코 싸움에서 이길 수 없다는 사실을 잊지 말라.

구하면 되는 것

이곳 테네시주 채터누가에 있는 프리셉트 국제 본부에서 해마다 운영하는 여성들을 위한 수련회에 참석했던 한 사람이 편지를 보내왔다.

> 집에 도착한 다음 날, 남편이 저에게 잡지와 인터넷을 통해 포르노에 빠지게 되었다는 고백을 했어요. 이상하게도 전 침착할 수 있었어요. 하나님께서 수련회를 통해 절 준비시키셨다는 것을 알 수 있

었거든요. 남편은 집사직을 사임하겠다고 했어요. 저는 교회에서 남편이 맡고 있는 다른 모든 직책도 그만두라는 제안을 했어요.

다음 날, 경건의 시간을 가지는 동안 하나님께서 남편의 구원을 위해 기도하라고 분명하게(소리가 들리지는 않았지만) 말씀하셨어요. 저는 깜짝 놀랐지만 일리가 있는 일이었어요. 저는 수련회 기간 동안에 적은 노트를 꺼내 불경을 언급하고 있는 모든 구절과 성령의 열매에 관한 모든 구절을 골똘히 생각해 보았어요. 남편이 죄를 짓고 있다는 사실과 이제 회심했다는 말은 했지만 아무런 변화도 일어나지 않았다는 사실을 하나님께서 아주 분명하게 알려 주셨어요. 남편에게는 의와 절제와 평안을 갈망하는 목마름이나 배고픔이 없었어요.

주일이 되자 남편은 슬픈 표정을 지으며 구원을 받고도 계속해서 같은 죄를 반복해서 지으며 변화하지 않을 수 있는지를 물었어요. 저는 분명하게 "그럴 수는 없어요"라고 대답했어요. 남편은 자신이 정말 구원을 받았는지 의심스럽다고 말하며 11살 때부터 포르노와 씨름해 왔다는 말을 했어요. 저는 남편에게 하나님께서 남편이 하나님과 어떤 관계를 맺고 있는지를 분명히 보여 주시기를 기도해야 할 필요가 있다고 대답했어요. 그리고 성경을 읽도록 제안하고 하나님께서 보여 주실 것이라고 말해 주었어요.

케이, 지금 전 새로워진 남편과 살고 있어요. 무거운 부담과 짐이 덜어졌기 때문에 다시 구원받은 그런 느낌이에요. 하나님의 말씀을 전혀 읽지 않던 남편이 지금은 성경을 공부하기 위해 매일 새벽 5시에 일어나요. 전에는 전혀 보지 못했던 것들을 성경에서 발견하는 남편을 보는 것이 저에게는 큰 기쁨이 되고 있어요. 그리고 남편은 우리 집 서재에 기독교 서적이 많이 있다는 사실도 알게 되었어요. 그리고 자신의 생각을 제어할 수 있게 되었어요. 나쁜 생각이 나기도 하지만 그런 생각은 잠시에 불과해요. 그리고 그리스도를 영접하는 기도를 하면서 경험한 평안에 대해 이야기하지 않고는 견디지를 못해요. 그리고 우리는 2월에 열리는 남성들을 위한 수련회에 참석할 계획을 세우고 손꼽아 기다리고 있어요!

이 편지를 쓴 사람의 남편은 여전히 나쁜 생각들을 다루어야 하지만 하나님의 말씀을 통해 주님과 친밀한 교제를 나누고 있기 때문에 승리를 거두고 있다. 마음으로 믿고 그리스도를 영접한 이래 그는 유혹을 물리칠 수 있는 성령님의 능력을 발견했다.

중요한 것은 '정말로 그리스도를 믿고 영접했는가'라는 것이다. 이 편지에서 읽은 것과 같은 순전한 변화가 있었는가? 그렇지 않다면 예수 그리스도를 당신의 주님과 하나님으로, 그리고 유일한 구세주로 영접하겠는가?

그럼 지금 그렇다고 하나님께 소리내어 말씀드려라. 주님의 이름을 부르고 예수님을 하나님의 아들로 육신으로 오신 하나님으로 믿는다는 고백을 한 후, 하나님을 기쁘시게 하는 삶을 살고 싶다고 말씀드려라. 하나님께서 당신을 구원해 주시기 원한다고 말씀드려라. 그러면 구원을 받게 될 것이다.

꼭 필요한 것은 아니지만 기도문을 쓰고 싶다면 아래 공란에 적어보라. 하나님과 화해하게 된 사실을 보여 주는 영원한 기록으로 남게 될 것이다. 기도문을 쓰고 싶지 않다면 날짜만이라도 적어 두면 좋을 것이다.

_________년 ________월 _________일

> 나는 회개하고 예수 그리스도를 나의 주, 나의 하나님, 나의 구세주로 영접했다.
> 나는 예수님께서 죄인인 나를 위해 돌아가셨다가 다시 살아나셨다는 사실을 마음으로 믿는다. 그리고 내게 하나님의 아들, 주 예수 그리스도로 옷 입혀 주시고 내게 영원한 생명을 주신 나의 하나님, 나의 아버지께 감사를 드린다. 하나님과 영원히 살 수 있다는 것이 너무나 놀랍다.

이런 말이 꼭 필요한 것은 아니다. 그저 믿음을 고백할 수 있도록 당신을 위해 적어둔 것이다. 이는 당신의 영적 출생 신고서로서 믿음과 헌신을 고백한 선언문으로 기억될 수 있을 것이다. 실제로 꼭 필요한 한마디는 예수 그리스도를 당신의 주님으로 고백하는 것이다. 구원받기 위한 어떤 형식을 따르거나 신비한 주문을 외워야 할 필요는 없다. 예수 그리스도와 그리스도 없이는 죄인일 수밖에 없는 우리 자신에 대한 진리를 믿고 거듭나면 된다. 이것이 새로운 삶의 시작이다. 죄를 이길 수 있는 힘과 능력을 주며 신나고 도전적이고 보상이 따르는 삶이 시작된다.

나는 흥분과 열정으로 이야기하는 내 모습을 모두에게 보여 주고

싶다. 개인적으로 당신을 만나 이 모든 이야기를 전해 주고 싶다. 이것은 그리스도께서 우리 안에 계시고 우리가 그리스도 안에 있는 결코 분리될 수 없는 삶이다. 우리의 몸은 그분이 거하시는 그분의 성전이 되었으며 그분의 성전 안에 있는 모든 것은 이제 그분을 영화롭게 하고 우리 안에 사시는 그분을 반영해 주기 위한 것이다. 성화는 하나의 과정이다. 우리가 하나님의 말씀을 먹고 자라는 동안, 그리고 하나님의 마음으로부터 나오는 모든 말씀을 따라 살아가려고 노력할 때에 성화가 이루어질 것이다. 우리를 위한 하나님의 가장 큰 열망은 우리가 "하나님 우리 아버지 앞에서 거룩함에 흠이 없게 되고", "우리 주 예수 그리스도께서 강림하실 때에 흠 없게 보전"되는 것이다살전 3:13, 5:23.

눈으로 보는 것을 조심하기로 결심함

우리의 힘과 능력과 권세가 어디에 있는지를 이해하고 눈과 마음을 통제할 수 있게 된다면, 그다음에는 무엇을 어떻게 해야 하는가? 여전히 우리는 보는 눈과 생각하는 마음을 가진 육체 속에서 살아간다. 우리는 달라졌지만 전혀 변화되지 않은 이 세상에서 어떻게 살아가야 하는 것인가?

욥이라는 사람을 통해 하나님께서 우리로 하여금 무엇을 배우게 하셨는지를 살펴보자. 다음 성경 구절을 소리내어 읽으며 "눈"이라는 단어에 앞에서 "보다"라는 단어에 표시한 것처럼 눈 모양의 표시를 하라.

욥기 31:1-12

1 내가 내 눈과 약속하였나니 어찌 처녀에게 주목하랴
2 그리하면 위에 계신 하나님께서 내리시는 분깃이 무엇이겠으
며 높은 곳의 전능자께서 주시는 기업이 무엇이겠느냐
3 불의한 자에게는 환난이 아니겠느냐 행악자에게는 불행이 아
니겠느냐
4 그가 내 길을 살피지 아니하시느냐 내 걸음을 다 세지 아니하
시느냐
5 만일 내가 허위와 함께 동행하고 내 발이 속임수에 빨랐다면
6 하나님께서 나를 공평한 저울에 달아보시고 그가 나의 온전함
을 아시기를 바라노라
7 만일 내 걸음이 길에서 떠났거나 내 마음이 내 눈을 따랐거나
내 손에 더러운 것이 묻었다면
8 내가 심은 것을 타인이 먹으며 나의 소출이 뿌리째 뽑히기를
바라노라
9 만일 내 마음이 여인에게 유혹되어 이웃의 문을 엿보아 문에
서 숨어 기다렸다면
10 내 아내가 타인의 맷돌을 돌리며 타인과 더불어 동침하기를
바라노라
11 그것은 참으로 음란한 일이니 재판에 회부할 죄악이요
12 멸망하도록 사르는 불이니 나의 모든 소출을 뿌리째 뽑기를
바라노라

"눈"이라는 단어에 표시를 하면서 마음 또는 정욕과 관계 있는 단어도 있다는 것을 볼 수 있었는가? 본문을 다시 소리내어 읽으면서 "마음"이라는 단어에 하트 모양을 그리고, 9절에 나오는 "유혹"이라는 단어처럼 정욕과 관계 있는 단어들에는 동그라미를 치라.

욥은 이 부분에서 하나님의 허락을 받은 사탄으로부터 유혹을 받고 있으며, 또 의심하는 그의 두 친구에게 자신의 정직함을 방어하고 있다. 이 구절을 읽으면서 욥이 자신의 정직을 옹호하고 있는 부분을 찾아 아래 공란에 적어 보라.

욥이 자신의 성적 도덕성을 변호하고 있음을 분명히 볼 수 있다. 욥은 하나님을 경외했다. 그는 거룩하신 하나님은 죄를 심판하셔야 한다는 것을 알고 있었다. 그래서 그는 하나님 앞에서 의롭게 살려고 다짐했다. 그는 의로운 삶의 모습을 보여 주었을 뿐만 아니라 정결한 마음으로 의로운 삶을 살았다. 욥은 전지전능하신 하나님을 알고 있었다. 그는 하나님께서 그가 가는 길을 보시고 그의 발걸음을 세시고 그의 마음속에 무엇이 있는지 알고 계신다는 사실을 의식하고 있었다. 하나님께서 그의 마음을 아시고 여자에게 여자의 향기와 소리와 외모에 유혹되는 일이 없게 하실 것임을 알고 있었다. 욥은 자신이 이웃을 방문할 때 그의 생각을 읽고 계신다는 것을, 다른 사람의 아내를 마음속으로 탐하는지 않는지를 알고 계신다는 사실을 알고 있었다.

욥은 자신을 변호하는 것을 통해 무엇을 배웠는가? 마음과 생각이 여자 또는 당신이 결혼한 배우자가 아닌 사람에게 유혹되면 그것이 바로 죄라는 사실을 보았는가? 매력적인 모습이 정욕의 머리를 들게 만들면 즉시 그 목을 베어 버려야 한다. 자비를 베풀어서는 안 된다. 죄이다. 그리고 죄에는 반드시 심판이 따른다. 하나님의 심판을 받게 되는 일이 없도록 자신을 심판하라고전 11:31.

욥은 또 자신이 다른 사람들의 아내들 주위에서 꾸물거리거나 그들의 현관 앞에서 숨어 기다린 적이 없다고 말했다. 그런 일은 범죄이며 심판을 받고 처벌을 받아야 할 일이라고 하신 하나님께 동의하고 있다. 마음과 생각의 죄는 지옥으로 가는 길에서 아첨하다가 모든 것을 불사르는 통제할 수 없는 불과 같이 된다. 마음의 죄를 제어하지 않으면 모든 것을 잃게 될 것이다. 결국 당신에게 남는 것은 아무것도 없게 될 것이다.

이런 죄가 시작되는 곳은 어디인가? 눈이다! 그래서 욥은 그의 눈을 조심하기로 결심했다. 그는 여자를 바라보고 응시하면서 마음으로 그녀를 탐하지 않기로 다짐했다.

모든 사람이 자신의 눈에 대해 그런 결단을 해야 한다. 그래야 마음을 순결하게 지킬 수 있다! 밝은 시야로 하나님을 이해할 수 있게 된다! 예수님께서 "마음이 청결한 자는 복이 있나니 그들이 하나님을 볼 것임이요"마 5:8라고 약속하지 않으셨는가?

잠시 멈추어 하나님과 함께 시간을 보내라. 당신의 마음을 온전히 깨끗하게 해 주시도록 간구하라. 당신의 모든 길을 보시고 당신의 마음과 모든 생각과 모든 관심을 아시는 분께 모든 것을 쏟아 놓으라.

그리고 욥이 했던 것처럼 눈을 다스리기로 굳게 다짐하라. 성적인 자극을 일으키는 것이나 정욕을 품게 하는 것이나 부당한 것을 탐하게 만드는 것으로부터 단호하게 눈길을 돌릴 것이라고 하나님께 말씀드리라.

그러나 결코 가볍게 해서는 안 되는 일이라는 사실을 기억하라. 일단 다짐을 하고 나면 하나님께서 그 다짐을 맡아 주신다. 그리고 그 다짐을 지키게 하실 것이다. 그 다짐은 쪼갠 고기 사이를 지나는 신성하고 구속력이 있는 서약이라는 사실을 기억하라. 내가 쓴『하나님의 언약』Our Covenant God: Learning to Trust Him이라는 책에서 이 주제를 자세하게 다루고 있다.

히브리서 10장은 우리가 하나님 앞에 나아갈 때 하나님의 아들의 육체인 휘장 가운데로 들어간다고 말하고 있다. 그러므로 눈에 대해 다짐하면서 하나님을 위해 당신을 사신 예수님의 피를 기초로 그렇게 한다고 말씀드리라.

그리고 당신의 몸이 거룩한 성령님의 전이라는 사실을 늘 깊이 기억하라. 그러면 거룩해지고 싶어진다. 그분의 전에 있는 모든 것이 "주님께 거룩"이라고 말하고 싶어진다. 그래서 하나님을 기쁘시게 하지 않는 정욕적이고 타락한 것들로부터 눈을 돌리기로 선택하게 될 것이다.

아래 공란에 하나님을 향한 당신의 다짐을 적고 날짜를 기록하라. 때때로 이 책을 다시 찾아 당신이 기록한 것을 되새겨 보라. 성에 대한 하나님의 견해들을 복습하라. 우리에게는 이런 것들을 계속해서 상기해야 할 필요가 있다.

일상생활 속에서 우리 눈이 보아서는 안 될 것들을 보고 그 결과 갑자기 욕망이 일어나거나 어떤 상상을 하게 된다면 어떻게 해야 할 것인가? 우리의 결의를 지키기 위해 싸워야 할 전투 계획을 세우는 데 도움이 될 만한 일들을 생각해 보기로 하자.

첫째, 욕망을 불러일으키는 것으로부터 즉각 눈을 돌리라. 계속 보지 말라. 그렇게 하지 않기로 다짐했기 때문이다.

그러나 보고들은 어떤 것 때문에 자극을 받은 정욕적인 생각들이 나게 된다면 어떻게 할 것인가? 그런 생각이 문도 두드리지 않고 그 모습을 드러낸다면 어떻게 할 것인가?

그렇다면 우리가 해야 할 두 번째 일은 고린도후서 10:5에서 말하고 있는 것처럼 모든 생각을 사로잡아 그리스도에게 복종하게 해야 한다. 다음 구절을 읽어 보라.

고린도후서 10:3–5

3 우리가 육신으로 행하나 육신에 따라 싸우지 아니하노니

4 우리의 싸우는 무기는 육신에 속한 것이 아니요 오직 어떤 견고한 진도 무너뜨리는 하나님의 능력이라 모든 이론을 무너뜨리며

5 하나님 아는 것을 대적하여 높아진 것을 다 무너뜨리고 모든 생각을 사로잡아 그리스도에게 복종하게 하니

당신은 전쟁을 하고 있다. 전투는 마음속에서 벌어진다. 만일 한 택배 직원이 독사들로 가득찬 커다란 상자를 배달해 준다면 순순히 서명을 해 주고 그 상자를 집안으로 들여놓겠는가? 물론 아닐 것이다! 그 선물 상자를 친구가 보냈을 것이라고 생각하는가? 말도 안 된다! 그런 일을 할 친구는 없다. 어떻게 할 것인가? 택배 직원에게 '보낸 사람'에게 다시 돌려보내라고 말할 것이다.

그런데 택배 직원이 창고로 다시 가지 않기 위해 하룻밤만 그냥 보관해 달라는 부탁을 한다면 그 부탁을 들어줄 것인가? 제 정신이라면 그런 부탁을 들어주지는 않을 것이다. 치명적인 해를 입을 수 있는 물건이 들어 있는 그런 상자를 가까이 두고 싶지는 않을 것이다. 그래서 보낸 사람에게 다시 돌려보내라고 단호하게 주장할 것이다.

부도덕한 생각들이 어디서 온다고 생각하는가? 친구에게서? 절대로 아니다! 그런 생각들은 잠시라도 마음속에 들어오지 못하게 하라. 제거해 버리라. 그런 생각들은 파괴자, 옛 뱀, 사탄이 지옥 구덩이에서 보낸 것이다.

진리에 어긋나며 하나님에 대해 우리가 알고 있는 것과 상반되는 생각이라면 아무리 어려운 상황 속에서도 절대로 마음속으로 미끄러져 들어오지 못하게 하라. 그런 생각은 즉시 파괴시켜 버려라. 그런 생각은 실상이 아닌 헛된 공상이다. 그것은 하나님과 하나님의 말씀과 하나님의 뜻과 하나님의 거룩하심에 대해 우리가 알고 있는 모든 것과 상반되는 부도덕한 생각이다. 사탄의 밀사를 발로 짓밟으라. 그 독이 든 입을 벌리지 못하게 꽉 묶어 두라. 한마디도 듣지 말라. 그리고 모든 생각을 사로잡아 그리스도에게 복종케 하라. 그런 생각이 떠올랐지만 그런 생각을 즐기지는 않을 것이라고 하나님께 말씀드리라. 문밖으로 밀어내고 하나님의 권위에 맡기라. 하나님께서 거룩하신 것처럼 거룩하기로 선택하라.

구원을 받은 후에도 나는 부도덕한 생각이나 꿈들과 늘 싸워야 하는 것처럼 보였다. 나는 탄식하고, 기도하고, 잠자리에 들기 전에 성경을 읽었다. 그러나 여전히 그런 생각과 꿈에 시달리며 때로는 내 자신이 아주 불결하게 느껴지기도 했다. 솔직히 나는 그런 것들을 원하지 않았지만 그것들은 계속해서 나를 찾아왔다. 그러던 어느 날 나는 그런 생각들이 내게서 나오는 것이 아니라 사탄으로부터 온다는 것을 깨닫게 되었다. 그것들은 그저 내 생각인 것처럼 가장하고 있었다. 이 사실을 알게 된 후 나는 '보낸 사람에게 반송'이라고 쓰여진 도장을 찍어 돌려보낼 수 있었다. 시름은 점점 줄어들었지만 때때로 그런 생각들은 가장 예상치 않은 때에 찾아오곤 했다.

몇 년 전, 나는 공항에서 작은 비행기로 향하는 계단을 내려가고 있었다. 그때 한 잘생긴 사람이 계단을 올라가며 나를 스쳐 지나갔다. 그리고 지저분한 생각이 내 머릿속으로 들어왔다. 나는 원수가 그런 생각을 하면서 하나님의 말씀을 전해서는 안 된다고 나를 설득시키고 싶어 한다는 것을 알았다. 그 순간 사탄은 영적 전투에 대해 공부한 사람에게 올가미를 씌우려 하고 있었고 나는 그의 책략이나 방법을 모르지 않았다. 즉시 나는 숨을 죽이고 "예수 그리스도의 이름과 보혈로 너를 책망한다"라고 말했다. 그리고 성령 안에서 기뻐하며 내가 가야 할 길을 따라갔다.

계속 악한 생각의 폭격을 받고 있다면 영적인 전투에 관한 공부를 할 필요가 있을지도 모른다. 이 주제는 내가 쓴 『영적전투』Lord, Is It Warfare? Teach Me to Stand에 자세하게 설명되어 있다. 이 주제를 전체적으로 다루고 있으며 나를 포함한 수많은 사람에게 도움이 되었다.

하나님께서 우리 주 예수 그리스도를 통해 우리가 승리할 수 있게 하신다는 사실을 분명히 확신하라고후 2:14.

모든 생각을 사로잡아 그리스도께 굴복시킨 후에도 전투에서 승리한 것은 아니다. 적을 돌려보내고 마음을 빈 상태로 두어서는 안 된다. 그렇게 되면 다른 어떤 것으로 당신의 마음을 채우게 될 것이다. 이 문제가 우리가 다루어야 할 전투의 세 번째이자 마지막 단계이다. 하나님의 일을 생각하라. 정욕적인 생각을 하나님께 넘겨 드린 후에 빌립보서 4:8이 설명하고 있는 생각으로 마음을 채우라.

끝으로 형제들아
무엇에든지 참되며
무엇에든지 경건하며
무엇에든지 옳으며
무엇에든지 정결하며
무엇에든지 사랑 받을 만하며
무엇에든지 칭찬 받을 만하며
무슨 덕이 있든지
무슨 기림이 있든지
이것들을 생각하라

당신은 하나님께서 우리에게 원하시는 생각을 하기로 분명히 선택했다. 그러므로 자기 생각의 노예가 되어서는 안 되며, 그 생각들을 다스려야 한다. 그리스도 안에 있는 당신과 당신 안에 거하시는 그리스도께 합당하지 않은 것은 모두 다 내쫓아야 한다.

참되고 경건한 것을 의도적으로 생각해야 한다. 부도덕한 욕망은 참된 것이 아니다. 사람들은 부도덕한 욕망이 참된 것이 될 수 있기를 바라지만, 그것은 경건한 것이 아니라 천박한 것이기 때문에 참된 것이 될 수 없고 되어서도 안 되는 환상일 뿐이다. 경건하고 정직하고 가치 있고 소중한 것으로 마음을 채우라. 결혼과 같은 것들은 모든 사람이 다 참되고 소중하게 여겨야 하는 것이다. 경건하고 정직한 사람이 되라. 고결한 삶을 살라.

옳은 일을 생각하고 옳을 일을 하는 자신을 그려 보라. 옳은 것을 그 어떤 다른 것과도 바꾸지 않게 될 날이 오게 될 것이다. 그런 사람들을 생각해 보라. 하나님을 기쁘시게 하는 일을 생각하라.

불결한 생각을 버리고 정결한 생각으로 그 자리를 채우라. 하나님의 자녀인 우리에게는 그리스도의 마음이 있다. 예수님께서 그 마음에 불결한 생각이 자리 잡게 하실 것이라고 생각하는가? 물론 아니다.

사랑할 만한 것은 어떤 것들인가? 잘 생각해 보라. 당신의 온 마음이 달라질 것이다. 눈과 마음을 더럽고 추하고 뒤틀리고 왜곡되고 파괴적인 것으로부터 돌려 사랑스러운 것을 향하게 하라.

덕이 될 만한 것들과 가치 있고 선하고 고결한 것들을 생각하라. 그런 것들을 가족들과 친구들 사이에서 어떻게 세워갈 수 있는지, 또 어떻게 그런 삶을 살아갈 수 있는지를 생각해 보라.

최선의 것을 추구하라. 최선을 다하고 옳은 일에 탁월함을 보이라.

칭찬할 만한 것들과 옳은 것을 생각하라. “모든 지킬 만한 것 중에 더욱 네 마음을 지키라 생명의 근원이 이에서 남이니라”잠 4:23. 예수님께서는 무슨 말을 하시고 어떻게 하셨을지를 생각하라. 그분의 본을 따를 때 기뻐하실 주님을 생각하라.

조용히 앉아 주님과 함께 시간을 보내며 주님께서 특정한 성경 구절이나 생각이 떠오르게 해 주시도록 기도할 수 있을 만큼의 용기를 가지기 바란다. 전투 계획을 세우라. 그리고 공격을 받을 때 상황이 허락한다면 하나님과 소리내어 대화하기 시작하라.

다윗은 자신과 상의했다고 말했다. 우리도 그렇게 할 수 있다. 전투 명령을 자신에게 내리라. 사성 장군이 하사관에게 명령하는 것처럼 그렇게 말하라.

예수님으로 옷 입고 육신의 정욕이 틈탈 여유를 주지 말라. 그렇게 한 것을 매우 기쁘게 생각하게 될 것이다. 점점 더 힘을 얻고 거듭하여 승리를 거두게 될 것이다. 그리고 작은 싸움에서 졌다면 일어나서 고백하고 씻어낸 다음 앞으로 나아가라.

하나님을 사랑하는 것은 이것이니 우리가 그의 계명들을 지키는 것이라 그의 계명들은 무거운 것이 아니로다 무릇 하나님께로부터 난 자마다 세상을 이기느니라 세상을 이기는 승리는 이것이니 우리의 믿음이니라 예수께서 하나님의 아들이심을 믿는 자가 아니면 세상을 이기는 자가 누구냐요일 5:3-5.

11. 동산으로의 복귀

성관계는 정말 아름다운 것인가?

이 책에 대해 이야기하다가 문을 나서려고 하던 내 친구는 "우리 아이들이 20대가 되었을 때는 이 책을 안 보려고 할 것 같아. 그리고 아마 우습다고 할 거야. 그 아이들이 생각하는 것과는 너무 상반된 내용이거든…"이라고 말했다.

나는 친구의 말을 막고 "나도 알아. 그래서 마음이 아파. 이 책의 내용에 동의하지 않는 사람들이 많을 거야. 그렇지만 적어도 청소년들과 어른들에게 하나님께서 어떻게 말씀하시는지, 또 그 말씀에 귀를 기울이고 믿을 때 그들의 것이 될 수 있는 것들에 대해 알려 주기 위해 이 책을 쓰지 않을 수 없었어"라고 말했다.

그녀는 망설이더니 "사람들이 성관계를 정말 아름다운 것이라고 생각할까? 내가 알고 있는 대부분의 사람들은 그렇게 생각하지 않아"라고 말했다.

나는 그녀의 말 속에서 수 세기에 걸쳐 성관계가 아름다운 것이기를 바라면서도 그런 경험을 해 보지 못했기 때문에 그 말을 정말로 듣고 싶어 하지 않는 사람들의 공허감을 느낄 수 있었다.

어젯밤 이 책의 바로 앞 장을 마지막으로 정리한 다음 남편과 함께 저녁을 먹으며 TV를 틀었다. 한 방송국에서 동성애를 하는 두 남자가 아이들을 입양하는 것을 허용해야 할 것인지를 토론하는 두 시간짜리 특별 프로그램에 대한 안내 방송이 나왔다. 나는 사람들이 그 문제를 어떻게 다루는지 알고 싶었다. 그 프로그램이 시작하려면 한 시간 정도를 기다려야 했기 때문에 채널을 이리저리 돌려보았다. 그러다가 마릴린 먼로를 소개하는 프로그램을 접하게 되었다. 그 내용을 보다가 동성애를 하는 사람들의 입양 문제로 돌아갔다. 로지 오도넬Rosie O'Donnell이라는 여성 동성애자가 자신의 이야기와 여성 동성애인 자신이 키우고 있는 아이들에게 어떤 영향을 미치고 있는지에 대해 거침없이 말했다. 그 프로그램이 끝나자 그 방송국에서는 가톨릭 교회에 관한 30분짜리 프로그램을 방영하면서 대부분이 남자들인 신부들에 의해 성적인 괴롭힘을 당한 사람들에게 교회가 수백만 달러를 지불해야 한다는 내용을 다루었다.

세 시간 동안 TV를 본 후 그리고 방송에 너무 몰두하느라 일을 거의 못한 채 무거운 마음으로 잠자리에 들었다.

그날 밤 나는 많은 고통을 접했다.

어린 시절 겁탈을 당하고 부도덕한 삶을 살면서 두 번에 걸친 유산을 경험한 마릴린 먼로.

로지의 고통스럽고도 힘들었던 어린 시절.

지쳐서 초라해지고 부당한 대우를 받으며 거절당한 채 이 집 저 집으로 옮겨 다니며 종종 매를 맞고 이용당하고 성적으로 학대받다가 입양이라는 문제를 앞에 놓고 있는 버림받은 아이들.

어린 시절 그리고 신학을 공부하면서 권위를 남용하는 신부들에게 학대를 받았기 때문에 더 이상 하나님을 믿지 않기로 한 젊은 사제들.

나는 그저 "아, 하나님 아버지, 우리가 하나님께 귀를 기울이고 하나님 말씀대로 살고 하나님께서 원하시는 대로 성관계를 다루기만 했더라면 이런 고통스런 일을 피할 수 있었을 텐데요"라고 생각할 수밖에 없었다.

또한 하나님과 하나님의 방법을 전적으로 무시하고 사는 사람들을 생각했다. 그리고 이 책의 메시지가 얼마나 중요한지, 그리고 사람들이 하나님께서 말씀하신 것을 직시하게 된다면 삶이 얼마나 달라질 수 있을지를 생각해 보았다.

우리는 이 책에서 죄가 하나님의 계획에 얼마나 해를 가했으며 성관계가 어떻게 왜곡되고 파괴되고 불결하게 되었는지, 그리고 그 결과 성관계는 아름다운 것이 될 수 없다고 생각하게 된 현실의 모습을 살펴보았다. 신부를 향한 그리스도의 사랑을 보여 주는 모형의 역할을 하도록 하나님께서 성관계를 의도하셨다는 내용을 다룬 1장을 기억하는가? 우리가 살펴보았듯이 인간이 그 그림을 비틀고 왜곡시켜서 더 이상 알아볼 수 없을 정도로 만들어 놓았다.

그래서 이 마지막 부분에서는 결혼을 했건 미혼이건, 어리건 나이가 많건 간에 결혼한 부부 사이에서 볼 수 있는 성관계의 아름다움을 살펴볼 필요가 있다. 하나님께서 정해 주신 범위 안에서 서로를 알고 하나가 되는 절묘함을 살펴보고 하나님께서 우리를 위해 계획하신 그림을 다시 찾게 될 것이다. 하나님께서 우리를 남자와 여자로 만들며 의도하셨던 것을, 하와를 아담에게 이끄셔서 한 몸을 이루게 하시고 가정을 세우게 하시며 의도하셨던 것을 우리에게 보여 주고 있는 아가서를 살펴보도록 하자.

아가서는 기뻐하고 격찬해야 할 사랑을 보여 준다.

자신을 술람미 여자라고 부르는아 6:13 여인은 사랑하는 사람을 발견하게 된다. 그녀가 사랑한 사람은 첫 줄에서부터 볼 수 있듯이 솔로몬이다. 8장으로 된 아가서는 사랑하는 이 두 사람, 신랑과 신부의 대화가 주를 이루고 있고 "예루살렘 딸들"의 합창 소리가 사이사이에 삽입되어 있다.

아가서의 첫 두 장에서는 솔로몬과 술람미 여인의 구혼 기간을 볼 수 있다. 그런 다음 3:6-5:2까지는 그들의 결혼식과 그들의 사랑을 처음으로 표현하고 경험하게 되는 결혼의 완성이 묘사되어 있다. 5:2에서 마지막까지는 "시련을 이겨 내고 승리한 사랑"을 묘사하고 있다. 아가서에서 우리는 구애와 결혼이 어떠해야 하는지를, 남자와 여자가 서로 기뻐 어쩔 줄 모르고 그 기쁨이 드러나는 것을 부끄러워하지 않는 모습을 보게 된다.

이 장 전체를 통해 인용한 아가서 구절들을 읽으면서 "사랑"이라는 단어가 나올 때마다 빨간색 연필로 표시하거나 아니면 빨리 눈에 띄고 마음에 와닿을 수 있도록 하트 표시를 하라. 동의어와 대명사에도 모두 표시하라.

그리고 이 사랑 이야기를 읽어 내려가면서 두 사람이 결혼하기 전과 후에 신체적으로 어떤 과정을 거치게 되는지를 살펴보라. 결혼을 하지 않은 사람이라면 1-4장에서 중요한 통찰력을 얻게 될 것이다.

신부가 될 여인과 그녀가 사랑하는 사람

아가서를 보면 사랑하는 사람을 그리워하는 술람미 여인이 나온다.

아가서 1장

2 내게 입맞추기를 원하니 네 사랑이 포도주보다 나음이로구나

그녀는 입을 맞추고 싶어 했다! 나는 그 열망을 잘 기억하고 있다. 10대 소녀 시절 내게 있어 입맞춤은 그저 아무에게나 줄 수 없는 매우 소중한 것이었다. 그때 내가 하나님을 온전히 알거나 정말 하나님을 경외했기 때문에 그런 것은 아니었다. 그저 입맞춤 그 자체가 특별하고 소중한 것이었다! 우리 부모님께서 본을 보여 주신 대로 나는 결혼을 매우 소중하게 생각하고 있었다. 아버지는 남자들이 좋아하지 않는 여자들과 데이트는 해도 그들과 결혼하지는 않는다고 가르쳐 주셨고, 나는 결혼하게 되길 바라고 있었다!

눈에 띄게 건강한 사람이었던 내 첫 남편 톰은 처음에 입을 맞출 수 있도록 내가 허락해 주었을 때 그의 기분이 어땠는지를 말해 주었다. 대학에 다니며 그가 살고 있던 남학생 공동 주택으로 뛰어 들어가 모두 다 들을 수 있도록 큰 소리로 "내가 지금 누구와 키스했는지 알아요?"라고 외치고 싶었다고 했다. 나는 그곳에 살고 있는 다른 남학생들과도 데이트를 했지만 아무와도 입을 맞추지는 않았다.

그러나 내가 특별한 사람과 입을 맞추는 그 놀라운 일을 일단 경험하고 난 후에는 다른 생각을 하기가 힘들었다. 나는 머릿속으로 그 순

간을 계속 반복해서 떠올리게 되었다.

솔로몬과 그의 아름다운 여인도 서로를 향해 그런 감정을 느끼고 있었을 것이다. 그들이 곧 결혼할 사람들이라는 사실을 기억하면서 그들이 나누는 대화를 들어 보라. 그들의 사랑은 순수할 뿐 아니라 그녀는 다른 남자와 입을 맞춘 적도 없었다. 두 사람의 이야기를 자세히 들으며 서로에 대한 열망과 사랑을 얼마나 표현하고 싶어 하는지를 보라.

9 내 사랑아 내가 너를 바로의 병거의 준마에 비하였구나
10 네 두 뺨은 땋은 머리털로, 네 목은 구슬 꿰미로 아름답구나
11 우리가 너를 위하여 금 사슬에 은을 박아 만들리라

이것은 약 3천 년 전 중동 지역에 살았던 사람이 한 말이다. 그 당시 남자들은 오늘날 남자들이 자동차를 중요하게 여기듯이 말을 매우 중시했다. 준마에는 짤랑거리는 소리를 내고 햇빛을 받으면 반짝거리는 온갖 장신구를 달아 주었다. 그것은 아마도 미국에서 1950-60년대 사람들이 자기 차에 번개 광선들을 그려 넣고 백미러에 주사위 모양으로 된 장신구들을 걸었던 것과 비교될 수 있을 것이다. 남자들은 지금도 여전히 다른 남자들로부터 "와, 완벽한데!"라는 말을 들을 수 있도록 온갖 종류의 전자 기기들을 자기 자동차에 장착하고 있다.

솔로몬도 모든 것을, 뛰어난 준마와 탁월하게 아름다운 여인까지 다 갖추고 있었다. TV에 나오는 자동차 광고처럼, 그의 말은 바로의 준마와 같이 돋보였으며 그의 연인은 가장 아름다운 여인이었다.

그리고 그가 가축들에게 물을 먹이고 있는 우물가에 그 어린 처녀

가 서 있는 모습을 생각해 보라. 그녀는 그를 어떻게 생각하고 있었을까? 그녀의 마음을 사로잡은 사람을 설명하고 있는 그녀의 말을 들어 보라.

13 나의 사랑하는 자는 내 품 가운데 몰약 향주머니요
14 나의 사랑하는 자는 내게 엔게디 포도원의 고벨화 송이로구나

솔로몬은 그녀의 삶을 즐겁게 해 주었다. 그에 대한 생각은 몰약과 고벨화의 상쾌한 향기를 생각나게 해 주었다. 사람들은 자신에 대해 좋은 느낌을 느낄 수 있게 해 주는 사람과 함께 있고 싶어 한다. 사람들은 그런 느낌 때문에 서로를 다시 만나게 된다.

솔로몬이 어떻게 대답하는지 보라.

15 내 사랑아 너는 어여쁘고 어여쁘다 네 눈이 비둘기 같구나

솔로몬이 그녀의 몸에 대해 이야기하기 전에 먼저 그녀의 눈에 대해 이야기하고 있다는 사실을 보라. 오늘날 여자들은 자신들이 가슴 크기와 엉덩이로 평가되고 그저 성관계의 대상 정도로 여겨지는 것을 보게 된다.

성관계에 사로잡힌 우리 사회에서 요즘 쏟아져 나오는 책들은 여자들에게 그들이 원하는 성적 만족을 어떻게 얻을 수 있는지를 말해 주고 있다. 「유에스에이 투데이」USA Todays의 한 기사에 따르면 "엑스 세대 여성들은 잠자리로 이끌고 싶을 만큼 만족스러운 몸매를 가지고 싶

어 하는 헛된 고민을 안고 있다.” 성 치료 전문가이며 『여성의 성 문제』Sex Matters for Woman라는 책을 공저한 샐리 폴레이Sallie Foley는 “여자들은 완벽한 몸매를 소유하려고 하지만 그것은 이룰 수 없는 불가능한 이상”이라고 말하며 계속해서 “그들은 완벽한 몸매를 가지게 되면 성관계를 더 잘할 수 있을 것이라고 생각하는데 그것은 그들이 성관계에 대해 매우 잘못 알고 있다는 사실을 보여 주는 것”이라고 말했다. 매력적인 몸매를 가진 여자들이 “성관계를 더 잘할 수 있다”라는 것은 전혀 사실이 아니라고 그녀는 말했다.

아가서가 고전이 된 것은 앞으로 보게 되겠지만 상대방의 몸을 얻기 위해 천박하게 추파를 던지는 사람들의 이야기가 아니라 서로의 육체적인 특성에 깊이 감사하는 두 남녀의 이야기이기 때문이다. 아가서는 하나님께서 의도하신 사랑과 기쁨에 관한 이야기이다. 이 사랑은 길거리나 탈의실에서 더럽혀지는 사랑이 아니다. 야비한 이야기에 더럽혀지지 않은 순전하고 신성한 사랑이다. 과거에 사랑했던 사람이나 이상적인 여자와 비교하지도 않는다. 솔로몬은 술람미 여인을 있는 그대로 소중하게 여긴다. 이것은 아름다운 성관계에 있어서 매우 중요한 것이다.

육체적인 관계를 아름답게 누리기 위해서는 사랑하는 사람을 높이 평가해야 한다. 사랑이 사랑을 낳고 친절한 말이 친절한 말을 낳는다. 술람미 여인의 대답을 들어 보라.

16 나의 사랑하는 자야 너는 어여쁘고 화창하다

우리가 듣고 싶어 하는 말이 아닌가? 사랑하는 사람에게 특별한 사람이며 사랑받고 있다는 사실을 알려 주는, 우리가 들어야 할 필요가 있는 말이 아닌가? 그녀는 솔로몬에게 "나의 사랑하는 자"라는 말을 스물일곱 번이나 했다. 그 말을 듣고 싶어 하는 사람들이 얼마나 많은지 모른다! 내가 그렇게 불러 주는 것을 듣고 "아무도 나를 그렇게 불러 준 사람이 없었어요"라고 말하는 여자들이 많았다. 그리고 비단 여자들뿐만이 아니다. 남자들도 자신들이 누군가에게 사랑받는 특별한 사람이라는 사실을 알 필요가 있다. 그 말은 또한 하나님의 사람이 하나님의 사람들에게 쓴 서신서들 속에서도 계속 사용되었다. 나 역시 그 말을 자주 쓴다. 왜냐하면 내가 사람들을 향해 순수하게 느끼는 마음의 표현이기 때문이다. 사실 이 책을 쓰면서 독자들이 책을 덮어 버릴지도 모른다는 두려움 때문에 그 말을 사용하지는 않았다. 그러나 그 말은 하나님께서 사랑스럽게 지으신 각 사람을 향해 느끼는 내 마음을 잘 표현해 주는 말이다.

순결한 열정

계속해서 2장을 읽어내려 가면서 신부가 될 확신에 찬 사람이 그녀만의 독특한 방법으로 기쁨을 표현하고 있는 것을 보라. 자신이 그에게 특별한 사람이라는 사실을 기뻐하는 그녀를 보라. 건강한 자아상이 결혼 생활에 얼마나 큰 영향을 미치는지 모른다! "나"와 관계가 있는 단어에 이렇게 ♀ 여자를 상징하는 표시를 하고 "그"와 관계가 있는 단어에는 이렇게 ♂ 남자를 상징하는 표시를 하라.

아가서 2장

1 나는 사론의 수선화요 골짜기의 백합화로다

이 말에 그도 동의하며 다음과 같이 대답한다.

2 여자들 중에 내 사랑은 가시나무 가운데 백합화 같도다

그녀는 그를 선택했고 그는 상을 받았다! 남자가 자신이 결혼할 여자가 놀랍도록 특별하다는 것을 알게 되면 얼마나 뿌듯할 것인가! 그리고 그 경이감이 그의 신부에게는 또 얼마나 놀라운 경이로움을 느끼게 해 줄 것인가! 여자가 자신을 감싸 주고 지지해 주고 붙들어 주게 되기를 바라는 남자가 바로 다음과 같은 사람이다.

3 남자들 중에 나의 사랑하는 자는 수풀 가운데 사과나무 같구나 내가 그 그늘에 앉아서 심히 기뻐하였고 그 열매는 내 입에 달았도다
4 그가 나를 인도하여 잔칫집에 들어갔으니 그 사랑은 내 위에 깃발이로구나
5 너희는 건포도로 내 힘을 돕고 사과로 나를 시원하게 하라 내가 사랑하므로 병이 생겼음이라
6 그가 왼팔로 내 머리를 고이고 오른팔로 나를 안는구나

그를 의지하고 그가 준비한 것에 기쁨을 표하며 칭찬하는 그녀의 목

소리가 들리는가? 그러나 서로에 대한 두 사람의 넘쳐흐르는 열정을 표현하면서도 그들은 서로 조심해야 한다는 사실을 의식하고 있다. 술람미 여인과 그의 남편이 된 사람은 그들이 열망하는 것이 육체 속에서 전쟁을 일으키고 있음을 알고 있었다. 사랑은 적당한 때가 되기 전까지는 흔들어 깨워서는 안 되는 것이다. 다음 경고를 들어 보라.

> 7 예루살렘 딸들아 내가 노루와 들사슴을 두고 너희에게 부탁한다 내 사랑이 원하기 전에는 흔들지 말고 깨우지 말지니라*(사람을 뜻하는 삼인칭 대명사가 아니라 추상명사를 뜻하는 일반대명사로 사랑을 표현하고 있다)*

이 구절이 3:5과 8:4에서도 비슷하게 반복되고 있음을 볼 수 있다. 솔로몬은 예루살렘 여자들에게 사랑이 충족될 수 없을 때 사랑을 흔들어 깨우지 말고 순전하게 남아 있게 하라고 권한다. 그는 그들에게 그리고 우리에게 그들의 관계를 해칠 수 있는 그 어떤 타협도 하지 말라고 타이르고 있다. 사랑은 단 한 경우에만 성적으로 표현되어야 한다. 그리고 당신도 알고 있듯이 그 한 경우는 바로 결혼한 두 사람의 경우이다.

내가 다음에 살펴보고 싶은 구절에서도 비슷한 경고를 하고 있다. 포도원에서 여우들이 무엇을 하고 싶어 하는지에 주목해 보라.

> 15 우리를 위하여 여우 곧 포도원을 허는 작은 여우를 잡으라 우리의 포도원에 꽃이 피었음이라

열매를 훔치고 싶어 하는 여우들을 조심하라! 내가 청년 시절에 이 충고를 들었더라면 좋았을 것이다. 순결의 아름다움을 훔치려는 작은 것들을 조심하라는 경고를 미리 들었더라면 좋았을 것이다. 나는 내가 부도덕한 여자가 되었다는 사실을 믿을 수 없었다. 어릴 때부터 육욕이 있었지만 나는 순결하고 싶었다. 평생 한 남자만을 알았더라면, 그리고 내가 결혼 생활 속에서 열망하고 나 자신을 위해 간직했어야 할 것들을 알고 있었더라면 좋았을 것이다. 완벽주의자인 나는 내가 느끼는 후회와 상실감을 성경을 통해 알게 된 모든 것에 비추어 계속해서 다스려야 했다. "뒤에 있는 것은(내가 바꿀 수 없는 것은) 잊어버리고 앞에 있는 것을 잡으려고 푯대를 향하여 그리스도 예수 안에서 하나님이 위에서 부르신 부름의 상을 위하여 달려가노라"빌 3:13-14.

술람미 여인은 그런 수고를 할 필요가 없었다. 그리고 나는 당신에게도 없기를 바라며 기도한다.

남편과 아내가 한 몸을 이루는 순수한 아름다움을 알고 싶다면 마음과 눈을 지키기 위해, 하나님의 뜻에서 벗어난 왜곡된 성적인 경험으로부터 자신을 보호하기 위해 할 수 있는 모든 것을 전부 해야 한다. 기다리고 마음을 지키고 부도덕한 행동을 하는 사람들을 보지 않기 위해 자신을 다스린다면 그 어떤 비교나 기대를 가지고 배우자를 대하지 않게 될 것이다. 그리고 모든 것을 배우자와 함께 발견하고 탐험하게 될 것이다. 여우가 당신의 순결을 따먹기 전에 그 여우를 잡으면 사랑의 경이로움 속으로 함께 나아갈 수 있는 놀라운 특권을 누리게 될 것이다. 그렇게 되면 이 세상에 물들지 않은 아름다운 사랑을 하게 될 것이다.

3장에서 우리는 솔로몬과 그와 동행한 60명의 건장한 남자들이 신부를 맞이하기 위해 신부를 향해 가는 결혼식을 보게 된다.

아가서 3장

11 시온의 딸들아 나와서 솔로몬 왕을 보라 혼인날 마음이 기쁠 때에 그의 어머니가 씌운 왕관이 그 머리에 있구나

수치심도, 죄책감도, 뱃속에 든 아기도 없다. 오직 하얀 예복과 순결만을 볼 수 있다. 두 사람이 온전히 알게 될 때까지 한동안 계속되는 기쁨만이 있다.

이날은 그들이 따로 정해 두고 기다린 영원히 기억될 날이다.

이날은 신부가 단 한 번 줄 수 있는 선물을 신랑에게 주고 신랑은 자신이 신부에게 처음이자 마지막이라는 사실을 알게 되는 날이다.

이날은 실제로 두 사람이 한 몸이 되는 날이다.

이제 그는 그녀에게 사랑을 이야기하고, 우리 시대 우리 문화 속에서는 이상하게 들리겠지만 그녀에게 매력을 주는 그녀의 몸에 대해 이야기한다. 이것은 음담패설이나 처음 만난 사람과 주고받는 쓸데없는 잡담이 아니다. 그가 그녀에 대해, 자신이 알게 된 그녀에 대해 격찬하는 말이다. 신부가 평생 소중하게 여길 순전한 말들이다. 이제 하나님의 때가 되었기 때문에 사랑을 흔들어 깨우기 위해서 선택된 표현들이다.

솔로몬이 결혼 서약을 완성하며 그의 신부, 그의 사랑하는 여인에게 하는 말을 주의 깊게 들어 보라. 그가 그의 아내에게 하는 모든 말에 주목하고 잘 배우라. 이것이 바로 하나님께서 의도하신 성관계의 모습이다.

아가서 4장

1 내 사랑 너는 어여쁘고도 어여쁘다 너울 속에 있는 네 눈이 비
둘기 같고 네 머리털은 길르앗 산 기슭에 누운 염소 떼 같구나
2 네 이는 목욕장에서 나오는 털 깎인 암양 곧 새끼 없는 것은
하나도 없이 각각 쌍태를 낳은 양 같구나
3 네 입술은 홍색 실 같고 네 입은 어여쁘고 너울 속의 네 뺨은
석류 한 쪽 같구나
4 네 목은 무기를 두려고 건축한 다윗의 망대 곧 방패 천 개, 용
사의 모든 방패가 달린 망대 같고
5 네 두 유방은 백합화 가운데서 꼴을 먹는 쌍태 어린 사슴 같구나
6 날이 저물고 그림자가 사라지기 전에 내가 몰약 산과 유향의
작은 산으로 가리라
7 나의 사랑 너는 어여쁘고 아무 흠이 없구나
8 내 신부야 너는 레바논에서부터 나와 함께 하고 레바논에서부
터 나와 함께 가자 아마나와 스닐과 헤르몬 꼭대기에서 사자
굴과 표범 산에서 내려오너라
9 내 누이, 내 신부야 네가 내 마음을 빼앗았구나 네 눈으로 한
번 보는 것과 네 목의 구슬 한 꿰미로 내 마음을 빼앗았구나

10 내 누이, 내 신부야 네 사랑이 어찌 그리 아름다운지 네 사랑은 포도주보다 진하고 네 기름의 향기는 각양 향품보다 향기롭구나

11 내 신부야 네 입술에서는 꿀 방울이 떨어지고 네 혀 밑에는 꿀과 젖이 있고 네 의복의 향기는 레바논의 향기 같구나

12 내 누이, 내 신부는 잠근 동산이요 덮은 우물이요 봉한 샘이로구나

13 네게서 나는 것은 석류나무와 각종 아름다운 과수와 고벨화와 나도풀과

14 나도와 번홍화와 창포와 계수와 각종 유향목과 몰약과 침향과 모든 귀한 향품이요

15 너는 동산의 샘이요 생수의 우물이요 레바논에서부터 흐르는 시내로구나

그가 하는 말을 다 이해했는가? 다시 읽어 보라. 한 번 더 생각해 보라. 이번에는 "동산"이라는 말에 이렇게  사과 그림을 그려 넣으라. 그리고 "나와 함께"라는 말에도 각자 독특한 표시를 해 보라.

열매를 맺고 있는 잠근 동산은 무엇인가? 생수가 솟아나는 봉한 샘은 무엇인가? 이것은 발견되고 기쁨을 주게 될 거룩한 순결, 곧 처녀의 순결을 뜻한다.

사랑하는 사람을 향해 신부는 어떻게 응답하는가? 잘 듣고 배우라. 그의 말이, 그녀에 대한 그의 찬사가 그녀에게 그를 받아들일 수 있게 해 주었다. 그래서 그녀는 이렇게 반응했던 것이다.

16 북풍아 일어나라 남풍아 오라 나의 동산에 불어서 향기를 날리라 나의 사랑하는 자가 그 동산에 들어가서 그 아름다운 열매 먹기를 원하노라

그녀는 준비가 되었다. 그리고 그녀는 서두르지 않았다. 그는 그녀의 필요를 헤아려 주었다. 그는 그저 그녀를 원하기만 한 것이 아니라 그녀에게 감탄했다. 그리고 이제 그녀가 그를 바라며 "나의 사랑하는 자가 그 동산에 들어가기를 원하노라!"고 말하게 되었다.

그녀는 그의 것이었고 그에게만 속했다. 하나님께서 의도하신 대로였다.

성관계는 아름다운 것인가? 그렇다. 말할 수 없이 아름다운 것이다. 하나님의 뜻을 따를 때, 하나님께서 계획하신 대로 이루어질 때 성관계는 아름다운 것이다. 그것은 영화 화면에서 보는 것과 같은 것이 아니다. 그런 그림은 음란한 동물적인 정욕을 보여 주는 사람이 만들어 낸 것이다. 아가서에서 우리가 보는 것은 신성한 사랑이다. 다른 사람들을 따라 하고 다른 사람들의 몸매와 열정을 따라 하려는 것으로부터 우리를 자유롭게 해 주는 사랑이다. 이는 두 사람만이 공유하는 사랑이다. 두 사람이 서로를 발견하며 서로를 기뻐하는 사랑이다. 그리고 기쁨을 느낄 수 없다면 서로를 도와주고 이해하고 인내하는 신성한 사랑이다. 서로에 대한 헌신으로 무슨 일이 일어나도 안전을 느끼게 하는 사랑이다.

한 미혼 친구가 내게 결혼할 때까지 순결을 지키며 기다리다 지친 자기 친구의 이야기를 해 주었다. 그녀와 데이트를 하면서 결혼을 하

자는 사람이 아무도 없었기 때문에 그녀는 다음 출장 때 성 경험을 해 보리라고 마음을 정했다. 그리고 모든 것을 다 세심하게 염두에 두었다. 사람들을 살펴보고 미혼인 남자를 선택해서 함께 잠자리에 들었다. 그날 밤 그녀는 자신에게 아무 의미도 없는 남자에게, 잘 알지도 못하는 남자에게 자신의 순결을 내주었다. 성관계가 어떤 것인지를 알아보기 위해서였다.

집으로 돌아온 후 그녀는 내 친구에게 전화를 걸어 주말에 있었던 일을 이야기를 했다. 그녀의 비애감이 내 친구의 뇌리 속에 새겨졌다. "이런 것이 시인들이 말하고 유행가의 가사가 되고 영화의 주제가 되는 사랑이라는 거야?" 그녀의 첫 경험은 기대에 어긋나고 좌절감을 느끼게 하는 것이었다. 왜냐하면 하나님께서 죽을 때까지 정절을 지키기로 약속한 헌신을 바탕으로 한 결혼이라는 한계를 정해 주신, 그 안에서 하지 않았기 때문이었다.

그녀가 기다리기만 했더라면 하나님께서 의도하신 대로 그녀가 간직해 온 선물을 소중하게 생각하는 남편의 부드러운 말과 애무가 따르는 아름다운 성관계를 누릴 수 있었을 것이다. 그런 아름다움을 우리는 아가서 5장에서 볼 수 있다.

아가서 5장

1 내 누이, 내 신부야 내가 내 동산에 들어와서 나의 몰약과 향재료를 거두고 나의 꿀송이와 꿀을 먹고 내 포도주와 내 우유를 마셨으니 나의 친구들아 먹으라 나의 사랑하는 사람들아 많이 마시라

그리고 두 사람이 “한 몸”으로 연합되었다. 그리고 남자와 그의 아내는 둘 다 벗고 있었지만 부끄러워하지 않았다창 2:24-25.

희생이 따르는 사랑

세월이 지나도 성관계는 언제나 좋기만 한 것인가? 언제나 서로를 원할 것인가? 아니다.

성관계는 아름다운 것이다. 그러나 언제나 바랄 만한 것은 아니다. 잘 보고 잘 들으라. 신부가 어리석은 실수를 하자마자 결혼은 끝나 버렸다.

> 2 내가 잘지라도 마음은 깨었는데 나의 사랑하는 자의 소리가 들리는구나 문을 두드려 이르기를 나의 누이, 나의 사랑, 나의 비둘기, 나의 완전한 자야 문을 열어 다오 내 머리에는 이슬이, 내 머리털에는 밤이슬이 가득하였다 하는구나
> 3 내가 옷을 벗었으니 어찌 다시 입겠으며 내가 발을 씻었으니 어찌 다시 더럽히랴마는
> 4 내 사랑하는 자가 문틈으로 손을 들이밀매 내 마음이 움직여서
> 5 일어나 내 사랑하는 자를 위하여 문을 열 때 몰약이 내 손에서, 몰약의 즙이 내 손가락에서 문빗장에 떨어지는구나
> 6 내가 내 사랑하는 자를 위하여 문을 열었으나 그는 벌써 물러갔네 그가 말할 때에 내 혼이 나갔구나 내가 그를 찾아도 못 만났고 불러도 응답이 없었노라

때때로 성관계가 성가시게 느껴질 수도 있다. 너무 피곤하고… 너무 바쁘고… 너무 할 일이 많고… 등등의 이유가 있을 수 있다. 그러나 그럴지라도 사랑은 키워갈 수 있다. 사랑에는 자신이 원하지 않을 때에도 배우자의 필요를 채워 주는 희생이 요구된다. 불편하고 일정에 없는 일일 수도 있다. 그러나 정욕이 아니라 사랑을 위해서 하게 된다.

"그렇지만 내 몸인데 싫다고 할 수도 있는 것 아닌가요?"라고 말하고 싶은 사람들도 있을 것이다. 하나님께서는 고린도전서에서 결혼한 부부가 성관계를 해야 할 때 지켜야 할 일반적인 기준을 알려 주셨다. 다음 구절을 읽고 "아내와 남편"이라는 단어가 나올 때마다 아가서에서 표시한 것처럼 표시를 하라.

고린도전서 7:2–5

2 음행을 피하기 위하여 남자마다 자기 아내를 두고 여자마다 자기 남편을 두라

3 남편은 그 아내에 대한 의무를 다하고 아내도 그 남편에게 그렇게 할지라

4 아내는 자기 몸을 주장하지 못하고 오직 그 남편이 하며 남편도 그와 같이 자기 몸을 주장하지 못하고 오직 그 아내가 하나니

5 서로 분방하지 말라 다만 기도할 틈을 얻기 위하여 합의상 얼마 동안은 하되 다시 합하라 이는 너희가 절제 못함으로 말미암아 사탄이 너희를 시험하지 못하게 하려 함이라

"남편과 아내"라는 말에 표시하면서 배운 것은 무엇인가?

성관계를 하는 "때"에 대해 무슨 말을 할 수 있겠는가?

성관계가 요구될 때가 성관계를 할 때인 것처럼 보인다. 남자들은 아내들보다 더 자주 성관계를 할 필요가 있다. 앞에서 보았듯이 그들에게는 눈이 큰 역할을 한다. 그리고 성관계를 자극하는 것들이 널리 퍼져 있는 세상에서 그들의 머릿속에서 스위치를 켜게 하는 것들이 그들의 눈에 너무 많이 보인다. 여자들의 경우는 신체적인 접촉으로 자극을 받으며 적절한 환경과 분위기가 조성되길 바란다.

4절에서 부부는 각자 배우자에게 몸을 맡기도록 되어 있다. 거부할 수 있는 권리를 포기한 것이다. 물론 대부분의 경우 성관계를 원하는 남자 쪽에게는 상대방을 배려하고 이해하는 것이 필요하다. 그러나 사랑이 서로 섬기고 모든 것을 인내하는 것이라는 사실을 기억할 때 어느 누구도 상대방에게 상처를 주는 것을 원치 않을 것이다.

우리 프리셉트 지도자 중 한 사람이 내게 하나님께서 남편의 성적인 욕구를 채워 주는 것이 얼마나 중요한지를 상당히 희한하고 생생한 방법으로 가르쳐 주신 이야기를 해 주었다. 그들의 이름을 가명으로 바꾸어 그녀의 이야기를 하도록 하겠다. 그 두 사람의 삶 속에서 하나님께서 보여 주신 놀랍고도 주권적인 은혜를 볼 수 있기 바란다.

나는 엄마 역할에 전적으로 몰두하고 있었다. 하나님께서 예쁜 세 자녀를 주고 그 아이들은 내 삶의 모든 것이 되었다. 아이들이 어렸을 때는 정말 피곤했다. 남편이 퇴근해서 집으로 돌아올 때쯤이면 나는 거의 녹초가 되어 있었다. 남편은 조용해졌고 나는 우리 사이가 약간 소원해진 것을 알고 있었다. 그러나 너무 피곤해서 그런 일에까지 신경을 쓸 수가 없었다. 나는 일찍 잠자리에 들었고 남편은 서재에서 늦게까지 컴퓨터 앞에 앉아 있었다.

남편은 내가 피곤해한다는 것을 알았기 때문에 나에게 힘든 일을 요구하지 않으려고 했다. 시간이 지나면서 남편은 내가 자기를 더 이상 좋아하지 않는다고 느끼기 시작했다. 그러고는 포르노를 접하기 시작했고 나는 남편의 요구를 채워 주지 못하고 있었다. 남편은 자신의 성적인 욕구를 채우지는 못했지만 다른 사람과의 관계는 옳지 않다는 것을 알고 있었기 때문에 그런 일은 하지 않기로 결심하고 있었다.

대신 인터넷에 관심을 가지게 되었다. 어느 날 밤, 남편은 다음 출장 때 만날 수 있도록 동성연애자들에게 보내는 편지를 쓰기로 했다. 남편은 여전히 나를 사랑했다. 그러나 자신의 욕구를 채우고 싶었고 그렇게 하는 것이 그 당시 남편에게는 정당한 것처럼 보였다. 물론 나는 전혀 모르고 있었다. 사탄이 이상한 논리를 믿도록 남편을 부추기며 세뇌를 시켰다.

남편은 만나자는 요청의 쪽지를 써서 복사한 다음 보관함에 넣어 두었다. 다음날, 컴퓨터 작업을 하다가 내가 우연히 복사키를 누르게 되었는데 그때 남편이 보관함에 넣어 두었던 쪽지가 내가 작업하던 문서에 복사되어 나타났다. 소름이 끼치는 경험을 해 보았는가? 내 문서에 동성애를 경험해 보고 싶다는 글이 실리게 되었고 처음에는 컴퓨터 바이러스일 것이라고 생각했다. 그러나 곧 사실을 알게 되었다. 심장이 멎을 것만 같았다. 남편이 그런 생각을 하다니 믿을 수가 없었다. 나는 남편에게 전화를 걸어 일찍 퇴근하라는 부탁을 했다. 그리고 이야기를 하기 시작했다.

우리 두 사람 다 하나님께서 간섭해 주셨다는 사실을 곧바로 알게 되었다. 하나님께서 우리에게 커다란 소리로 잠에서 깨어나라는 신호탄을 날리셨다는 것을 알게 되었다. 심각한 실수가 빚어지기 직전에 하나님께서 개입하셔서 엄청난 피해를 막아 주셨다. 우리에게 여전히 여러 가지 문제가 있긴 했지만, 다른 사람들이 개입되었다면 훨씬 더 복잡해지는 어려움을 겪을 수도 있었다.

두 사람은 그들의 문제를 해결하려고 노력하면서 상당한 승리를 거둘 수 있었고 그 이야기가 이어졌다. 그 일로 내 친구는 남편의 성적인 욕구를 채워 주고, 자신에게는 예수님 외에 남편이 가장 중요한 사람이라고 느끼게 해 주는 일이 얼마나 중요한지를 알게 되었다. 그리고 두 사람은 예수님에 관한 이야기를 하면서 매주 성경을 통해 예수님을 사람들에게 알려 주고 있다.

몇 년이 지난 지금 두 사람의 결혼 생활이 어떤지 궁금할 것이다. 그녀의 이야기를 들어 보라.

우리의 결혼 생활은 점점 더 나아졌고 그 어느 때보다 건강해졌고 우리는 상당히 행복하다. 어머니가 말씀해 주셨던 그 모든 '구식'처럼 보이는 결혼 생활이 매우 중요하다는 것을 알게 되었다. 다만 어머니가 그 이유들을 이야기해 주고 성경적인 근거들을 알 수 있도록 하나님의 말씀을 가르쳐 주셨다면 훨씬 더 좋았을 것이다. 아내는 남편을 사랑하고 남편이 사랑받고 있으며 특별한 사람이라고 느낄 수 있게 해 주어야 한다.

솔직히 우리는 하나님께서 어떻게 하실지 두려웠다. 그러나 우리 결혼 생활은 그 경험과 프리셉트를 통해 좋은 결혼 생활 그 이상이 되었고 지금 우리는 더 건강한 그리스도인이 되었다. 우리 삶은 변화되었고 하나님께서 우리 일상생활의 한 부분이 되셨을 뿐만 아니라 우리는 지금 그분을 위해 살고 있다.

이런 승리의 이야기를 듣는 것은 정말 즐거운 일이다. 그러나 남편이나 아내가 성적인 필요를 채워 주지 않거나 채워 줄 수 없을 때는 어떻게 해야 하는가? 상당히 어렵고 고통스러운 일이 될 것이다. 성적인 욕구가 강한 사람의 경우에는 정말 고통스럽고 힘들 것이다. 매일 밤 배우자가 등을 돌리고 거부할 경우 마음속에 떠오르는 온갖 생각과 감정들, 거절당한 느낌, 무능력, 배우자와 자신의 관계에 대한 의구심 등을 다루어야 한다. 그리고 물론 만족을 얻고 싶은 육체적인 열망으로 인해 고통을 당할 것이다. 그렇게 되면 쉽게 잠들지 못한다. 마치 수족이 절단된 사람처럼 느껴질 것이다. 신체의 중요한 한 부분이 잘려진 것처럼 느껴질 것이다. 그럼에도 불구하고 해결되지 않는 망상적인 고통이 남아 있을 것이다. 나는 이런 상실감을 호소하는 많은 사람과 함께 고민해 왔다.

결혼은 서약이다. 이것은 구속력이 있는 엄숙한 계약이다. 그리고 이 문제 때문에 이혼을 하거나 도망을 칠 수는 없다. 그렇다면 어떻게 해야 할 것인가?

첫째, 배우자가 왜 흥미를 잃게 되었는지를 알아보라. 앞에 소개한 편지에서 보았듯이 수면 부족 같은 간단한 문제일 수도 있다. 보통 사람이 하루에 6시간 이하로 잠을 자면서 계속 며칠을 보내게 되면 호르몬 분비가 떨어지게 된다. 그리고 다른 육체적인 요인들이 문제를 일으킬 수도 있다. 또는 감정적인 문제나 낮은 자아상 때문일 수도 있다. 여러 가지 문제 때문에 부부간에 서로 거리감이 생길 수 있기 때문에 그 답을 찾아낼 필요가 있다. 성관계는 부부에게 좋은 것이기 때문이다. 그리고 몸을 위해서뿐만 아니라 부부 사이의 관계를 위해서도 좋은 것이다.

문제의 뿌리를 찾아냈지만 배우자가 그 문제를 해결하려고 하지 않을 경우에는 어떻게 할 것인가? 배우자가 그저 자신의 의무를 감당하려 하지 않거나 감당할 수 없을 경우에는 어떻게 할 것인가? 그렇다면 결혼을 하지 않은 사람들이 성관계를 하지 않고 살 듯이 당신이 견뎌 내야 한다. 하나님의 은혜는 충분하다. 그래야 한다. 왜냐하면 당신의 욕구를 채울 수 있는 다른 정당한 방법이 없기 때문이다. 그러므로 하나님께서 힘을 주시도록 구하고 정욕을 불러일으킬 만한 일들을 피하고 마음을 지키며 계속해서 앞으로 나아가야 한다. 성관계는 결혼 생활의 중요한 한 부분이지만 또한 결혼 관계의 한 국면일 뿐이라는 사실을 기억하라.

어떤 사람이 광고지 뒷면에 적어 준 글이 감동적이었기 때문에 그 쪽지를 한동안 보관해 왔다. 그녀는 이렇게 썼다. "몇 년 전 제가 보낸 편지를 기억하실지 잘 모르겠습니다. 남편과 친밀한 교제를 나눌 수 없었던 일에 관한 내용이었습니다. 4월이면 벌써 6년째가 되지만 여전히 그렇습니다. 그러나 그럼에도 불구하고 남편의 사랑을 느낄 수 있기 때문에 이제는 마음이 편안합니다. 좋은 교재를 보내 주셔서 감사합니다. 많은 도움이 되었습니다!"

마지막 두 문장은 하나님의 말씀을 귀납적으로 공부하면서 스스로 진리를 발견했기 때문에 자신이 알고 있는 사실로부터 나오는 힘과 견해를 설명해 주고 있다고 나는 생각한다. 당신도 그렇게 한다면 하나님의 말씀이 어떤 상황이라도 헤치고 나갈 수 있게 해 줄 수 있다는 사실을 발견하게 될 것이다.

불길이 꺼지지 않게 하라

성관계를 아름답게 유지해 주는 것은 무엇인가? 그것은 성관계를 소중하게 여기는 것이다. 필요한 시간을 투자하고 주의를 기울여라. 아가서 5장에서 술람미 여인은 남편의 필요를 채워 주지 않았는데 그 이유는 너무 피곤해서 자리에서 일어나 문을 열지 않았기 때문이었던 것으로 보인다. 이미 발을 씻었는데 다시 씻어야 하기 때문이다. 그것은 귀찮은 일이있다. 창문으로 손을 밀어 넣고 걸린 빗장을 열어 보려고 애를 쓰는 남편을 보고도 그녀는 이미 때가 늦어 버리게 될 때까지 움직이지 않았다.

놀랍고 아름다운 성생활을 방해하는 가장 큰 장애는 아내가 직장 생활을 하는 것이다. 특히 아이들이 있을 경우에는 더욱 그렇다. 일정이 너무 꽉 짜여 있어서 이미 말했듯이 성관계를 하기에는 너무 지쳐 있는 사람들이 많이 있다. 그런데 결혼 생활을 풍요롭게 해 주는 것이 성관계이다. 두 사람 다 만족을 얻을 수 있는 좋은 성관계는 시간이 걸린다.

술람미 여인은 남편을 위해 일어나지 않았던 자신의 실수를 곧 깨닫게 된다. 그리고 결혼하기 전에 가졌던 열망으로 그와 함께 있고 싶어 하게 된다. 그리고 "마음에 사랑하는 자를 찾으리라"며 찾으러 다녔다아 3:2. 남편과 함께 있고 싶은 건전한 것이긴 하지만 숨 막히는 아내의 열망이 남편을 집에 머물게 하고 동네를 기웃거리며 헤매지 않게 한다.

남편이 돌아오기를 간절히 바라며 그녀는 자신이 사랑하는 남편의 머리카락, 눈, 볼, 손 등등을 열거하기 시작한다.

아가서 전체를 통해 남편에 대한 술람미 여인의 찬사와 남편과 함께 있고 싶어 하는 그녀의 열망이 표현되어 있다. 단순한 성관계가 아니라 이것이 남편을 집에 머물게 한다. 성관계는 상당히 기계적인 것이 될 수도 있다. 그리고 성관계가 욕정을 해소하기 위한 것이라면, 그렇다면 누구와도 성관계를 할 수 있을 것이다. 눈을 감고 누군가를 생각하고 하면 된다! 그러나 하나님께서 두 사람을 한 몸이 되게 하신 의도는 그런 것이 아니다. 감사를 표현하고 한마음과 한뜻과 한 영혼과 한 몸이 된 것을 기뻐하는 것이다. "내 뼈 중의 뼈요, 내 살 중의 살이요"라는 말의 의미를 아는 것이다. 배우자를 마음에 새기고, 그를 소유하고, 당신을 즐거워하고 필요로 하고 원하는 그를 기뻐하는 것이다. 성관계는 사랑의 표현일 뿐만 아니라 최고 수준의 우정을 표현하는 것이다. 결혼은 두 사람만의 배타적인 관계이다. 왜냐하면 그 어떤 사람과도 나눌 수 없는 방법으로 자신을 배우자에게 주는 관계이기 때문이다.

술람미 여인이 다른 사람들에게 자신의 남편에 대해 이야기하는 것을 들어 보라.

아가서 5:16

16 입은 심히 달콤하니 그 전체가 사랑스럽구나 예루살렘 딸들아 이는 내 사랑하는 자요 나의 친구로다

"입은 심히 달콤하다." 여자가 어떻게 만들어졌는지를 감안해 본다면 이 말은 남편이 어떻게 입을 맞추는지보다는 어떻게 말하는지를 말해 주는 것으로 보인다.

남자는 상대방의 최선을 바라는 이타적인 아가페 사랑으로 아내를 사랑하라는 명령을 받고 있다. 이 명령은 자신의 기분이나 느낌과는 상관없이 사랑할 것이 요구된다. 우리 모두가 바라는 것은 결혼 생활에 기쁨을 가져다주는 사랑, 서로 손을 잡는 것, "오늘 밤이 기대된다"라고 말하는 눈짓, "나는 나의 사랑하는 사람에게 속했고 그는 내게 속한 사람"이라는 뜻을 전해 주는 신호들 — 이런 것들이다. 이런 것들은 결혼 생활을 풍요롭게 하는 필레오Phileo 사랑을 이룬다. 즉 우정과 칭찬과 상대방이 보여 주는 것 때문에 얻게 되는 기쁨이나, 상대

방이 어떤 사람인지 그리고 당신을 대하는 방식 때문에 즐거움을 얻게 하는 사랑이다. 낮 동안에 보여 준 친절과 칭찬은 여자들에게 남편이 요구할 것을 두려워하며 침대 끝에서 망설이는 대신 남편의 품속으로 들어가고 싶은 마음을 가지게 한다.

남편을 가까이하고 싶은 내 열망은 남편이 나를 위해 기도할 때, 그가 보고 감탄하고 고마워하는 것들에 대해 하나님께 감사하는 말을 들을 때 가장 강렬해진다. 그리고 내가 남편을 칭찬하고 남편이 자신에 대해 좋게 생각할 때 집 전체 분위기가 달라질 수 있다. 태양이 비치고 어둔 구름이 내 부드러운 말에 흩어져 날아가 버린다.

필레오 사랑은 우리가 바라는 사랑이다. 그리고 아가서에서 볼 수 있는 우정과 사랑이다. 그래서 그녀는 자신의 남편을 "내 친구"라고 불렀다. 이 사랑을 실천하고 어떤 일이 일어나는지를 보라. 성생활에 어떤 영향을 미치는지 보라. 이런 사랑을 한동안 표현하지 않으면 배우자는 당신이 정말 진실하다는 것을 믿게 되는 데 상당한 시간이 걸릴 것이다. 그러나 결국 확신을 얻게 되면 침실뿐 아니라 거실에서까지도 달라지는 것을 보게 될 것이다.

좀 더 배워야 할 것들이 있다. 다음 말씀을 읽으면서 솔로몬이 그의 아내에게 어떤 확신을 주는지 주목해 보라. 그리고 "그녀"를 언급하고 있는 모든 말에 밑줄을 그어 보라.

아가서 6:1-9

1 여자들 가운데에서 어여쁜 자야 네 사랑하는 자가 어디로 갔
는가 네 사랑하는 자가 어디로 돌아갔는가 우리가 너와 함께

찾으리라
2 내 사랑하는 자가 자기 동산으로 내려가 향기로운 꽃밭에 이
르러서 동산 가운데에서 양 떼를 먹이며 백합화를 꺾는구나
3 나는 내 사랑하는 자에게 속하였고 내 사랑하는 자는 내게 속
하였으며 그가 백합화 가운데에서 그 양 떼를 먹이는도다
4 내 사랑아 너는 디르사 같이 어여쁘고, 예루살렘 같이 곱고,
깃발을 세운 군대 같이 당당하구나
5 네 눈이 나를 놀라게 하니 돌이켜 나를 보지 말라 네 머리털은
길르앗 산 기슭에 누운 염소 떼 같고
6 네 이는 목욕하고 나오는 암양 떼 같으니 쌍태를 가졌으며 새
끼 없는 것은 하나도 없구나
7 너울 속의 네 뺨은 석류 한 쪽 같구나
8 왕비가 육십 명이요 후궁이 팔십 명이요 시녀가 무수하되
9 내 비둘기, 내 완전한 자는 하나뿐이로구나

경쟁이 극심하고 너무나 많은 것을 드러내고 과시하는 오늘날, 남편이 좋아하고 싫어하는 것을 알고 남편에게 매력적인 아내가 될 수 있도록 자신을 관리하는 것이 중요하다. 남편이 집으로 돌아오면 환영받고 있다는 느낌을 받을 수 있게 해 주고 매력적으로 보이고 좋은 냄새를 맡을 수 있도록 해 줄 필요가 있다. 남편은 성공을 추구하는 여성들과 하루를 함께 보냈을 것이다. 남자들은 눈에 보이는 것에 영향을 받는다는 사실을 기억하라.

그러나 남편 역시 자신이 원하는 것은 정욕을 따르는 것이나 다른

여자의 몸이 아니라는 사실을 아내가 알 수 있게 해 주는 것이 중요하다. 매력적으로 보이는 여자들을 보며 그들의 모든 동작에 넋을 잃는 대신 신속하게 눈길을 돌리는 습관을 가지고, 아내에게 그녀의 독특성과 눈 속에 비친 아름다움을 지속적으로 상기시켜 주는 것을 배우게 되면 잠자리에서 일어나는 일이 훨씬 더 특별하게 될 것이다. 그렇게 되면 두 사람 다 자신들이 서로에게 매우 특별한 사람이라는 사실을 알게 될 것이다.

더 배울 것들이 있으므로 계속해서 읽어 내려가자.

아가서 7장

1 귀한 자의 딸아 신을 신은 네 발이 어찌 그리 아름다운가 네 넓적다리는 둥글어서 숙련공의 손이 만든 구슬 꿰미 같구나

2 배꼽은 섞은 포도주를 가득히 부은 둥근 잔 같고 허리는 백합화로 두른 밀단 같구나

3 두 유방은 암사슴의 쌍태 새끼 같고

4 목은 상아 망대 같구나 눈은 헤스본 바드랍빔 문 곁에 있는 연못 같고 코는 다메섹을 향한 레바논 망대 같구나

5 머리는 갈멜 산 같고 드리운 머리털은 자주 빛이 있으니 왕이 그 머리카락에 매이었구나

6 사랑아 네가 어찌 그리 아름다운지, 어찌 그리 화창한지 즐겁게 하는구나

7 네 키는 종려나무 같고 네 유방은 그 열매송이 같구나

8 내가 말하기를 종려나무에 올라가서 그 가지를 잡으리라 하였

나니 네 유방은 포도송이 같고 네 콧김은 사과 냄새 같고
9 네 입은 좋은 포도주 같을 것이니라 이 포도주는 내 사랑하는
자를 위하여 미끄럽게 흘러내려서 자는 자의 입을 움직이게
하느니라

우리는 결혼한 날을 아름다운 날이라고 생각한다(그녀가 면 잠옷을 입지 않고 있다는 것을 보았을 것이다. 그렇지 않은가?)!

방금 읽은 내용은 사랑하고 알고 감사하고 서로 기뻐하는 경험을 이야기한 것이다. 6절에서 우리는 그 아내의 눈이 아름다울 뿐만 아니라 기뻐하고 있다는 것을 볼 수 있다. 그는 그녀의 개성을 사랑한다.

기쁨과 즐거움을 얼마나 원했던가!
침울함이 아니라 기쁨을,
부정적인 것이 아니라 긍정적인 것을,
무너뜨리는 것이 아니라 세우는 것을,
장황하게 늘어놓는 말이 아니라 격려를 원했다.
그리고 이 여인이 한 점 의혹 없이 알게 된 것은 무엇인가?

10 나는 내 사랑하는 자에게 속하였도다 그가 나를 사모하는구나

"남편이 원하는 것은 바로 나다." 모든 여자는 이 확신을 가지고 싶어한다. 결혼식 날 밤 솔로몬이 한 말을 기억하는가? "나와 함께… 나와 함께 가자"라는 말을 두 번이나 했다. 이것이 하나님께서 의도하신 성관계이다. 성관계는 잠자리 그 이상을 능가하는 연합을 불러온다.

이것이 우리 모두에게, 그러나 특별히 남자들에게 필요한 교제이다. 남자가 독수공방하는 것이 좋지 않기 때문에 여자가 창조되었다는 사실을 기억하라.

솔로몬의 아내는 남편의 그런 사랑과 열정에 어떤 반응을 보였는가? 그녀는 사랑하기 위해 떠나는 여행을 계획했다.

> 11 내 사랑하는 자야 우리가 함께 들로 가서 동네에서 유숙하자
> 12 우리가 일찍이 일어나서 포도원으로 가서 포도 움이 돋았는지, 꽃술이 퍼졌는지, 석류 꽃이 피었는지 보자 거기에서 내가 내 사랑을 네게 주리라
> 13 합환채가 향기를 뿜어내고 우리의 문 앞에는 여러 가지 귀한 열매가 새 것, 묵은 것으로 마련되었구나 내가 내 사랑하는 자 너를 위하여 쌓아 둔 것이로다

"합환채"는 정욕을 일으키는 것으로 알려져 있었다. 아내에게는 남편을 향한 기쁨이 있었다. 합환채가 어떤 것인지는 사실 문제가 되지 않는다. 중요한 것은 그 두 사람만을 위한 아름답고 즐거운 것이라는 데 있다.

그녀의 세심한 준비를 통해 그녀가 남편에게 보내는 메시지는 무엇인가? 남편의 인품을 지지해 주는 것이다. 그녀의 말과 행동이 남편에게 힘을 주고 그의 확신을 북돋워 준다. 남자가 기운이 빠져 있을 때, 직장에서 일이 잘 풀리지 않고 인정받지 못할 때, 강등이 되거나 해고를 당했을 때 그때가 그에게 아내가 가장 필요한 때이다. 아내에

게는 여전히 자신이 필요하고 아내가 자신을 원하고 믿어 주고 기뻐한다는 사실을 확신하고 싶어 한다. 이것이 남편을 경외하라고 한 에베소서 5:33 내용의 한 부분이다.

친구의 남편이 직장을 잃은 후 다시 직장을 가지게 되기까지 오랜 세월이 걸렸다. 그동안 그의 아내는 더 많이 사랑할 것이라는 사실을 남편에게 분명히 알려 주었다. 그것은 남편이 자신에게 얼마나 특별한 사람인지, 자신에게 남편이 얼마나 필요한 사람인지를 그에게 알려 주는 그녀의 방법이었다. 그것은 남편에게 큰 힘이 되었다. 나중에 남편은 아내가 성관계를 통해 남편에 대한 기쁨을 표현해 주었기 때문에 자신을 실패자로 생각지 않게 되었다는 고백을 했다.

평생 누리는 친밀감

아가서가 묘사하고 있는 성적인 즐거움을 얻기 위해 이 사람 저 사람을 찾아 돌아다니는 사람은 어떻게 되는가? 결코 만족을 얻지 못하리라는 것을 당신도 알고 있을 것이다. 왜냐하면 그것은 하나님께서 의도하신 성관계가 아니기 때문이다. 성관계를 아름답게 하는 것은 성욕을 해소하는 성행위 그 자체가 아니다. 그보다 서로에게 서로를 완전히 내어주고 서로를 섬기고 돕고 격려하는 것이다. 그래서 남자나 여자나 그저 또 한 번의 동침만을 원하지 않는 것이다. 절정에 이르는 성적 쾌감이 성관계를 아름답게 해 주는 것이 아니다. 육체적인 것을 초월해 서로의 영혼이 만나는 하나 됨이 성관계를 아름답게 해 준다.

아가서에서 우리가 볼 수 있는 부부는 결코 깨어지지 않을 사랑을 나누고 있다. 그것이 그가 그녀에게 준 확신이다.

아가서 8:6-7

6 너는 나를 도장 같이 마음에 품고 도장 같이 팔에 두라 사랑은 죽음 같이 강하고 질투는 스올 같이 잔인하며 불길 같이 일어나니 그 기세가 여호와의 불과 같으니라

7 많은 물도 이 사랑을 끄지 못하겠고 홍수라도 삼키지 못하나니 사람이 그의 온 가산을 다 주고 사랑과 바꾸려 할지라도 오히려 멸시를 받으리라

이것이 모든 신부가 듣고 싶어 하는 말이며 우리 모두 원하는 확신이다.

우리를 결코 떠나지도 버리지도 않으실 분이 하늘에 계신 것처럼 이 땅에도 있다는 것을 알게 해 주는 말이다.

도장은 소유권을 표시하는 것이다. 두 사람이 한 몸이 될 때 두 사람은 "죽음이 두 사람을 갈라놓을 때"까지 평생 서로를 소유하게 된다.

두 사람 사이에는 하나님께서 이스라엘을 질투하시는 것과 똑같은 출 34:14, 예수 그리스도와 약혼한 사람들을 위해 질투하시는 것과 똑같은 신성한 질투가 있다고후 11:2.

아가서 8:8-10

8 우리에게 있는 작은 누이는 아직도 유방이 없구나 그가 청혼을 받는 날에는 우리가 그를 위하여 무엇을 할까

9 그가 성벽이라면 우리는 은 망대를 그 위에 세울 것이요 그가
문이라면 우리는 백향목 판자로 두르리라

두 사람은 어떤 대가를 치르더라도 이 처녀의 순결을 지켜 줄 것이다. 필요하다면 망대를 세우고 판자로 두를 것이다. 그래서 결혼하게 될 때와 같은 기회가 오면 그녀 역시 하나님께서 의도하신 성관계의 아름다움을 경험하게 될 것이다. 그들은 그녀가 하나님께서 의도하신 성관계를 알고 그에 따르는 비할 데 없는 기쁨을 그녀 스스로 발견하게 되기를 바라고 있다.

10 나는 성벽이요 내 유방은 망대 같으니 그러므로 나는 그가
보기에 화평을 얻은 자 같구나

성관계가 사람의 뜻이 아니라 하나님께서 의도하신 대로 이루어질 때 화평을 경험하게 된다.

영생에 대한 약속

성관계의 아름다움을 경험해 보지 못했기 때문에 이 글을 읽으면서 슬픈 상실감을 느끼는 사람들도 있을 것이다. '성관계가 아름다운 것인지 아닌지에 내가 왜 신경을 써야 하는 거지? 난 절대로 결혼하지 않을 건데'라고 생각하는 사람들도 있을 것이다.

예수님은 당신이 어떤 상황에 처해 있는지 정확하게 아신다. 예수

님은 그 누구보다 순결한 분이시다. 30년을 이 땅에서 사셨지만 여자를 성적으로 알았던 적은 없으셨다. 부도덕한 삶을 산 모든 사람을 위해 인생의 최고 절정기에 죽음을 맞이하셨다. 그분은 "끊어져 없어지셨다"단 9:26.

그러나 그분은 희생과 사랑으로 신부를 얻으셨다. 그리고 곧 그녀를 맞이해 집으로 데려가기 위해 오실 것이다. 그때 교회, 곧 예수 그리스도의 몸을 이룬 지체가 된 우리 모두는 연합의 아름다움, 지금까지 생각조차 하지 못했던 연합의 아름다움을 알게 될 것이다.

미혼이건 결혼을 했건, 미망인이 되었건 이혼을 했건, 순결을 지키며 살건 후회하면서 살건, 설명할 수 없는 아름다움과 말로 표현할 수 없는 기쁨과 완전함이 하나님의 모든 자녀에게 임하게 될 날이 올 것이다. 그것을 어린 양의 혼인 잔치라고 부른다. 이 땅에서는 원하는 마음의 열망을 잃어버릴지라도 하늘에서는 잃지 않을 것이다! 우리는 이 땅에서 그저 육칠십 년 정도 살 뿐이다. 그러나 천국에서의 삶은 영원하다. 하늘에서 사람들이 할렐루야를 외치는 것은 너무나 당연한 일이다!

또 내가 들으니 허다한 무리의 음성과도 같고
많은 물 소리와도 같고 큰 우렛소리와도 같은 소리로 이르되
할렐루야 주 우리 하나님 곧 전능하신 이가 통치하시도다
우리가 즐거워하고 크게 기뻐하며 그에게 영광을 돌리세
어린 양의 혼인 기약이 이르렀고 그의 아내가 자신을 준비하였으므로
그에게 빛나고 깨끗한 세마포 옷을 입도록 허락하셨으니

이 세마포 옷은 성도들의 옳은 행실이로다 하더라
천사가 내게 말하기를 기록하라 어린 양의 혼인 잔치에 청함을
받은 자들은 복이 있도다 하고 또 내게 말하되
이것은 하나님의 참되신 말씀이라계 19:6-9.

프리셉트 어린이 신앙전기 도서

프리셉트 어린이 신앙전기 ❶

파란 눈의 중국인 선교사 **허드슨 테일러**

중국인들의 친구가 된 허드슨 선교사의 이야기. 그는 어려움에 닥칠 때마다 하나님을 의지하며 기도의 힘으로 이겨 냈다. ■ 캐서린 맥켄지 지음

프리셉트 어린이 신앙전기 ❷

고아들의 영웅 **조지 뮬러**

고아들을 돌보며 영혼을 구원하는 일에 전념했던 조지 목사. 그가 행한 섬김의 삶이 얼마나 복된 것인지 볼 수 있다. ■ 아이린 호왓 지음

프리셉트 어린이 신앙전기 ❸

고통 속에서 희망을 노래하는 **코리 텐 붐**

나치가 지배하던 세상은 증오심으로 미쳐가고 있었다. 그 속에서 코리는 말씀을 통해 희망을 노래할 수 있었다. ■ 체스티 호프 바에즈 지음

프리셉트 어린이 신앙전기 ❹

달리기 챔피언 선교사 **에릭 리들**

에릭은 주일에 달릴 수 없다는 이유로 경기를 포기했다. 대신 그는 하나님의 인도하심으로 크나큰 영광을 받게 된다. ■ 존 케디 지음

프리셉트 어린이 신앙전기 ❺

꿈과 열정의 전도자 **빌 브라이트**

평생 뜨거운 전도의 열정을 품고 세계를 누빈 빌 브라이트. 그의 삶은 실천하는 참된 신앙인이란 무엇인지 보여 준다. ■ 킴 트위첼 지음

프리셉트 어린이 신앙전기 ❻

살아 있는 순교자 **리처드 범브란트**

리처드는 핍박을 당하는 상황에서도 모든 사람을 하나님의 사랑으로 용서했다. 또한 믿음을 지키며 그들을 위해 기도했다. ■ 캐서린 맥켄지 지음

프리셉트 어린이 신앙전기 ❼

종교 개혁의 횃불을 든 **마틴 루터**

루터의 용기 있는 신앙이 타락한 교회를 주님만을 바라보는 교회로 변화시켰고, 성경이 말하는 진리를 깨닫게 했다. ■ 캐서린 맥켄지 지음

프리셉트 어린이 신앙전기 ❽

열정의 복음 전도자 **디엘 무디**

하나님은 열정으로 가득한 무디를 통해 사람들에게 말씀을 전하셨으며, 오랫동안 방황하던 영혼들을 새롭게 변화시키셨다. ■ 낸시 드러먼드 지음

프리셉트 T. 02-588-2218 | www.precept.or.kr

프리셉트 어린이 신앙전기 ❾

버마를 구한 하나님의 사람 **아도니람 저드슨**

최초의 미국인 선교사 아도니람 저드슨. 하나님은 그의 재능을 사용하셔서 많은 버마인을 주님의 품으로 인도하셨다. ■ 아이린 호왓 지음

프리셉트 어린이 신앙전기 ❿

어둠을 밝힌 위대한 종교 개혁가 **존 칼빈**

종교 개혁의 기틀을 마련한 신학자 존 칼빈. 그는 세상을 향해 빛을 비추는 진정한 믿음의 삶이란 무엇인지 알게 해준다. ■ 캐서린 맥켄지 지음

프리셉트 어린이 신앙전기 ⓫

천로역정을 저술한 믿음의 순례자 **존 번연**

회심 후 강한 믿음을 가진 존 번연은 평생 설교에 매진했으며, 그가 집필한 『천로역정』은 지금까지 사랑을 받고 있다. ■ 브라이언 코즈비 지음

프리셉트 어린이 신앙전기 ⓬

나치에 저항한 행동하는 양심 **디트리히 본회퍼**

주님은 본회퍼에게 믿음을 위해 저항할 용기를 주셨다. 그는 하나님께서 주시는 힘으로 나치 정권에 끝까지 맞섰다. ■ 데이스프링 매클라우드 지음

프리셉트 어린이 신앙전기 ⓭

부흥의 불꽃을 일으킨 천재 신학자 **조나단 에드워즈**

조나단은 모든 순간 하나님의 영광을 선포하고자 했다. 그는 결국 주님의 도우심으로 실천하는 신앙인이 될 수 있었다. ■ 크리스티안 티모시 조지 지음

프리셉트 어린이 신앙전기 ⓮

위대한 복음의 밀수꾼 **브라더 앤드류**

철의 장막을 뚫고 성경책을 몰래 배달한다는 사역은 쉽지 않았다. 그러나 복음을 전하기 위해서는 포기할 수 없는 일이었다. ■ 낸시 드러먼드 지음

프리셉트 어린이 신앙전기 ⓯

노예상인 출신 복음 전도자 **존 뉴턴**

노예무역선 선장이었던 존 뉴턴은 하나님의 은혜를 깨닫고 자기 모습을 반성했다. 이후 그는 목회자가 되어 노예제 폐지에 힘썼다. ■ 아이린 호왓 지음

프리셉트 어린이 신앙전기 ⓰

노예제 폐지를 이끈 영국의 양심 **윌리엄 윌버포스**

영국 하원의원인 윌리엄 윌버포스는 신앙에 변화를 겪은 후 노예무역 폐지를 위해 헌신했으며, 전 세계 노예제 폐지에 큰 영향을 미쳤다. ■ 데릭 빙엄 지음

프리셉트 어린이 신앙전기 ⓱

발명왕 땅콩박사 **조지 카버**

흑인 과학자 조지 카버는 하나님께서 주신 지혜로 가난한 흑인들을 돕고자 땅콩과 농작물을 연구했으며, 믿음으로 하나님의 창조 세계를 회복해 나갔다. ■ 박효숙 지음

클래식 도서

현대인을 위한 성도의 공동생활

이 책은 본회퍼의 대표작 중 하나로, 참된 그리스도인이 추구해야 할 순결한 삶에 대해 전하고 있다. 이 책을 통해, 기독교 공동체가 갖는 고귀한 사귐의 아름다운 영성을 누리게 될 것이다.

■ 디트리히 본회퍼 지음

현대인을 위한 죄 죽이기

이 책은 하나님께서 이미 말씀을 통해 죄를 죽일 수 있는 길을 마련해 놓으셨다는 것을 설명한다. 또한 존 오웬은 이 책을 통해 죄를 극복하기 위해서는 성령의 능력을 동원해야 한다고 주장한다.

■ 존 오웬 지음

현대인을 위한 천로역정

이 책은 크리스천과 그의 가족, 친구들이 천국으로 가는 모험담을 담고 있다. 존 번연의 기발한 통찰력과 비유를 통해, 고난을 이겨 내고 천국에 입성하는 자신의 모습을 미리 맛보도록 하자.

■ 존 번연 지음

현대인을 위한 제자도의 대가

이 책은 제자도의 본질을 따르는 희생에 대해 심도 있게 논하고 있다. 디트리히 본회퍼의 삶을 통해 살아 있는 제자도의 불꽃을 전하며, 그리스도인들에게 제자로서 치러야 하는 대가가 무엇인지 보여 줄 것이다.

■ 디트리히 본회퍼 지음

■ PRECEPT BOOK LIST

Ⅰ 영성 · 자기개발 · 리더십

1 감동을 창조하는 인간관계 윌리암 J. 디엄
2 축복의 언어 존 트렌트·게리 스몰리
3 고통의 의미 케이 아더
4 참된 성공에 이르는 비결 데이비드 쇼트
5 성공의 삶을 디자인하라 피터 허쉬
6 하나님의 주권 케이 아더
7 축복의 통로 래리 허커
8 영적 전투에서 승리하는 길 워렌 W. 위어스비
9 Oswald Sanders의 영적성숙 오스왈드 샌더스
10 성경적 EQ 개발 크리스 터만
11 영성회복을 위한 40가지 열쇠 스티븐 아터번 외
12 기도하는 엄마들(소책자) 펀 니콜스
13 삶을 변화시킨 끄웨르바 이야기 김연수
14 나비 이야기 프리셉트성경연구원
15 앤드류 머레이의 온전한 순종 앤드류 머레이
16 비전의 힘 마일즈 먼로
17 영광스러운 믿음 엘리자베스 엘리엇

Ⅱ 클래식 시리즈

1 앤드류 머레이의 온전한 순종 앤드류 머레이
2 현대인을 위한 그리스도를 본받아 토마스 아 켐피스
3 앤드류 머레이의 하늘문을 여는 기도 앤드류 머레이
4 현대인을 위한 예수님이라면 어떻게 하실까? 찰스 쉘던
5 현대인을 위한 어거스틴의 고백록 성 어거스틴
6 현대인을 위한 참된 목자 리처드 백스터
7 현대인을 위한 성도의 공동생활 디트리히 본회퍼
8 현대인을 위한 죄 죽이기 존 오웬
9 현대인을 위한 천로역정 존 번연
10 현대인을 위한 제자도의 대가 디트리히 본회퍼

Ⅲ 목회 · 교회 · 교육

1 Power! 전도중심교회 김상현
2 OLD&NEW 김우영·김병삼
3 장로교와 감리교 무엇이 다른가? 김우영
4 심방설교 핵심파일 프리셉트성경연구원
5 하나님의 존재증거 케네스 보아·로버트 바우만
6 네트워크 은사발견 사역(주교재) 빌 하이블스 외
7 신앙생활 ABC 박광철

Ⅳ 성경강해

1 파워리더 여호수아 김경섭
2 파워리더 느헤미야 김경섭
3 믿음의 영웅들(히 11장) 김경섭
4 하늘의 음성(산상수훈) 김경섭
5 모세 지도력의 비밀(출애굽기) 김경섭
6 항상 기뻐하라(빌립보서) 김경섭
7 사사열전(사사기) 김경섭
8 그리스도의 가상칠언 김경섭
9 놀라운 하나님의 이름 김경섭
10 담대한 믿음, 여호수아 이윤재
11 스토리텔링 다윗 설교(사무엘서) 김연수
12 지혜로운 生테크 이렇게 하라(전도서) 웨인 슈미트
13 천국 시크릿(비유 시리즈) 김연수
14 하나님, 왜 침묵하십니까?(하박국) 케이 아더
15 복음이란 무엇인가? 김경섭
16 하나님, 솔직히 돈이 좋아요! 김병삼

Ⅴ 설교 및 설교예화

1 청중을 사로잡는 설교자 캘빈 밀러
2 존 스토트 설교의 원리와 방법 안병만
3 열정적 설교 알렉스 몬토야
4 주제별 말씀 모음집 김경섭 외
5 홍정길 목사의 301가지 감동 스토리 Ⅰ·Ⅱ 프리셉트성경연구원
6 하나님을 미소짓게 하는 이야기 김병삼
7 설교, 그 영광의 사역 한진환

Ⅵ 스토리체 성경공부

1 프리셉트 귀납적 성경연구 방법 케이 아더
2 하나님을 향한 마음 케이 아더
3 영적 성장을 위한 길잡이 케이 아더·데이빗 아더
4 영적 치유 케이 아더
5 나의 나 된 것은 하나님의 은혜라 케이 아더
6 하나님 이름에 숨겨진 비밀 케이 아더
7 하나님의 신실한 언약 케이 아더
8 하나님, 왜 침묵하십니까?(하박국) 케이 아더
9 영적전투(에베소서) 케이 아더
10 주님, 우리에게 기도를 가르쳐 주세요(주기도문) 케이 아더
11 하나님의 의 케이 아더
12 하나님의 연단 케이 아더
13 하나님의 나라 케이 아더

Ⅶ 프리셉트 성경

1 (개역/PU) 특중 단본(네이비/다크초콜릿)
2 (개역/PU) 특중 합본(네이비/다크초콜릿)
3 (개역/우피) 특중 단본(검정/다크초콜릿)

Ⅷ 묵상 · 성경공부

1 큐티합시다 오대희
2 수험생을 위한 100일 QT 프리셉트성경연구원
3 입시생을 위한 60일 묵상 프리셉트성경연구원
4 Q.T 첫 걸음 프리셉트성경연구원
5 효과적인 경건의 시간 케이 아더
6 성경은 과연 믿을 만한가? 어윈 루처
7 묵상하는 사람들 QT(요한복음·요한계시록) 프리셉트성경연구원
8 묵상하는 사람들 QT(서신서 등) 프리셉트성경연구원
9 묵상하는 사람들 QT(여호수아 등) 프리셉트성경연구원
10 묵상하는 사람들 QT(지혜서 등) 프리셉트성경연구원

Ⅸ 가정 · 상담 · 치유

1 성, 하나님의 거룩한 선물 케이·아더
2 아내를 사랑하는 10가지 방법 한스&도나 핀젤
3 행복한 결혼생활의 비결 케이 아더
4 까다로운 사람들과 함께 만드는 교향곡 윌리암 J. 디엄
5 감동을 창조하는 인간관계 윌리암 J. 디엄
6 감정 치유의 6단계 데이비드 클락
7 찰스 스펄전의 은혜 찰스 스펄전
8 하나님을 향한 마음 케이 아더
9 하나님의 연단 케이 아더
10 부활 케이 아더

Ⅹ 핸드북

1 그리스도와 함께 앤드류 머레이
2 기도, 하나님과의 로망스 후안 카를로스 오르티즈
3 나를 연단하시는 하나님의 섭리 케이 아더
4 십자가 상의 일곱 마디 말씀 김경섭
5 소리나는 스프 홍정길
6 일상에서 배운 삶의 지혜 토드 템플
7 성공을 가로막는 일곱가지 장애 김병삼
8 성공을 디자인하는 삶의 비밀 피터 허쉬
9 인간관계, 감동으로 창조하라 윌리암 J. 디엄
10 영성회복을 위한 40가지 열쇠 스티븐 아터번 외
11 그리스도를 본받아 토마스 아 켐피스

Ⅺ 어린이

1 놀라운 성경 탐험 메리 홀링스워스
2 나의 사랑하는 성경(구약) 오대희
3 나의 사랑하는 성경(신약) 오대희
4 365일 이야기 그림 성경(구약 편) 엘시 이거마이어
5 이야기 그림 성경(신약 편) 엘시 이거마이어
6 어린이를 위한 벤허 루 월리스
7 어린이를 위한 천로역정 존 번연
8 파란 눈의 중국인 선교사 허드슨 테일러 캐서린 맥켄지
9 고아들의 영웅 조지 뮬러 아이린 호왓
10 고통 속에서 희망을 노래하는 코리 텐 붐 체스티 호프 바에즈
11 달리기 챔피언 선교사 에릭 리들 존 케디
12 꿈과 열정의 전도자 빌 브라이트 킴 트위첼
13 살아 있는 순교자 리처드 범브란트 캐서린 맥캔지
14 종교 개혁의 횃불을 든 마틴 루터 캐서린 맥캔지
15 열정의 복음전도자 디엘 무디 낸시 드러먼드
16 버마를 구한 하나님의 사람 아도니람 저드슨 아이린 호왓
17 어둠을 밝힌 위대한 종교 개혁가 존 칼빈 캐서린 맥켄지
18 천로역정을 저술한 믿음의 순례자 존 번연 브라이언 코즈비
19 나치에 저항한 행동하는 양심 디트리히 본회퍼 데이스프링 매클라우드
20 부흥의 불꽃을 일으킨 천재 신학자 조나단 에드워즈 크리스티안 티모시 조지
21 위대한 복음의 밀수꾼 브라더 앤드류 낸시 드러먼드
22 노예상인 출신 복음 전도자 존 뉴턴 아이린 호왓
23 노예제 폐지를 이끈 영국의 양심 윌리엄 윌버포스 데릭 빙엄
24 발명왕 땅콩박사 조지 카버 박효숙

Ⅻ 청소년

1 말씀으로 치유되는 십대들의 고민 50가지 필 첼머스
2 청소년 365일 묵상집 프리셉트성경연구원
3 청소년을 위한 구약개관 프리셉트성경연구원

XIII 기도

1 기도하십니까? 후안 카를로스 오르티즈
2 앤드류 머레이의 하늘문을 여는 기도 앤드류 머레이
3 기도하는 엄마들(소책자) 펀 니콜스
4 기도일지 ①, ②, ③, ④ 최복순
5 기도의 열정에 불 붙이라! 펀 니콜스 외
6 한영기도일지 ① 최복순

성, 하나님의 거룩한 선물

Precept

지은이 | 케이 아더
옮긴이 | 마영례

초판 1쇄 | 2004년 4월 26일
개정 1판 1쇄 | 2025년 11월 14일

발행인 | 김경섭
국제총무 | 최복순
총무이사 | 김현욱
편집부 | 고유영(편집실장), 김성경, 김지혜
인쇄 | 영진문원

발행처 | 프리셉트선교회
등록번호 | 108-82-61175
일부총판 | 생명의말씀사 Tel. (02) 3159-7979 Fax. 080-022-8585

주소 | 서울특별시 서초구 청룡마을길 8-1(신원동) (우) 06802
전화 | (02) 588-2218 팩스 | (02) 588-2268
홈페이지 | www.precept.or.kr
국민은행 431401-04-058116(프리셉트선교회)

값 18,000원
ISBN 978-89-8475-854-4 04230
978-89-8475-853-7 04230(세트)

독자 여러분의 의견을 기다립니다.
(02) 588-2218 / pmbook77@naver.com